成交量分析入门与实战精解

每位股民都学得会的量价关系分析入门书

依据量价表现，分析股价涨跌背后的主力动向，研判股价未来运行方向

刘振清◎编著

中国宇航出版社

·北京·

图书在版编目（CIP）数据

成交量分析入门与实战精解 / 刘振清编著. -- 北京：中国宇航出版社，2017.7（2024.4重印）
ISBN 978-7-5159-1339-1

Ⅰ. ①成… Ⅱ. ①刘… Ⅲ. ①股票投资－基本知识 Ⅳ. ①F830.91

中国版本图书馆CIP数据核字(2017)第143725号

责任编辑 田芳卿
责任校对 白希国　　**装帧设计** 宇星文化

出版发行 **中国宇航出版社**
社址 北京市阜成路8号　　**邮编** 100830
(010)60286808　　(010)68768548
网址 www.caphbook.com
经销 新华书店
发行部 (010)60286888　　(010)68371900
(010)60286887　　(010)60286804(传真)
零售店 读者服务部
(010)68371105
承印 三河市君旺印务有限公司
版次 2017年7月第1版　　2024年4月第6次印刷
规格 787×960　　**开本** 1/16
印张 14.25　　**字数** 191千字
书号 ISBN 978-7-5159-1339-1
定价 35.00元

本书如有印装质量问题，可与发行部联系调换

看懂成交量，就能看懂股价的涨跌
（代序）

一根根高低起伏的量柱，就是一颗颗充满欲望的心。股价的每一波涨跌，总是以清淡的成交量开场，而后，随着股价的上涨，成交量逐渐放大，同时也说明投资者的贪欲不断变大。当成交量达到极高的水平时，说明市场上很多投资者已经完全被贪欲所左右，市场已经趋向疯狂。当没有更多的增量资金维系这种疯狂时，市场很可能会轰然崩塌，很多投资者的财富瞬间化为乌有。

其实，这也可以从另一个角度看出，成交量的变化与股价的涨跌息息相关。也就是说，股价的上涨，有成交量的支持才会持续；反之，则很可能只是昙花一现，难以形成真正的上升趋势。投资者如果能够将成交量的变化与股价联系起来，则会更准确地对股价走势作出预判，从而指导自己的交易活动。

当然，在很多时候，我们即使非常熟练地掌握了成交量与股价走势的分析技术，也不可能非常准确地判断股价的每一个运行趋势。其实，对投资者来说，这并不是一个大问题，因为没有人能够百分之百看清行情。我们的目标不是看清每一波行情，而是实现盈利。换句话说，我们利用成交量分析技术，做自己看得懂的行情就可以了，至于那些看不清的机会与行情，错过了其实也没有什么。股市中永远不缺少机会，就怕机会到来时，你手中却没有资金。

投资者想利用成交量分析技术寻找股票的最佳买入点与卖出点，也不是一件容易的事。若能以成交量分析技术为核心，辅之以K线形态、其他技术分析工具，那么这件不太容易的事也许真的可以实现。不过，在利用成交量分析技术分析股价运行趋势时，还要注意这样几点。

第一，研判资金的流入与流出。投资者不能见到成交量放大，就认为有资金流入，股价必定上升。成交量放大也有资金流出的可能，尤其是顶部区域的成交量异常放大。

第二，分析成交量变化的可持续性。持续放量或缩量，会对股价的运行趋势产生重要的影响。如果成交量放大或缩小不能持续，那么其对股价的影响作用将十分有限。

第三，成交量与股价的变化关系。股价所处的位置不同，上涨或下跌时的成交量变化，其市场意义是完全不同的。投资者必须根据股价所处位置、股价的涨跌以及成交量放大与萎缩情况，综合研判股价的运行趋势。

当然，作为一名投资者，熟练地应用成交量分析技术并做好以上三点还远远不够。在股市中交易，还需要练就更加严格的纪律执行力、更成熟的心态和更敏锐的洞察力，这些东西不是任何一本书能直接传授给读者的，大家要通过不断的交易去积累和沉淀。

投资路上注定充满荆棘与坎坷，本书愿与大家一路同行！

目 录 CONTENTS

第一章

为何成交量分析技术如此有效

成交量是一种市场供需关系的量化表现，是指在单位时间内所达成的交易总量。在股市中，成交量主要用成交金额和成交手数（1手=100股）来计量。

第一节　成交量分析技术三大核心效用

成交量可以在分时图、K线图中与股价线同步呈现，如图1-1、图1-2所示。

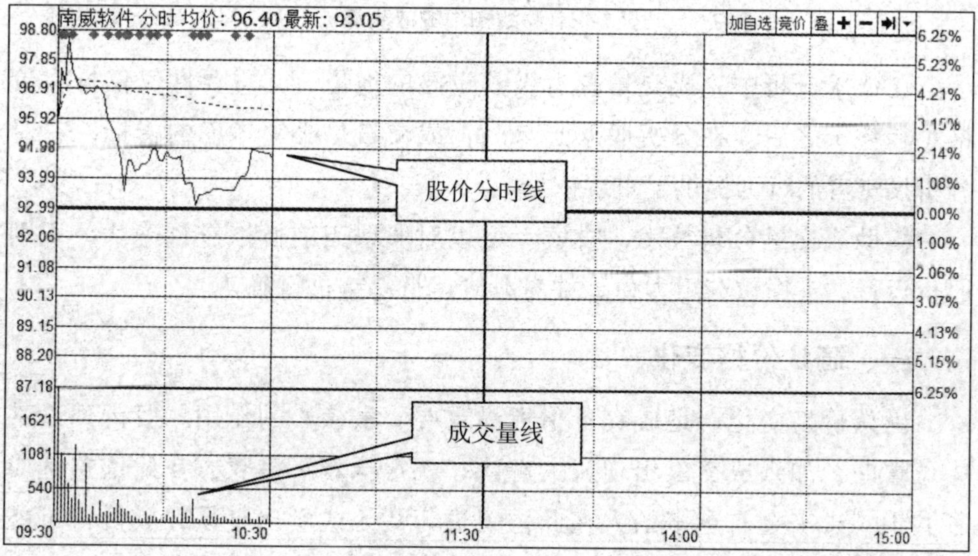

图1-1　分时图中的成交量

通常情况下，当股票供不应求，投资者纷至沓来，都要买进时，随着股价的上涨，成交量自然会放大；反之，当股票供过于求，市场门可罗雀，交易者寥寥无几时，股价下行，成交量势必出现萎缩。

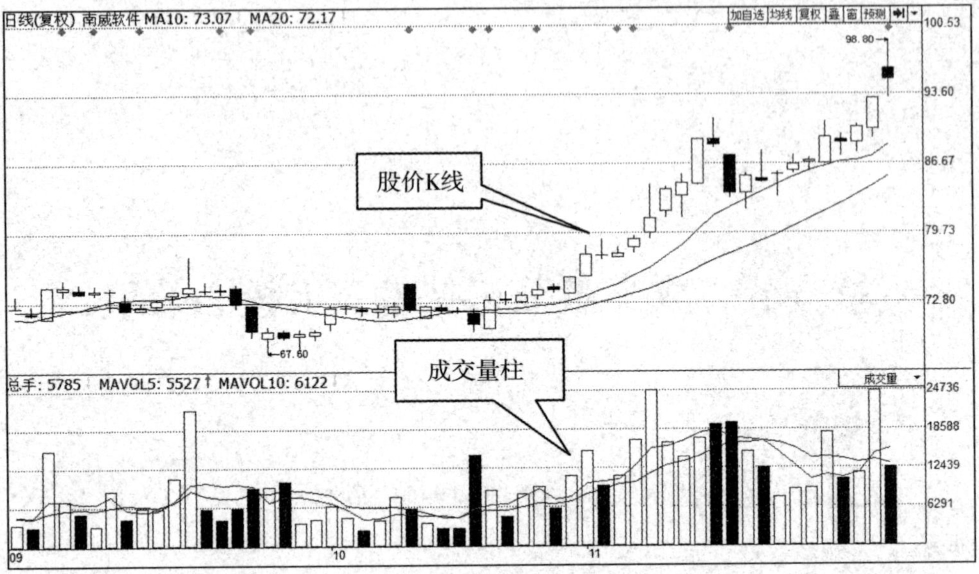

图 1–2 K 线图中的成交量

在技术分析中，成交量具有极其重要的地位，其重要性仅仅排在价格（趋势）之后。在分析股票走势时，成交量是必须考虑的指标，它对分析投资者的行为提供了重要依据。

借助成交量分析技术，投资者可以对股票当前价格进行确认，识别股价运行的支撑位与阻力位，并对股价运行趋势进行确认。

一、确认价格变化

确认价格变化，是成交量指标最重要、最核心的作用。股价到达某一位置时，如果成交量出现放大态势，就意味着买卖双方在此位置达成了共识，未来会有更多的人在此位置进行买入或卖出交易，股价很可能还会延续当前的运行态势；反之，如果成交量极度萎缩，则说明买卖双方分歧较大，没有人愿意买入或卖出股票，股价未来转向的可能较大。

如图 1-3 所示，名家汇的股价在 2016 年下半年出现了一波下跌走势。随着股价的不断走低，成交量也同步出现了萎缩。2016 年 9 月 28 日，该股的成交量萎缩到了一个很低的水平，这说明买卖双方对股价走势分歧严重，如果未来不再继续萎缩，则股价有企稳反弹的可能。

9月29日，该股股价创下阶段低点后开始反弹，成交量也比前一交易日有所放大，说明随着成交量的放大，入场交易者逐渐增多，未来股价有反弹向上的可能。

随后，该股经过几个交易日的盘整后，出现了快速上涨行情，成交量也同步出现大规模放大。这说明多空双方认可了股价的上涨，未来继续上涨概率较高。

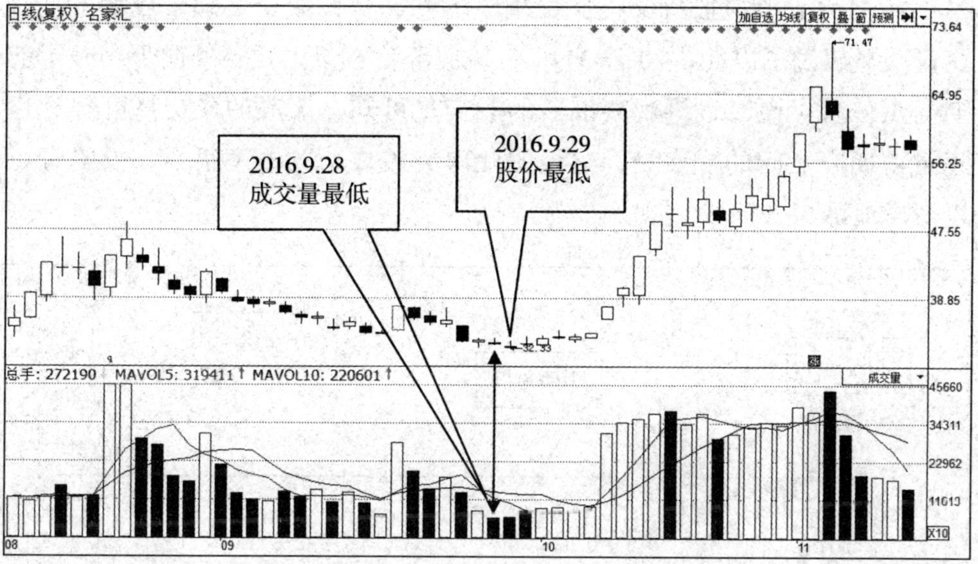

图 1–3 名家汇（300506）量价走势图

二、突破支撑位与阻力位

股价运行过程中，可能会沿着某些趋势线前行，或在前期形成的阶段高点、低点等特殊点位受到明显的支撑与阻力。当股价改变当前的运行趋势或突破这些阻力位、支撑位时，就需要成交量的配合。例如，当股价向上突破前期重要高点时（前期高点位置往往会积累大量套牢盘，一旦股价运行至该价位附近，这些套牢盘就会蜂拥而出，对股价的上涨造成压力），若成交量没有同步放大，则股价向上突破成功的概率极低；

反之，成交量若出现放大，则突破概率较高。

如图 1-4 所示，力生制药的股价在 2016 年下半年出现了一波震荡上升走势。2016 年 7 月 6 日，该股在上攻时成交量创下新高，次日，该股股价冲高回落，且成交量出现萎缩，此后成交量开始逐渐减少，这说明成交量并不支持股价继续上攻，该股股价在形成阶段高点后震荡回调。

8 月 17 日，该股股价出现了短暂的上攻，但成交量仍未超过前期的高点位置，此次上攻很快结束。

10 月底，该股股价又一次出现了上涨态势，成交量同步放大，且成交量明显超过了以往。10 月 31 日，该股股价放量上攻，并向上突破了前期高点位置。此时，再观察该股的成交量可知，该股的成交量已经远远超过前期高点时的成交量，这说明此次突破成功的概率很大，投资者可以考虑追涨买入该股。

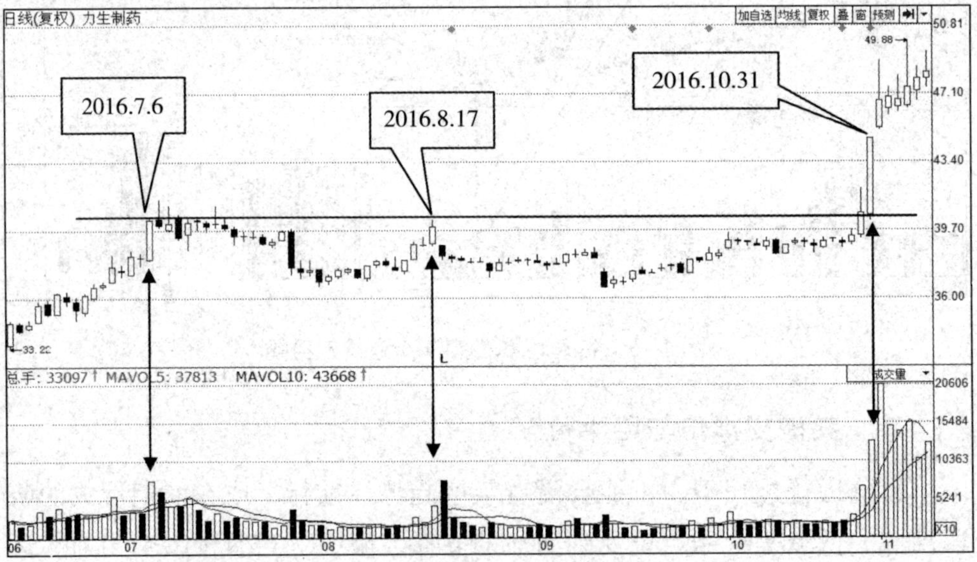

图 1-4 力生制药（002393）量价走势图

三、确认股价运行趋势

股价运行于上升趋势时，其回调的低点可能会位于一条直线上，且这条直线是向右上方倾斜的，这条直线就是上升趋势线。同理，股价运行于下降趋势时，其反弹的高点可能会位于一条直线上，且这条直线是向右下方倾斜的，这条直线就是下降趋势线。

可以从成交量的角度，对趋势线进行重新认识，即当股价上升一段时间后，一些获利盘会涌出，造成股价的回调。但如果市场上对该股看好的人仍然很多，就会在股价回调至趋势线附近时（新入场投资者根本不可能等股价回调至前次回调低点位置便会入场买抢筹，这也使得该位置要高于前次回调的低点位置）纷纷入场买入，因此成交量会呈现放大态势，股价随之上升。当获利抛盘超过买入盘时，那么股价将会跌破趋势线，并由上升趋势转入下降趋势。

如图 1-5 所示，北部湾港的股价在 2015 年上半年随大盘的上涨出现了一波震荡上涨走势，在上涨过程中，股价回调的低点一个比一个高，形成了一条上升趋势线。

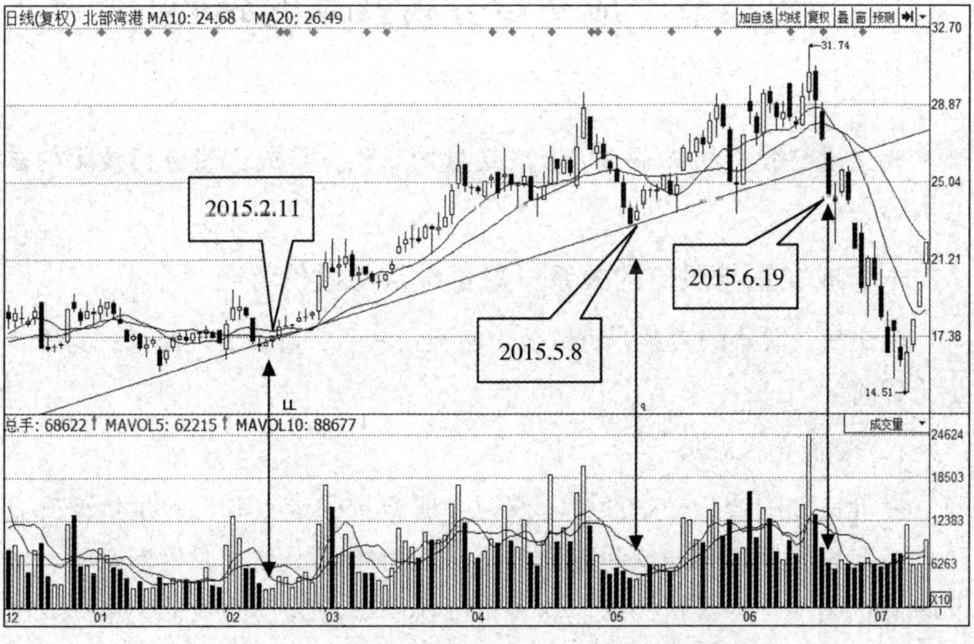

图 1-5　北部湾港（000582）的量价走势图

2015 年 2 月初，北部湾港的股价回调至上升趋势线附近，成交量连续出现萎缩形态。2 月 11 日，股价小幅反弹，成交量开始温和放大，这说明新的资金开始入场接盘，股价很快重新恢复上升态势。

2015 年 4 月底，北部湾港的股价再次回调至上升趋势线附近，成交量又连续出现萎缩形态。5 月 8 日，股价小幅反弹，成交量开始温和放大，这说明新的资金开始入场接盘，股价很快重新恢复上升态势。

2015 年 6 月中旬，随着大盘暴跌，北部湾港的股价出现了大幅下跌走势，股价很快跌至上升趋势线附近。此后成交量一直呈萎缩态势，这时整个市场充满了恐慌，根本没有投资者愿意入场接盘，上升趋势线很快在 6 月 19 日被跌破。

从此以后，该股由上升趋势转为下跌趋势。

第二节　成交量分析技术的核心

成交量与股价的关系，以及成交量的变化，是成交量分析技术的核心内容。

一、成交量与股价的关系：量价配合与量价背离

成交量与股价的关系，可以分为两类：其一，量价良性配合；其二，量价背离。

1. 量价良性配合

量价良性配合，是指股价上涨时，成交量同步上升，即量价齐升。这种情况说明股价与成交量配合良好，还将继续上涨。股价下跌时，成交量同步萎缩，即量价齐跌。这种情况说明随着股价的走低，市场人气逐渐减弱。不过，若成交量萎缩至极点，股价可能将会迎来转机。

如图 1-6 所示，恒华科技的股价自 2016 年 6 月中旬开始出现了一波

震荡下跌趋势，成交量同步出现萎缩。股价下跌过程中，偶尔出现了反弹走势，成交量在萎缩过程中也会出现放大，但总体上仍处于萎缩态势。

8 月 10 日，该股股价自底部出现反弹，成交量创下了一段时间内的最低值。其后，股价出现了震荡反弹，成交量也同步放大。

此后，随着股价的逐渐转入上涨趋势，成交量也同步出现了放大态势。这就属于较佳的量价配合状态。

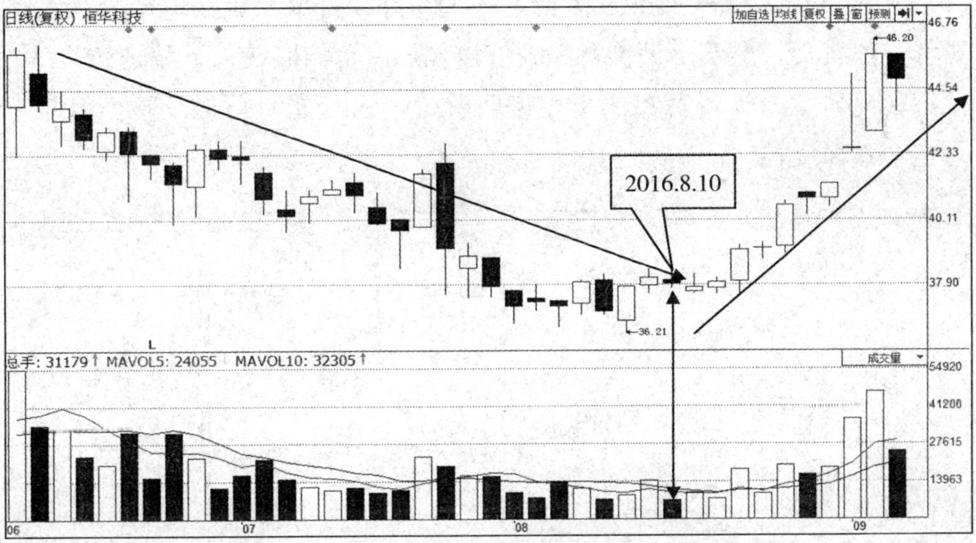

图 1-6　恒华科技（300365）的量价走势图

典型的量价配合形态包括量价齐升、量价齐跌。出现量价配合形态，说明股价还将沿着之前的趋势继续运行。

2. 量价背离

量价背离是指股价和成交量的变化方向是相反的，因此也称“量价反向”。量价背离是指在成交量放大的同时，股价却在下跌；在成交量缩减的同时，股价却在上涨。量价背离，意味着股价可能会出现一种与原来运行趋势相反的新趋势。

量价背离形态经常在上升趋势和下跌趋势的尾声出现，用以提醒投资者股价运行趋势可能到来的反转。

如图 1-7 所示，兰州黄河的股价自 2015 年初随大盘的上涨开始出现一波震荡上升趋势。2015 年 4 月 15 日前，兰州黄河的股价与成交量同步放大，这说明股价与成交量配合良好，股价还将继续上升。

其后的 5 月 27 日，该股股价又创下一个新的高点，不过，该价格对应的成交量要低于 4 月 15 日的成交量，这说明该股出现了量价背离形态，未来股价有反转向下的风险。

6 月 15 日，该股股价再次创下一个高点，且成交量比前两个高点都要低，该股又一次发出量价背离的信号。随后，该股转入下跌趋势。

由此可见，量价背离的出现说明股价的运行趋势可能反转，但并不一定会立即反转。

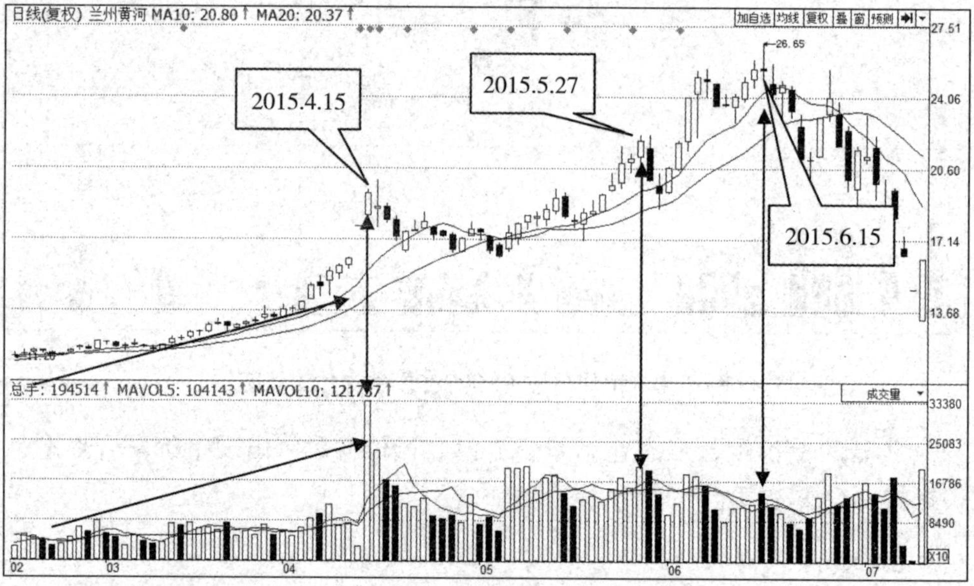

图 1–7　兰州黄河（000929）的量价走势图

二、成交量的变化：放量与缩量

成交量的每次变化，如放量、缩量，可能都有其深层次的原因。通常情况下，股价上升阶段成交量同步放大属于较佳的形态。股价一段回调或下跌，成交量萎缩也是一种正常现象。

如图 1-8 所示，2016 年 11 月中旬，龙韵股份的股价放量上涨到达了阶段高点。11 月 22 日，该股收出小阴线，股价开始下跌。然后成交量呈现逐步萎缩态势，这说明市场上的投资者都基本认同下跌趋势的形成，因而买入者逐步减少，股价将沿着这条下降通道继续运行。

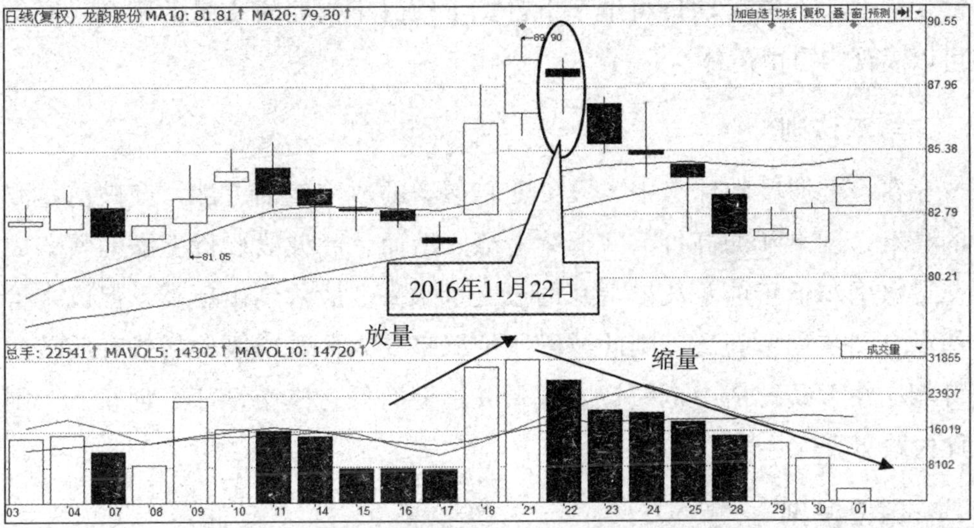

图 1-8　龙韵股份（603729）成交量放大与缩小

同样是上升趋势，同样是成交量放大，但出现的时机不同，交易含义也不尽相同。同理，缩量也是如此。这都是本书后面章节重要的研判内容。

第三节　葛兰碧 9 大量价法则及理解记忆

美国投资专家葛兰碧（Joseph Granville，OBV 指标的创始者，也有人译为“格兰维尔”）在长期成功投资实践的基础上，创造性地提出了 9 大量价关系法则，成为量价分析最为重要的理论精华，直到现在仍在指导着大众投资者的买卖行为。

一、葛兰碧 9 大量价法则

第一法则

股价随着成交量的递增而上涨，这是市场行情的正常特性，这种量增价涨关系，表示期价将继续上升。下跌时不需要成交量的配合，股价可以表现为自由落体。

第二法则

在一个波段的涨势中，股价随着递增的成交量而上涨，突破前一波的高点，创下新的高价，并继续上涨。然而，此波段股价上涨的整个成交量水平却低于前一波段上涨的成交量水平。股价创出新高，但成交量却没有同步创出新高，则此波段股价涨势令人怀疑，股价趋势有反转的可能。在下跌行情中也一样，如果股价创新低，成交量却未创新低，则此段跌势令人怀疑。

第三法则

股价随着成交量的递减而回升，呈现量缩价涨的现象，说明上涨动力不足，一般显示为趋势即将反转的信号。

第四法则

有时股价随着成交量的缓慢递增而逐渐上升，然后，走势突然演化成垂直上升的喷发行情，成交量急剧增加，造成股价暴涨。紧随其后的却是成交量大幅萎缩和股价的急速下跌。这种现象表示涨势已到末期，上涨乏力，趋势即将反转。反转的力度将视前期股价的上涨幅度和成交量的放大情况而定。

第五法则

股价走势因交易量递减而下跌，是十分正常的现象，并非特别暗示趋势反转的信号。

第六法则

在一波长期下跌行情形成谷底后，股价回升，成交量并没有因股价的上涨而递增，则股价上涨乏力，之后又跌落到先前的谷底附近（或高于谷底）。如果第二个谷底的成交量低于第一个谷底的成交量，则是股价即将上涨的信号。

第七法则

股价下跌相当长一段时间后，会出现恐慌性抛盘，同时伴随着成交量的放大。恐慌卖出之后，预期股价可能上涨，同时恐慌卖出所创的低价不可能在极短的时间内突破。故恐慌卖出之后往往是（但不一定是）空头市场的结束。

第八法则

股价下跌，向下突破股价形态、趋势线或移动平均线，同时出现了大成交量，是股价下跌的信号，明确表示出下跌的趋势。

第九法则

当市场行情持续上涨了很长时间（可能长达数月）之后，成交量急剧增加，而股价却只是在高位震荡而没有向上攀升，说明上档抛压沉重，上涨遇到了较强阻力，此为股价下跌的先兆。相反，股价连续下跌之后，在低位出现大成交量，而股价却没有进一步下跌，仅出现小幅波动，这通常是上涨的前兆，为买进信号。

二、法则的理解记忆

葛兰碧的量价关系九大法则不仅需要读懂，更需要吃透。可以将这些法则归纳、总结成下面的表格，如表 1-1 所示，这样就可以更好地记忆、理解和运用了。

表 1-1　9 大量价法则理解记忆表

行　情	内　容	信号意义
上涨行情	股价随成交量递增而上涨，为良性上涨	看涨信号
	股价创新高，成交量却未创新高	见顶信号
	股价不断上涨，而成交量在萎缩	可能的看跌信号
	股价缓慢上涨之后，股价和成交量双双出现井喷行情	反转信号
	股价上涨到高位，成交量激增，股价高位震荡	潜在的看跌信号
下跌行情	股价随成交量递减而下跌，为正常下跌	看跌信号
	长时间下跌形成谷底后，在回升时成交量没有增加，再次跌落到前一谷底附近，却创出更低的成交量	看涨信号
	成交量非常大的恐慌性抛盘之后	可能的看涨信号
	股价跌破技术形态、趋势线或移动平均线，同时成交量放大	看跌信号
	股价下跌到低位，成交量放大，股价小幅震荡	见底信号

葛兰碧的 9 大量价关系法则对于投资者的行为有一定的指导作用，但并不一定是放之四海皆准的定律。比如，葛兰碧认为，股价上涨的同时伴随着成交量的逐步放大才是良好的上涨行情。但是在实际操作中却未必如此，因为如果庄家或机构看好某只股票，会在低位吸筹，锁定较高的仓位，然后才会对股价进行拉升。庄家在拉升过程中会不断买进，但很少卖出，造成市场成交量的萎缩。因此，对于这 9 条量价关系法则，投资者要加以理解、消化，将其变成自己的东西之后再去运用，不能完全生搬硬套。

第二章

成交量技术分析入门

每一根成交量柱只能告诉投资者当期的成交量数据，将这些数据与其他交易周期的数据进行对比，会获得更多的交易指示信息。

第一节　成交量的表现：成交数量与成交金额

成交数量和成交金额，是成交量最主要的表现形式。

一、成交数量

成交数量，英文简称是 VOL，这是通常意义上所说的成交量，指一定的单位时间内个股或大盘的成交总手数（1 手为 100 股，是最小的交易单位）。无论是 K 线图还是分时走势图，投资者都可以观察到走势图下面由一条条线柱表示的成交数量，这些线柱被称为“量柱”。

成交数量忽略了各个股票流通量大小的差别，难以对不同股票作横向比较，但是适合对个股进行纵向比较，即通过观察个股历史上成交量放大或缩小的相对情况来分析股价走势。因而，成交数量也是个股分析时最常用到的指标。

K 线图的上半部分是股价，下半部分是成交量。每条成交量线柱对应一根 K 线，表示在该 K 线所代表的时间周期内的总成交数量。当 K 线为红色（空心黑框）时，成交量柱线为红色（空心黑框）；当 K 线为绿色（黑色）时，成交量柱线也为绿色（黑色），如图 2-1 所示。

在分时走势图上，上半部分是股价分时线，白色曲线表示股票的分时成交价格，黄色曲线表示股票的平均价格。下半部分是黄色的成交量线柱，表示每一分钟内股票的成交手数，如图 2-2 所示。

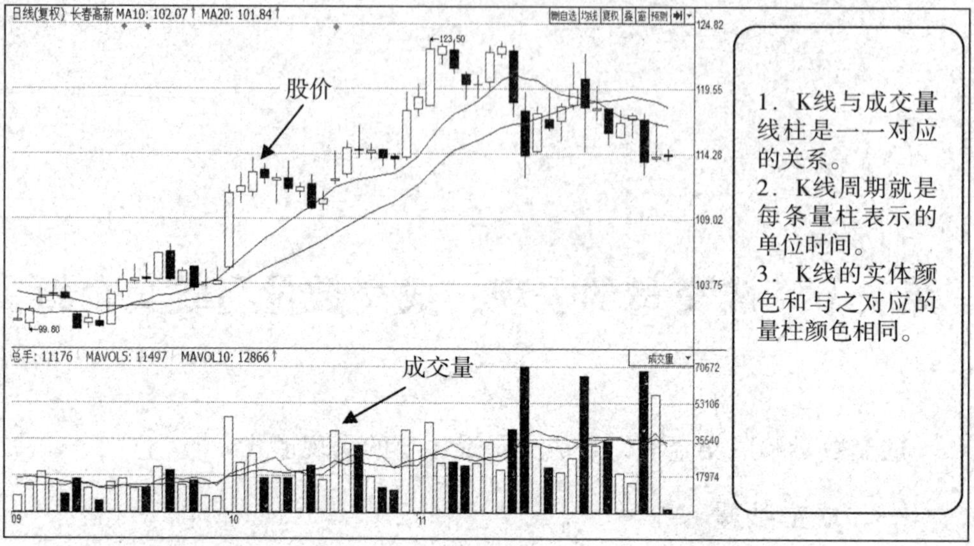

图 2-1　K 线图上的成交量柱线

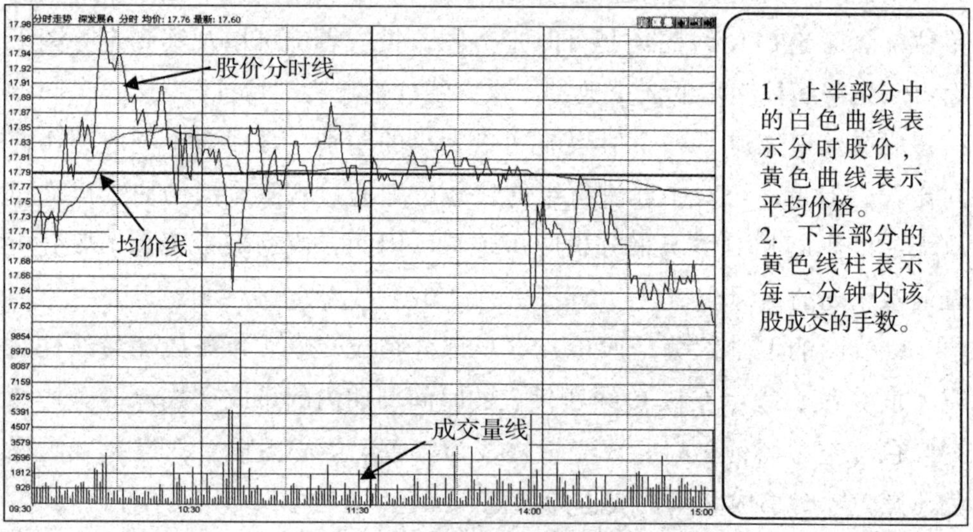

图 2-2　分时走势图上的成交量柱线

下面以长春高新作为案例，讲解成交量柱的形成过程，如图 2-3 所示。

图 2-3 展示的是长春高新的股价在 2016 年 11 月 30 日的分时走势。在 9:53，该股共产生 5 笔交易。在分时图上，成交量柱表示的是 9:53 成

交的 5 笔交易累计的成交量（总成交手数）。与此相对，股价的分时线给出的价格是 9:53 最后一笔交易的成交价格。也就是说，在 9:53 该股分时线所给出的价格点位是不停地变化的，直至 9:53 最后一笔交易产生后，该时段的价格将停留在最后一笔交易的价格点位。

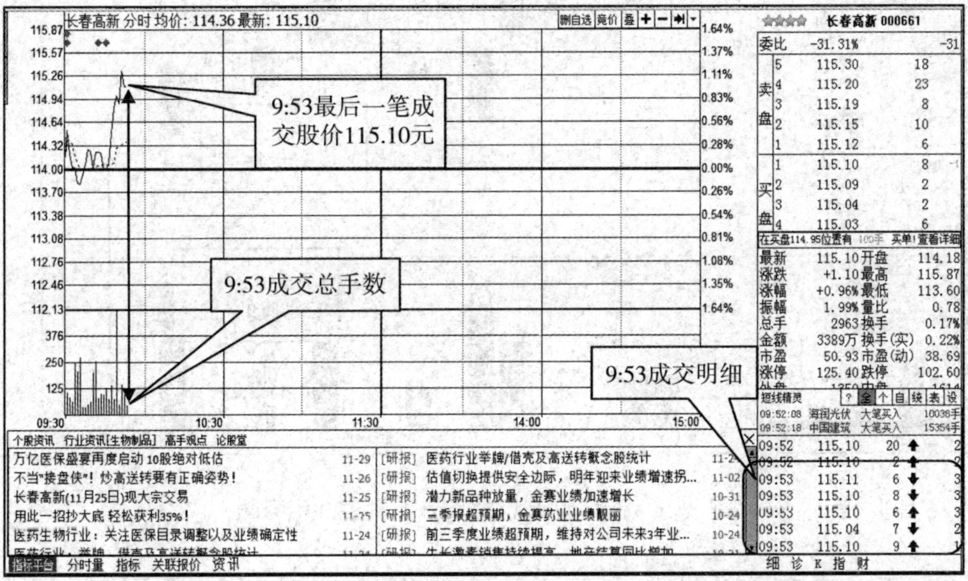

图 2-3　长春高新（000661）分时走势图（2016.11.30）

下面再来看一下长春高新的日 K 线走势图，如图 2-4 所示。

图 2-4 展示的是长春高新的股价日 K 线走势图。该股的成交量柱为当日成交总手数。11 月 30 日的量柱为尚未完成的量柱。该量柱会随着交易时间的变动逐渐变高，直至收盘。

计量个股成交量时，多采用成交手数作为标准。对于个股来说，每只股票的流通盘是一定的，这样通过比较每日买入卖出股票的数量变化，可以更好地识别主力的动向。由于个股的股价波动幅度较大，若采用成交金额的计量方法，可能无法精确反映股票成交数量的变化。

例如，同样是成交 100 手股票，股价在 10 元时，成交金额可能为 10 万元（忽略佣金与税费）。当股价上升到 20 元时，成交金额就会变成 20

万元（忽略佣金与税费）。成交金额的变化给人一种成交量翻番的感觉，但成交的股票总量却没有发生改变。

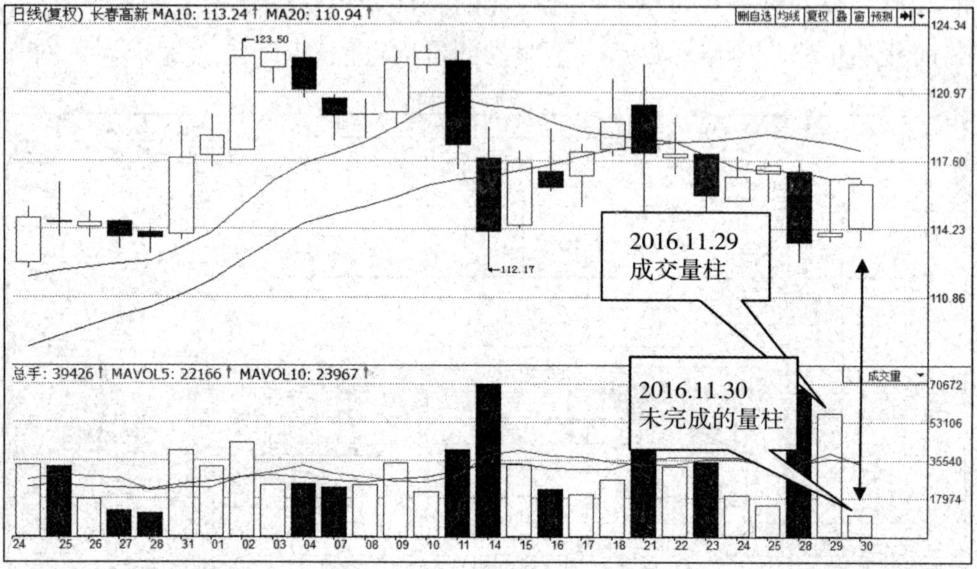

图 2-4　长春高新（000661）日 K 线走势图

二、成交金额

成交额，英文简称为 AMOUNT，指的是参与市场交易的资金量有多少。这一指标常用于大盘分析，它排除了大盘中各种股票价格高低不同的干扰，因而能够对市场或行业的整体交易情况进行纵向比较。因此，市场中常会听到“两市的成交金额达 ×× 亿元”“创业板成交金额 ×× 亿元”等信息，如图 2-5 所示。

对于大盘指数或行业指数来说，观察成交金额的变化，比成交数量更有意义，因为成交金额能反映股价涨跌后应支出的实际金额，而成交数量则无法达到这一点。成交金额越大，表示该行业或股票交易越活跃。因此，投资者可以通过成交金额有效识别市场中的热点行业和热门股票。

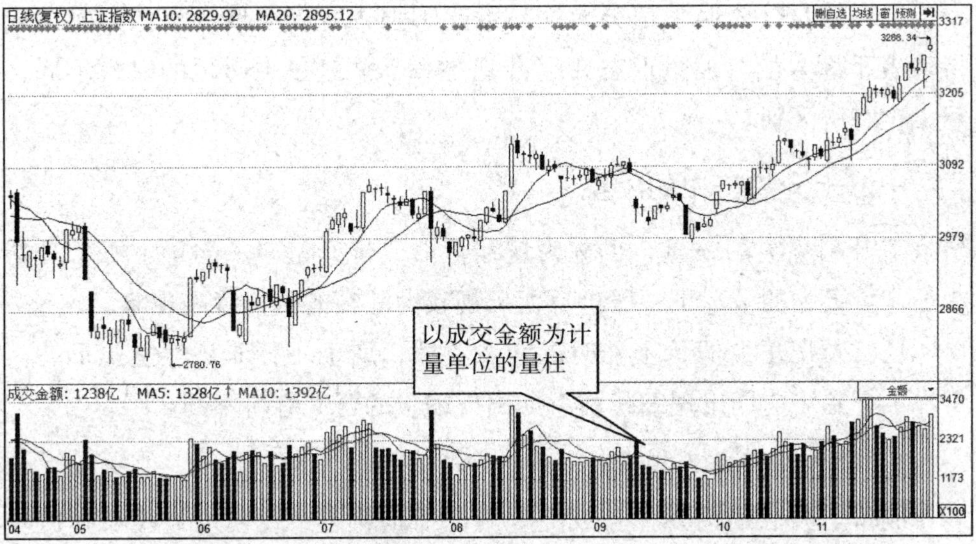

图 2-5　上证指数（1A0001）日 K 线走势图

第二节　成交量常见形态：缩量

缩量，即成交量逐期缩减的一种成交量组合形态，如图 2-6 所示。

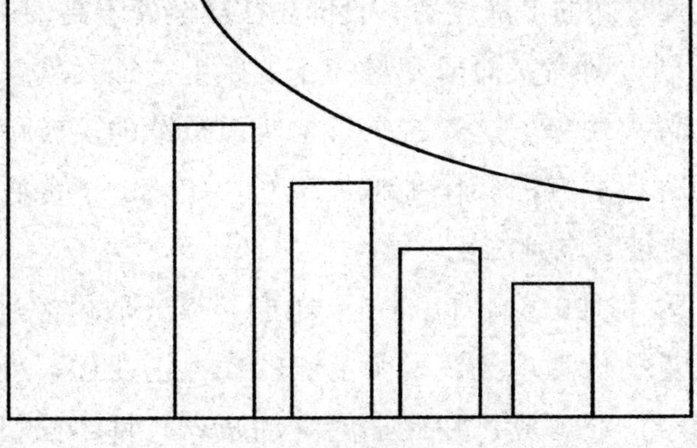

图 2-6　缩量形态

出现缩量，表明大部分人交易意愿不强，持有股票者不愿意卖出或持币者不愿入场。缩量形态在上升趋势和下跌趋势中出现的时机不同，意义也有所区别。

一、上升趋势中的缩量

上升趋势中的缩量，也称为量缩价涨或价升量减、缩量上涨，是指在成交量萎缩的情况下，股价反而出现较大涨幅的量价背离现象。

通常情况下，股价上涨时成交量萎缩，属于一种非良性量价形态，但在上升趋势前期出现缩量和后期出现缩量的含义有所不同。

1. 上升趋势前期缩量

股价上升启动前期，若成交量出现缩量状态，说明主力控盘程度较高，散户卖出意愿不强。该时段缩量上升很可能是主力锁仓拉升造成的，未来股价继续上攻的概率极高。

如图 2-7 所示，2016 年 1 月中旬，科恒股份的股价自底部区域启动上攻走势。在连续多个交易日小幅反弹的基础上，又拉出一个涨停板。2016 年 5 月 10 日，该股放量收出高位小阳星。此后，随着股价的上涨，成交量逐步萎缩，说明主力控盘程度较高，未来继续走高的可能较大，投资者可以考虑追涨买入。

2. 上升趋势末期缩量

在一段较长时间的上涨之后，股价往往已经处于高价位区间，此时，如果股价不断创出新高，而成交量却未能跟上，那么就在技术面上形成了量缩价涨的背离现象。这通常是行情难以持续的反转信号，投资者应保持警觉，此时最适宜的操作是趁势减仓。如果由于贪心而死捂着股票不放，很有可能被套在顶峰上。

如图 2-8 所示，2015 年 11 月 5—10 日，紫光股份经过一番急速上涨之后，出现了量缩价涨现象，说明上涨的动力正在逐渐耗尽，后市有出现回落的可能。持股者应该在此期间主动减仓，将部分获利回吐，持币者仍应以观望为宜。

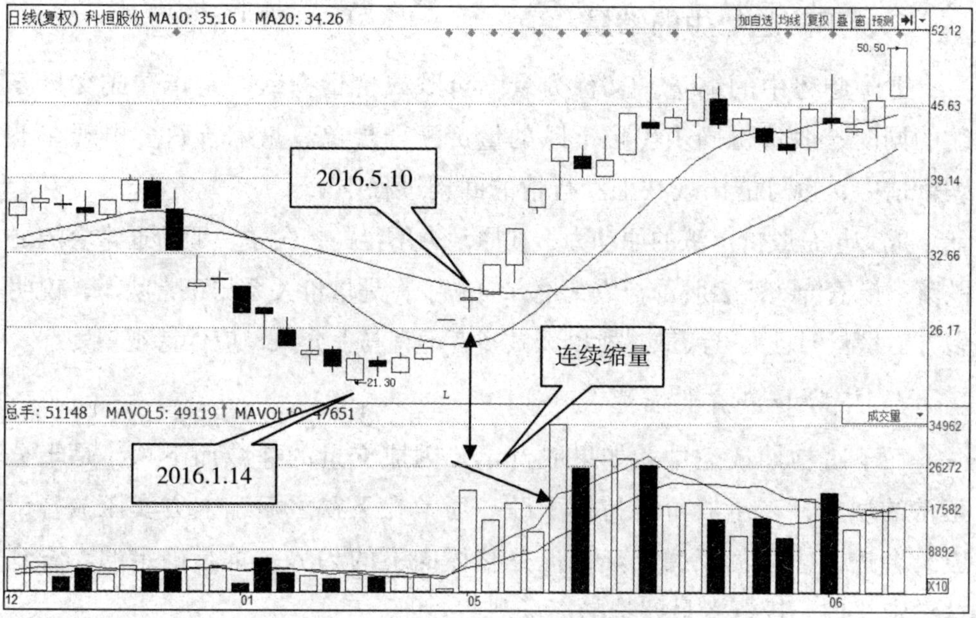

图 2-7　科恒股份（300340）缩量上升走势图

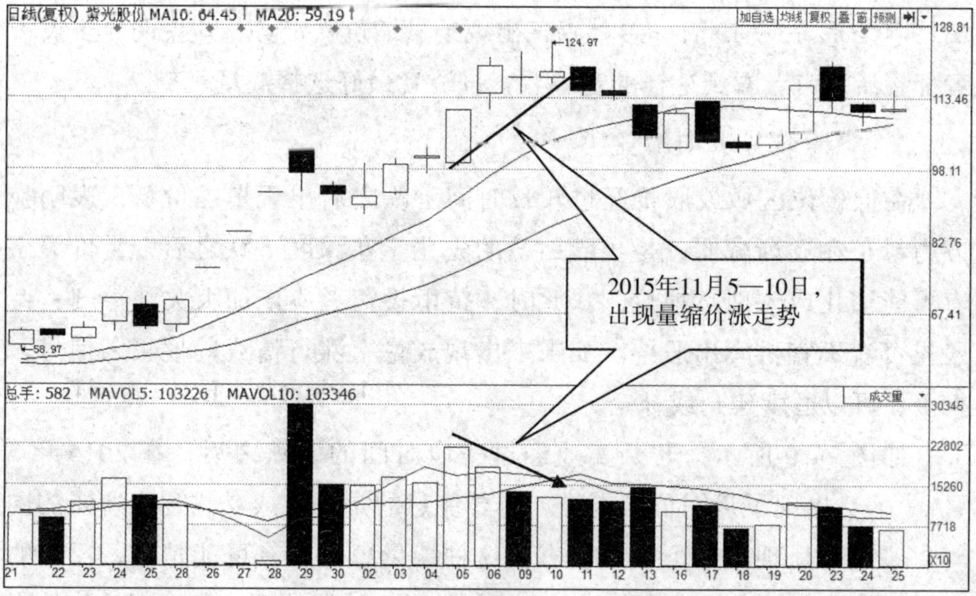

图 2-8　紫光股份（000938）上涨末期缩量走势图

二、下降趋势中的缩量

下降趋势中的缩量，又称为量缩价跌或价量齐跌，是指在成交量萎缩的同时，股价也同步出现下跌的量价配合现象。量缩价跌多出现在下跌行情中，也可能出现在上涨行情的回调过程中。

成交量是股价上涨的原动力，在原动力不足的情况下，股价通常会随之跌落。量缩价跌代表股价与成交量方向同步，是量价关系的正常状态，说明多方力量减弱且人气涣散，所以，做多者不宜马上介入，应保持观望姿态。

1. 下降趋势前期缩量

在下跌初期或途中，如果股价走势因成交量的递减而下跌，是十分正常的现象，表示股价将持续下跌。通常在下跌之后，上方卖压减轻，股价会进入短暂的反弹周期，但是整体向下的趋势基本是确定的。看到这种走势后，投资者最好选择离场观望。

如图 2-9 所示，2015 年 6 月 12 日，吉林森工收出放量阳线，股价也创出近年来的最高价，之后该股开启了一波下跌行情。在下跌初期的 2015 年 6 月 15—19 日，吉林森工出现了量缩价跌走势，这说明众多投资者都看淡后市。看到这样的走势后，投资者最好选择离场观望。

2. 下降趋势末期缩量

在低价位区域或股价经过较长时间下跌之后出现量缩价跌，表明空方力量正在逐渐减弱，是止跌回升的先兆。在深度下跌之后，量价关系有可能演化成“地量地价”。此时，持币投资者应该加大关注力度，持股投资者不宜再卖出股票。如未来出现放量上涨行情或其他买入信号，投资者可以适度建仓或补仓。

如图 2-10 所示，开开实业经过一段时间的下跌之后，在 2015 年 7 月 6—8 日出现了量缩价跌走势。需要注意的是，在成交量逐步递减的同时，股价却呈现急速下跌的状态。这种缩量急跌很有可能是止跌反弹的先兆，投资者要密切关注。果然，7 月 9 日，该股低开高走，以涨停的方式收出大阳线，投资者可以在当天积极买入。

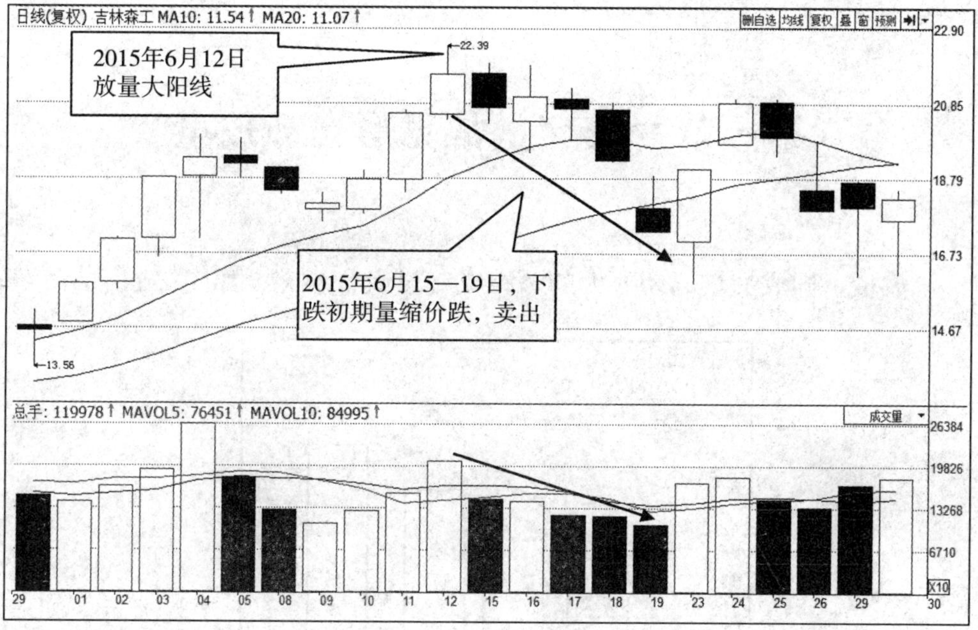

图 2-9　吉林森工（600189）缩量下跌走势图

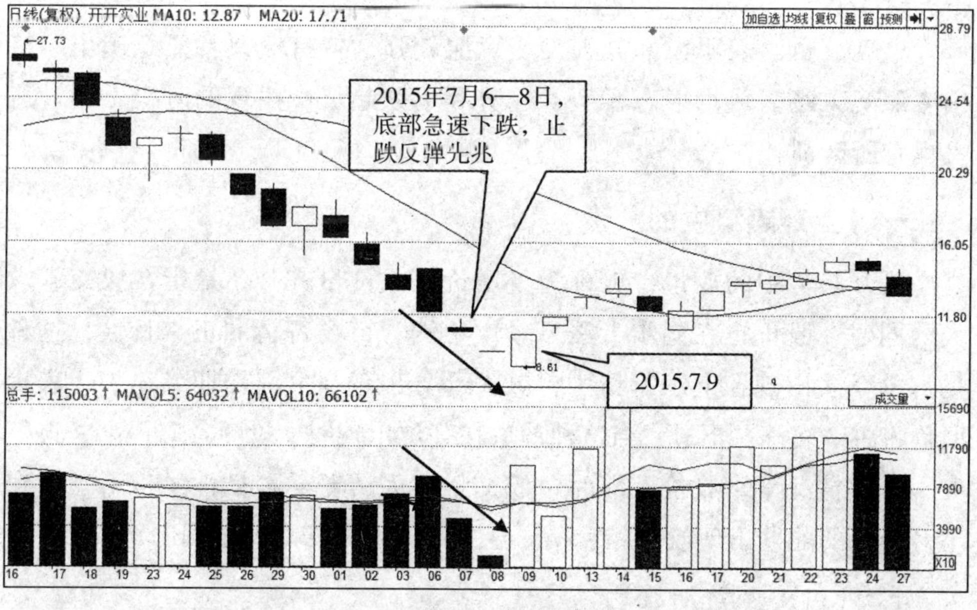

图 2-10　开开实业（600272）量缩价跌走势图

第三节　成交量常见形态：放量

放量，即成交量逐期放大的一种成交量组合形态，如图 2-11 所示。

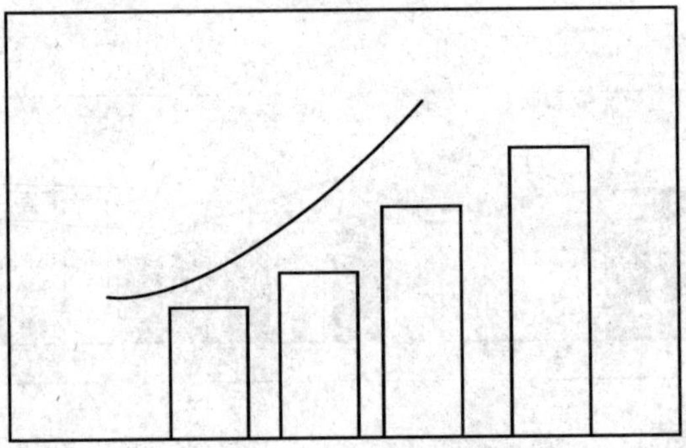

图 2-11　放量形态

出现放量，表明大部分人交易意愿较强，持有股票者愿意卖出，持币者愿意入场。放量形态在上升趋势和下跌趋势中出现的时机不同，意义也有所区别。

一、上升趋势中的放量

上升趋势中的放量，也称为量增价涨或价量齐升，是指在成交量放大的同时，股价也在同步上涨。量增价涨为市场行情的正常特性，这种量价关系多出现在上涨行情中，且大部分出现在上涨初期或途中，表示股价将继续上涨。不过，当这种现象在高位出现时，投资者应提高警惕。

通常情况下，股价上涨时，成交量放大属于一种良性量价形态，在上升趋势的前期出现放量和后期出现放量的含义却有所不同。

1. 上升趋势前期放量

在上涨初期或上涨途中出现量增价涨，说明市场上多方力量强劲，投资者可及时跟进，大胆追涨。一般情况下，短期的量增价涨现象发出的是短期看涨信号，长期的量增价涨现象发出的则是长期的看涨信号。

如图 2-12 所示，2016 年 2 月中旬，金盾股份在从底部回升时出现了量增价涨走势，这表明多方已经逐渐占据了主导地位，投资者可以考虑买入。之后该股进入了短暂的盘整期。盘整结束后，该股重新呈现量增价涨的态势。

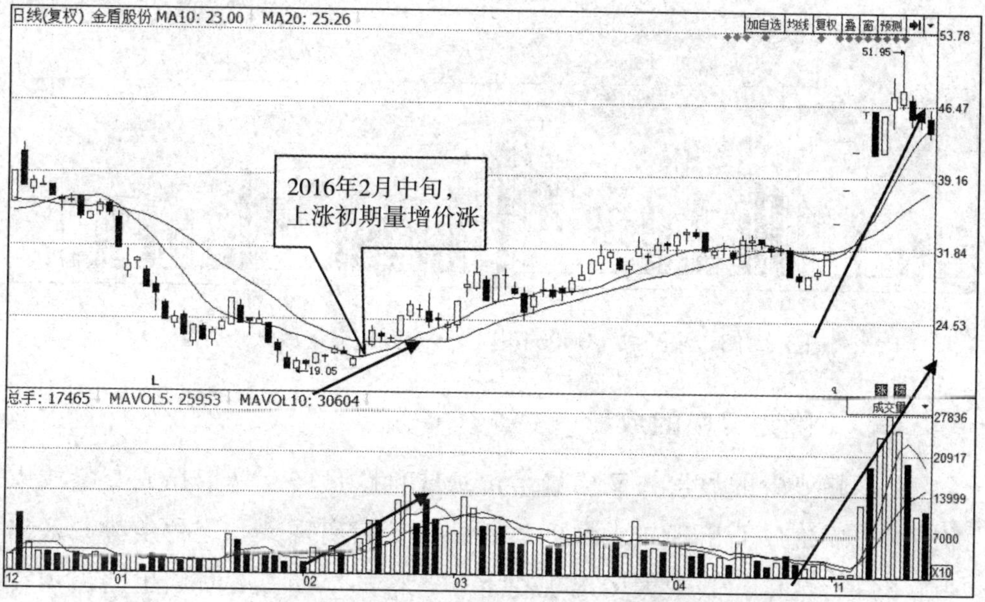

图 2-12　金盾股份（300411）上升初期成交量放大走势图

2. 上涨行情末尾时放量

当量增价涨现象出现在高价位区域或是大幅上涨之后，极有可能是庄家在对敲出货。如果市场过于狂热，则有可能演化成“天价天量”，这时，持币的投资者不宜介入，持股的投资者应该选择轻仓观望。

如图 2-13 所示，2015 年 6 月 12—18 日，渝开发连续五个交易日出现上涨，同时成交量放出巨量。但是这五天整体的上涨幅度并不大。由于该股之前已经上涨了一段时间，所以在这时出现量增价涨，极有可能是庄家在高位出货。果然，该股之后开启了连续下跌走势。

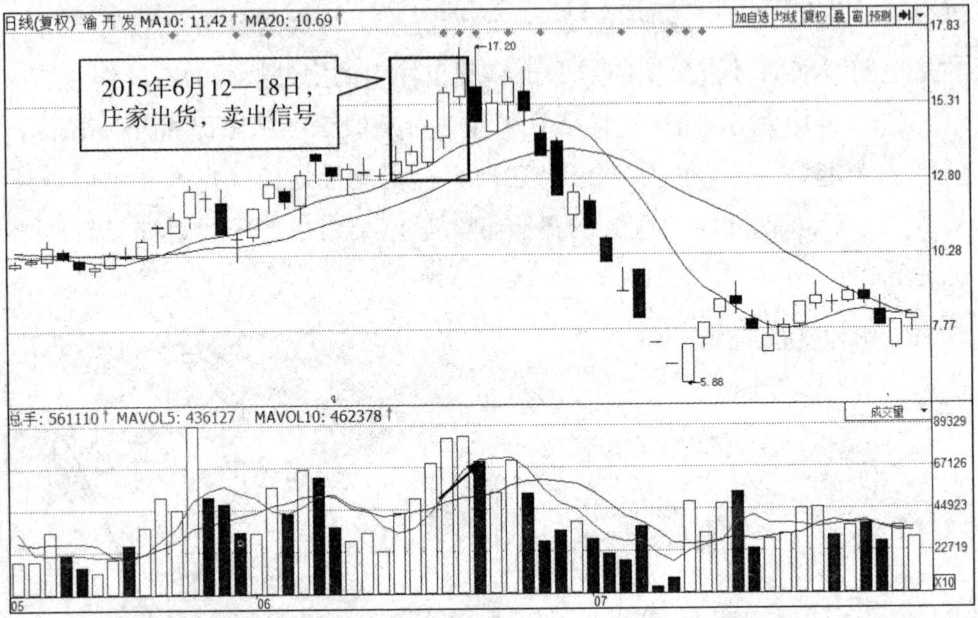

图 2-13 渝开发（000514）上升末期成交量放大走势图

二、下降趋势中的放量

下降趋势中的放量，又称量增价跌或价跌量增，是指在成交量放大的同时，股价反而出现较大幅度下跌的量价背离现象。这种走势一般出现在下跌行情中，其中大多出现在下跌行情的早期，有时候也会出现在上涨途中。

量增价跌可能是多种因素造成的，一般说明空方对后期的悲观预测超过了多方的乐观估计，因而纷纷加入抛售的行列，不过也可能是庄家故意制造诱空陷阱进行吸筹。所以，对后市的判断，必须结合该现象的走势形态和所处位置来进行。

1. 下降趋势前期放量

在下跌行情初期出现量增价跌，表示股价经过一段较大幅度的上涨之后，股价已经处于高价位区域，市场上的获利筹码也越来越多。此时投资者纷纷抛出股票，将获利回吐，股价开始下跌，这是强烈的卖出信号，投资者最好及时清空仓位。

如图 2-14 所示，从 2016 年 9 月开始，海南海药启动了一轮上涨行情。10 月 20 日，该股股价曾一度达到 15.31 元的阶段最高价。10 月 25—27 日，该股出现了顶部量增价跌现象，这是非常强烈的反转信号，此时空仓观望是最稳妥的选择。

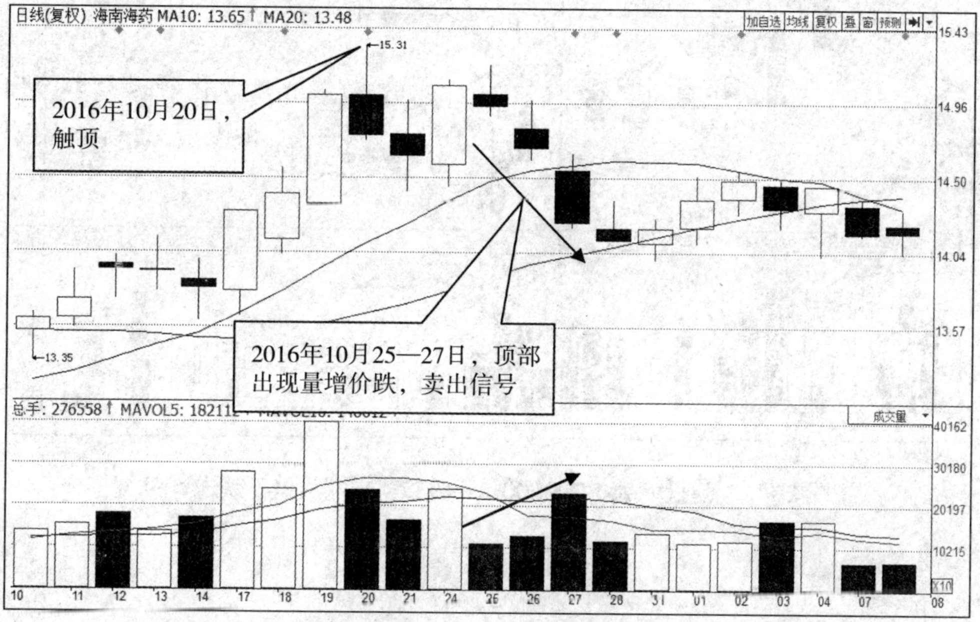

图 2-14　海南海药（000566）下降趋势放量走势图

2. 下降趋势末期放量

股价深度下跌之后，已进入低价位区域，这时出现量增价跌，表明股价离真正的底部已经不远了，是一种潜在的反转信号。投资者可以配合其他技术指标进行综合研判，适时建仓。

如图 2-15 所示，经过一波较大幅度的跌势之后，2016 年 1 月 25—27 日，建投能源的日 K 线图上出现了量增价跌走势。在这三个连续的交易日中，股价下跌速度越来越快，而成交量却温和放大，这有可能是庄家在底部吸筹，行情即将抵达阶段性底部。此时，投资者无论是持币还是持股，都应该以观望为主。不久之后，该股开始止跌回升，投资者可以在涨势基本确立后建仓或补仓。

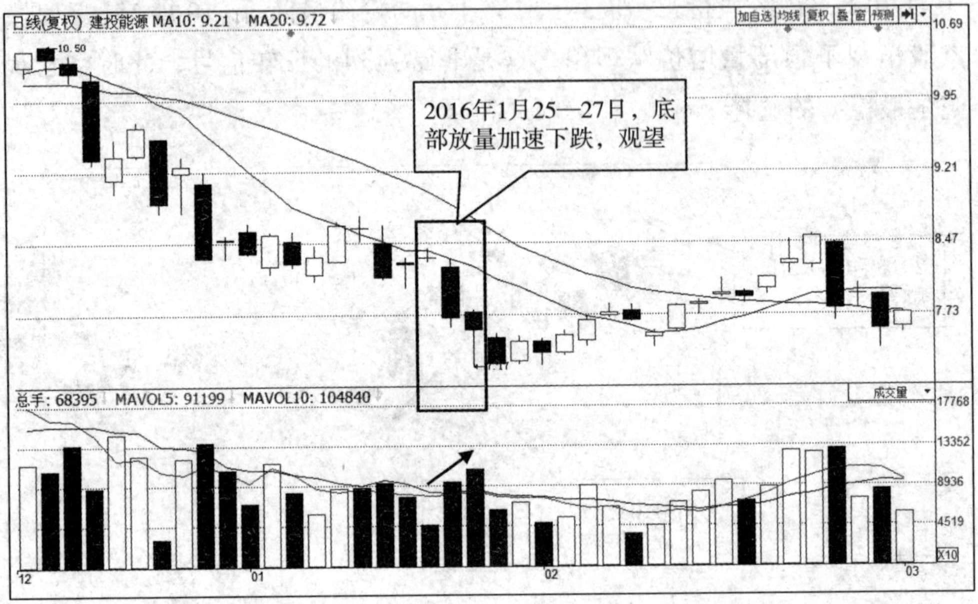

图 2-15 建投能源（000600）下跌趋势末端放量下跌走势图

第四节 成交量异常形态：天量、地量

由于市场氛围、主力持仓比重、股票本身消息面等因素，可能会造成股票每个交易日的成交量有所差异。不过，当天量、地量等成交量异常形态出现时，往往意味着股价将重新选择运行的方向。

一、天量：绝对天量、相对天量

天量，即股票或大盘在某一交易日创下了成交量自上市以来的最高值。从严格意义上来说，天量就是上述定义所设定的绝对天量，即该交易日的成交量就是自上市以来的峰值，再无其他交易日的成交量高于该日。不过，实战中使用的“天量”概念，更多地是指“相对天量”，即股票或大盘在某一交易日创下了某一较长时间内的成交量最高值。

在持续的上涨行情中，成交量放大本来是件好事，有利于推动股价的上涨。但是成交量如果急速放大，甚至出现了井喷行情，投资者就需要万分小心了。当成交量创出新高，达到天量之时，股价往往也处于阶段性高点，这时投资者要预防股价见顶的风险。因此，当股价处于高价区，在没有突然利好的情况下却出现了天量，那么投资者最好选择离场回避，静观其变。

如图 2-16 所示，林海股份的股价在 2015 年下半年出现了一波上涨行情，随着股价的上涨，该股的成交量逐渐放大。12 月 31 日，该股成交量出现了“天量”形态。“天量”形态的出现，说明该股的上涨动能可能被透支，如果未来成交量不能再创新高，则股价将会走低。

其后，该股出现了一波震荡下跌走势。

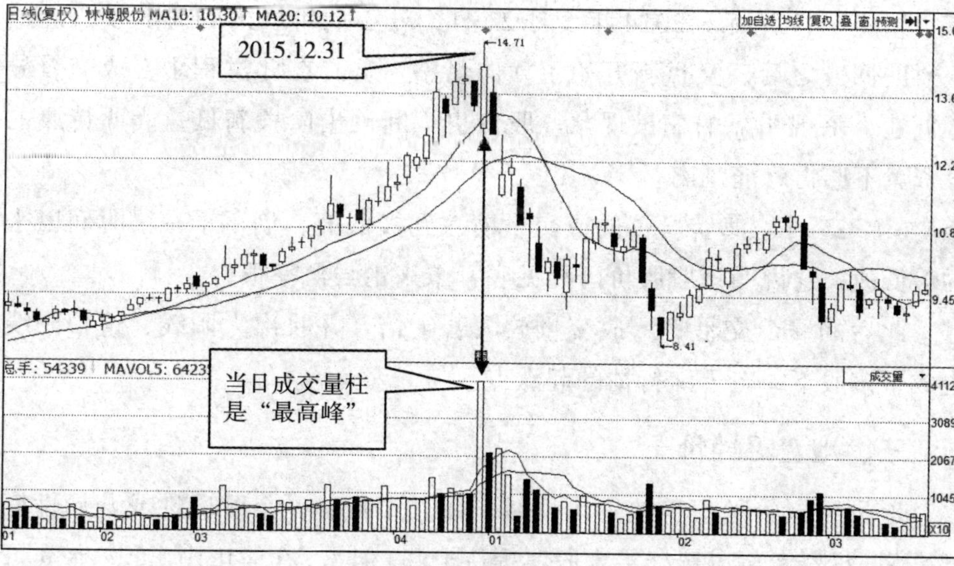

图 2-16　林海股份（600099）的量价走势图

二、地量：绝对地量、相对地量

地量，即股票或大盘在某一交易日创下了自上市以来成交量的最低值。从严格意义上来说，地量就是上述定义所设定的绝对地量，即该交易日的成交量就是自上市以来的极低值，再无其他交易日的成交量低于该日。不过，实战中使用的“地量”概念，更多地是指“相对地量”，即股票或大盘在某一交易日创下了较长时间内的成交量极低值。

地量一般出现在下跌行情的结束之时，意味着大盘或股价已经接近或到达阶段性底部，行情即将转向牛市。对地量的判断不能单看成交量的大小，还必须结合市场趋势、技术分析和市场热点这三个方面进行综合分析。

股价在拉升之前往往会间断性地出现地量现象，即地量之后还有地量，从中亦能看出庄家对股票的锁仓程度。地量的出现一般是后市看涨的信号，如果之后股票呈现放量上涨状态，投资者可以果断买进，持股待涨。

如图 2-17 所示，2014 年 5 月 22 日，处于低价区内的海航投资经过短暂的回升之后，又重新开始了横向盘整走势。在此过程中，成交量异常低迷，呈现明显的缩量现象，股价也不断创出阶段新低，表明持股的投资者不愿再忍痛割肉。

6 月 25 日，海航投资的成交量缩减到极低值，创下了一段时间以来的最低值。这说明该股股价已经见底，未来走强概率很大。

此后的一个交易日，成交量放大若干倍，并收出大阳线，这根阳线也成了该股下一轮上涨行情的起涨点。

三、地量见地价

地量见地价是指当地量出现时，往往意味着一个阶段性或全局性底部来临，投资者可以选择买入股票等待上涨。但是，在熊市中出现“地量”，与在牛市中出现“地量”的操作手法是不同的。

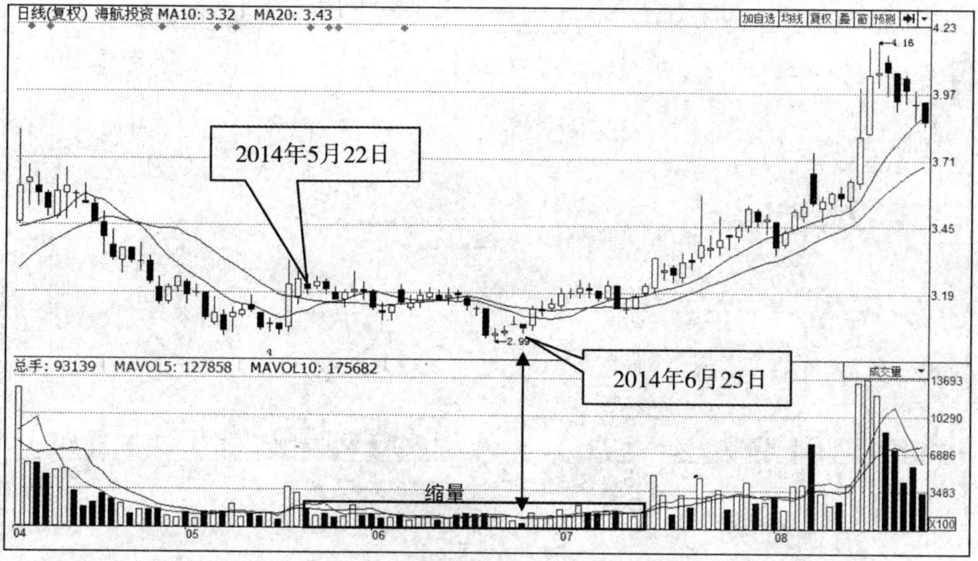

图 2-17　海航投资（000616）量价走势图

1. 熊市中“地量见地价”的操作要点

第一，在熊市末端，股票的成交量萎缩得比较多，因而经常会出现“地量”。但是，出现“地量”并不意味着一定进入了熊市的末端，有时，“地量”只意味着阶段性低点来临。

第二，当“地量”出现时，投资者还需要综合其他技术分析方法，以判断价格是否也同时达到了“地价”的水平。

先来看下面东风汽车的案例，如图 2-18 所示。

东风汽车的股价从 2010 年 4 月开始一路下行，到 7 月 2 日，股价达到最低值。与此同时，成交量也逐渐走低，在 6 月底到 7 月初的一段时间内，一直在低位徘徊，达到“地量”水平。在技术指标方面，KDJ 指标在 7 月 2 日前后进入超卖区间，预示股价将触底反弹。由此可见，该股“地量见地价”的可能性较高，投资者可以跟进买入该股。

2. 牛市中“地量见地价”的操作要点

第一，牛市中，所谓的“地量”指的都是相对地量，而非绝对地量。投资者应注意对股价变化的比较。

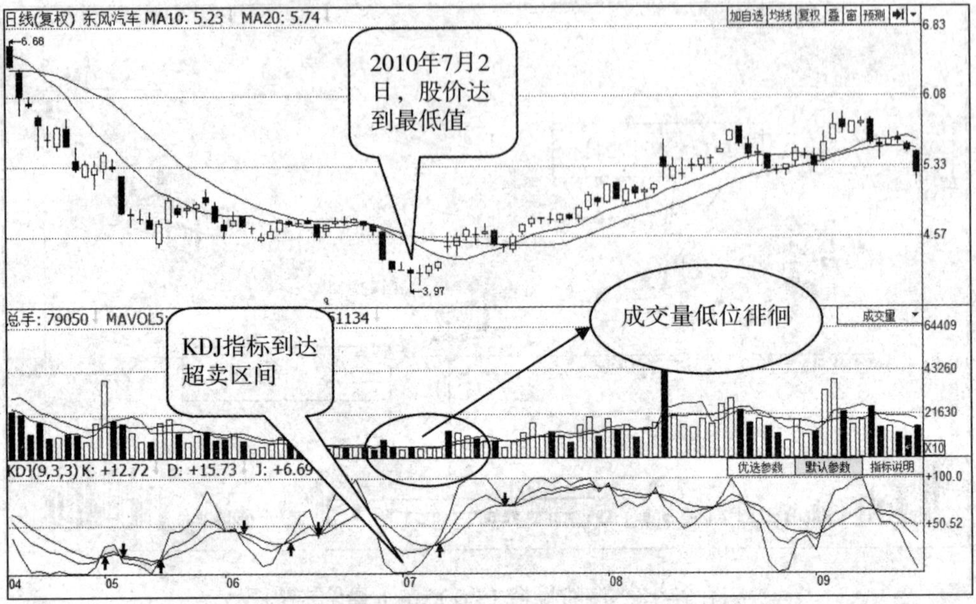

图 2-18 东风汽车（600006）日 K 线走势图

第二，当牛市中出现“地量”的情况，往往都是上涨回调中的缩量情形，这种时候往往是投资者加仓的最好时机。在牛市中，股价一旦出现缩量回调，投资者应及时买入股票。

下面以兴蓉环境在 2014 年 11 月—2015 年 5 月的走势为例进行说明，如图 2-19 所示。

兴蓉环境的股价从 2014 年 11 月开始一路上涨，走出一波上涨行情。在 2015 年 2 月期间，该股股价出现回调。与此同时，该股的成交量也出现显著的下降，一度达到一段时间以来的最低值。投资者可以逐步跟进买入股票，以博取未来股价上涨带来的收益。

四、天量见天价

在股价放出天量的同时，如果还创出了天价，那么，很有可能是股票经过一段时间的上涨之后，庄家通过最后一冲完成最后的派发任务，接下来股价走低的可能性非常大。

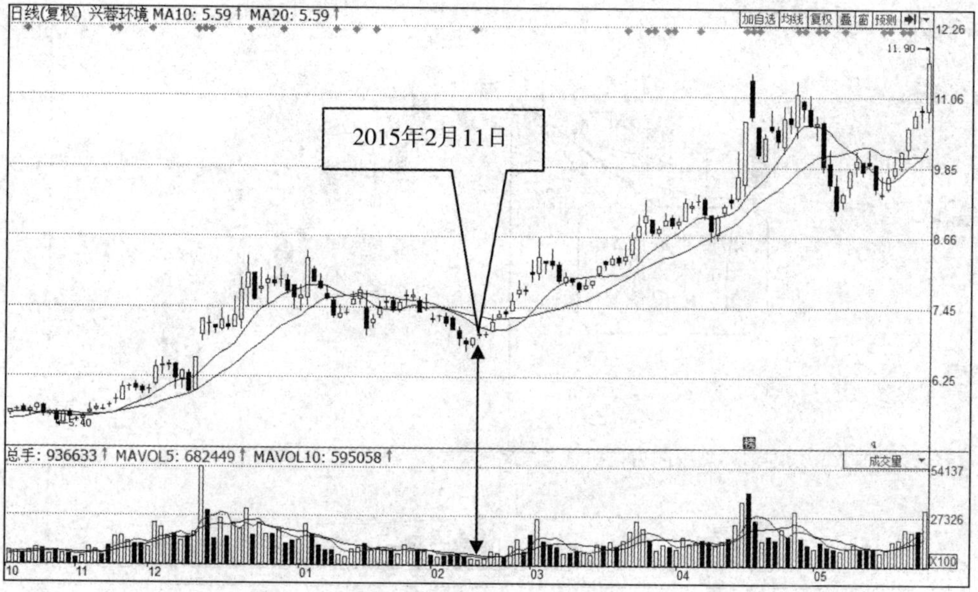

图 2-19　兴蓉环境（000598）日 K 线走势图

“天量见天价”的操作要点如下。

第一，“天量见天价”是股票市场的一个普遍性规律，但是“天量”的判断却非常困难，原因是成交量没有封顶。当成交量创出新高时，往往还有更高的成交量出现，这时，投资者就需要综合考虑股价所处的位置。如果股价已经出现过高涨幅，那么一旦发现成交量不能继续放大时，就需要选择卖出股票了。

第二，“天量见天价”往往会形成一个阶段性的顶部，这个顶部还会对后来股价的上涨造成一定的压力，因此，当股价上涨到“天量见天价”位置时，投资者都需要特别谨慎。

第三，当股价形成一个“天量见天价”的短期顶部之后，如果股价继续上涨，成交量超过原来的“天量”，则股价还会出现一波上涨行情。

先来看一下创业环保的案例，如图 2-20 所示。

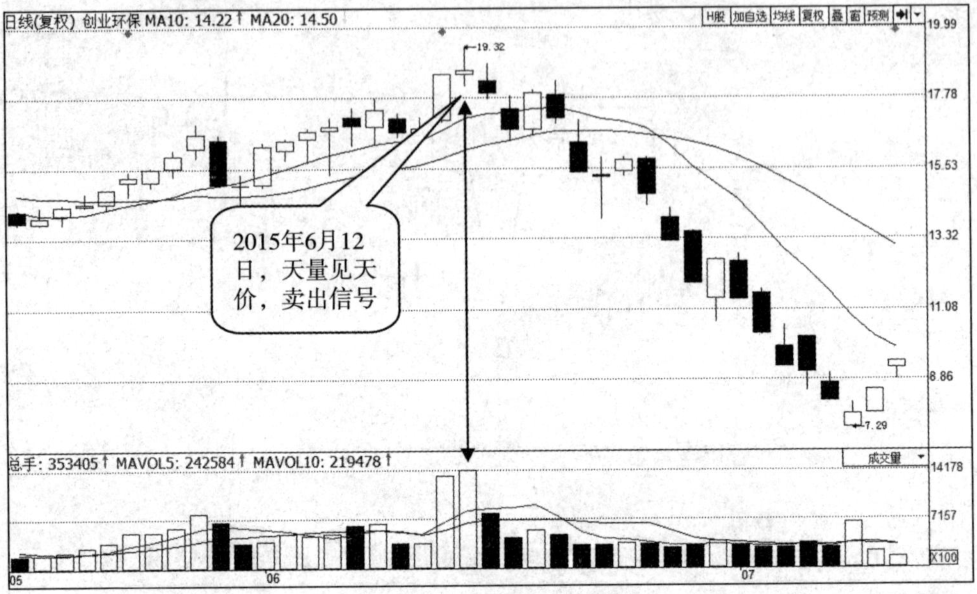

图 2-20　创业环保（600874）日 K 线走势图

创业环保经历了 2015 年 2 月开始的一系列盘整之后，在 2015 年 3 月以后随着大盘的上涨出现了一波快速上攻行情。

6 月 12 日，股价创下了一段时间以来的最高点 19.32 元。与此同时，成交量也创出了天量，换手率达到 13.04%。

出现“天量见天价”，预示股价后期将转入下跌，投资者此时需要迅速卖出股票，以防止给自己的投资带来损失。

投资者应该注意，天量见天价，并不是说天量与天价一定在同一天出现，天价也有可能在天量出现的后一个或两个交易日出现，其效果并不受影响。

第三章

成交量辅助分析系统

均量线、换手率以及OBV指标，是成交量分析技术中实战价值较高的三项技术指标。

第一节　均量线

均量线，是将一定时期内的成交量（值）相加后平均，在成交量（值）的柱条图中形成较为平滑的曲线。均量线是一种反映一定时期内市场平均成交情况，也就是交易量趋势的技术性指标。不同周期的均量线往往代表不同的含义，而不同周期均量线的组合更能发出各具特点的交易指示信号，如图 3-1 所示。

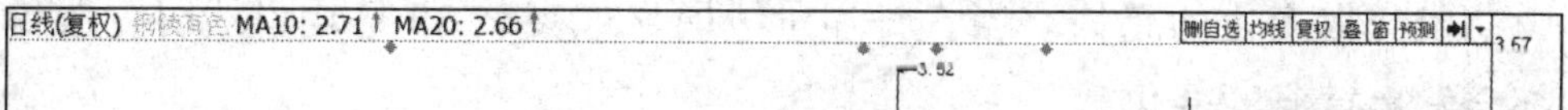

图 3-1　均量线示意图

普通的炒股软件中会给出 5 日、10 日均量线指标，当然，投资者也可以根据自己的需求设定均量线指标的周期参数。均量线在实战运用过程中，一般遵循如下几条法则。

第一，在上涨行情中，均量线一般会先于股价的上涨而升高。当股价上涨到一定程度后，均量线会呈下跌走势，这也就说明股价的上涨已经到了顶部，马上就要开始下跌了。

第二，在下跌行情中，均量线一般会先于股价的下跌而下跌。当股价下跌到一定程度后，均量线会呈拐头向上或者放平走势，这意味着股价的下跌已经到了谷底，股价随时都有可能企稳反弹。

第三，均量线的方向无论是向上还是向下出现拐头，都意味着行情可能会出现转向。

一、5 日均量线回靠与突破

5 日均量线是短期成交量重要的参考线，同样，30 日均量线反映了中期成交量变化的趋势。当 5 日均量线回靠或突破 30 日均量线时，股价都会发生重要的变化。

第一，当成交量出现萎缩状态时，5 日均量线逐渐向 30 日均量线靠拢。当 5 日均量线与 30 日均量线相交后，成交量突然呈放大态势，且成交量已经突破了 5 日均量线，这时 5 日均量线重新开始向上，意味着股价很快就要启动，投资者可以迅速跟进买入股票。

第二，5 日均量线在回靠过程中短暂跌破 30 日均量线，并不影响形态的成立。

先来看一下东方银星的案例，如图 3-2 所示。

东方银星的股价从 2016 年 10 月中旬开始走出了一波下跌走势，成交量同步出现萎缩。10 月 21 日，东方银星的 5 日均量线跌破 30 日均量线，预示股价还将进一步下跌。

11 月 17 日，该股股价经过一段时间的震荡调整之后，开始加速上涨，当天成交量突破 5 日均量线，预示股价将会加快上涨。

11 月 21 日，该股的 5 日均量线成功突破 30 日均量线，加强了买入信号的准确性。投资者可以选择在成交量突破 5 日均量线和 5 日均量线突破 30 日均量线时，两个时段分批买入该股。

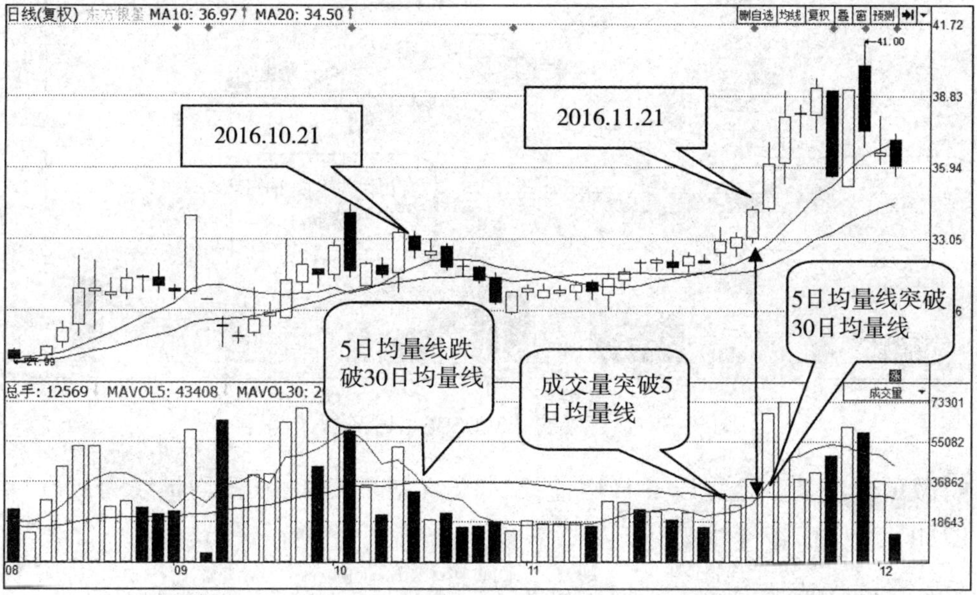

图 3-2　东方银星（600753）日 K 线走势图

下面再来看一下盘江股份的案例，如图 3-3 所示。

盘江股份的股价从 2016 年 9 月底开始一路震荡上涨。2016 年 10 月下旬，股价出现震荡走高的行情，但随后股价开始了一波短暂的调整，成交量也出现萎缩的情况。

11 月 4 日，5 日均量线回调到 30 日均量线位置后重新上升。次日，该股的成交量突破了 5 日均量线，预示股价将出现一波快速上涨行情。

这时，再观察一下股价均线就会发现，此时 5 日均量线向 10 日均量线靠拢后又重新上升，预示股价将加速上涨，投资者此时宜跟进买入股票。

二、均量线的黄金交叉

上涨行情初期，短期均量线自下而上穿过中长期均量线形成的交叉

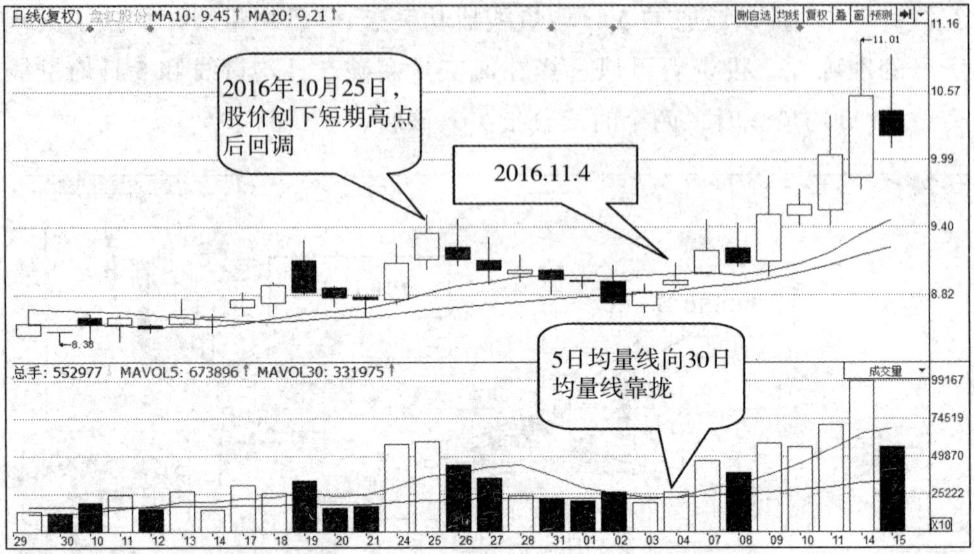

图 3-3　盘江股份（600395）日 K 线走势图

叫做黄金交叉，这里以 5 日均量线、10 日均量线和 30 日均量线为例进行说明。5 日均量线上穿 10 日均量线形成的交叉，10 日均量线再上穿 30 日均量线形成的交叉，称为黄金交叉。

黄金交叉的操作要点如下。

第一，当股价大幅下跌之后，短期、中期、长期三条均量线出现黄金交叉形态，投资者可据此买入股票。

第二，形成黄金交叉之后，要保证短期、中期、长期三条均量线呈多头排列，即短期均量线位于最上方，长期均量线位于最下方，中期均量线处于中间位置。

第三，当短期均量线上穿中期均量线与中期均量线上穿长期均量线时，如果能有成交量放大相配合，将提升该信号的准确度。

下面来看一下三安光电的案例，如图 3-4 所示。

三安光电的股价从 2014 年下半年开始出现了一波下跌走势。在下跌过程中，成交量逐步萎缩，5 日均量线、10 日均量线和 30 日均量线处于黏合状态，后来呈空头排列，即 5 日均量线位于最下方，30 日均量线位于最上方。

2014 年 12 月 31 日，股价被主力大幅拉升，与此同时，5 日均量线自下而上穿过 10 日均量线。不久后的 2015 年 1 月 8 日，10 日均量线又自下而上穿过了 30 日均量线。

此时，5 日均量线、10 日均量线与 30 日均量线呈多头排列，即 5 日均量线位于最上方，30 日均量线位于最下方，由此均量线黄金交叉形成多头排列。投资者看到此形态后，可以迅速跟进买入股票。

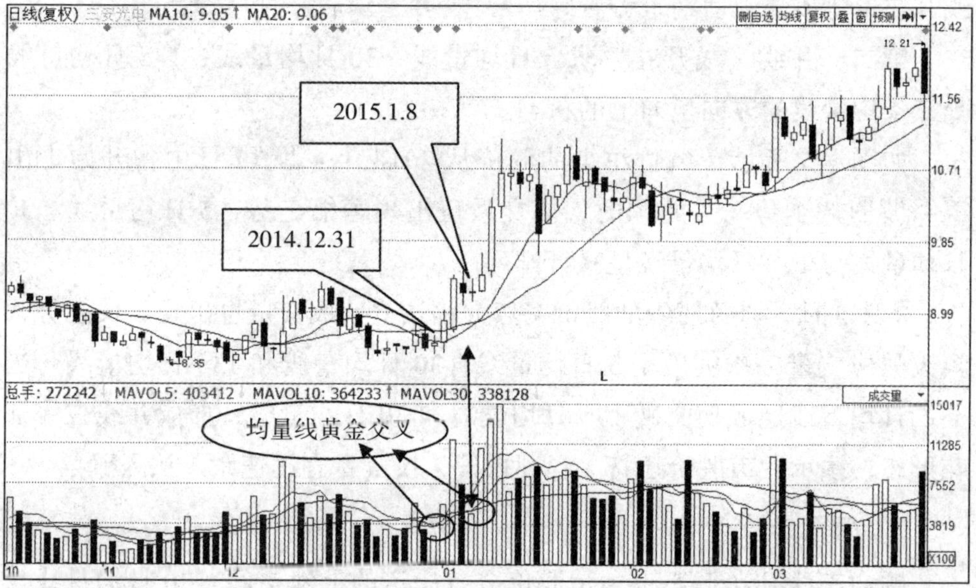

图 3-4　三安光电（600703）日 K 线走势图

三、均量线三线开花

三线开花中的三条均量线可以设定为 5 日均量线、30 日均量线、135 日均量线。这三条均量线形成金叉穿越后，像开喇叭花一样，形成极度分离的多头排列特殊技术形态，这就叫三线开花。均量线三线开花形态与均线三线开花形态相似，也可以分为三种类型：一是并线三线开花，二是顺向三线开花，三是逆向三线开花。这三种技术形态都是十分有效的预测股票价格走势的技术形态。

1. 并线三线开花

并线三线开花是指股价从三线开花的初始就开始上涨的状态，与此同时，30日均量线与135日均量线处于极度接近的平行状态，此时5日均量线从下向上穿越这两条均量线的技术走势，形成均线金叉穿越。其主要操作要点如下。

第一，如果股价出现上涨行情时，成交量呈放大态势，预示并线三线开花走势成立，后期走势看好。

第二，并线三线开花要求5日均量线、30日均量线、135日均量线等三条均量线的方向呈向上的状态。

如图3-5所示，凤竹纺织的股价从2014年4月17日中旬开始走出了一波回调走势。与此同时，成交量也出现萎缩走势，5日均量线、30日均量线与135日均量线呈平行排列。

8月5日，凤竹纺织的股价突然大幅拉升，成交量也出现放大态势，当天的成交量一举突破了5日均量线、30日均量线和135日均量线。当天5日均量线还成功突破135日均量线和30日均量线，形成并线三线开花形态，预示后市股价还将大幅度拉升，投资者宜迅速跟进买入股票。

2. 顺向三线开花

顺向三线开花形态也预示股价会有一定的上涨空间。30日均量线与135日均量线是顺向交叉的状态，即30日均量线从下向上穿越135日均量线，形成两条长期均量线黄金交叉。此时，5日均量线从下向上穿越这两条均量线交叉点，5日均量线、30均量线、135日均量线呈多头排列。

其主要操作要点如下。

第一，如果股价出现上涨行情时，成交量呈放大态势，预示顺向三线开花走势成立，后期走势看好。

第二，顺向三线开花形态中，5日均量线自下向上与30日均量线、135日均量线交叉的交点就是最好的买入时机。

下面看一下马钢股份的案例，如图3-6所示。

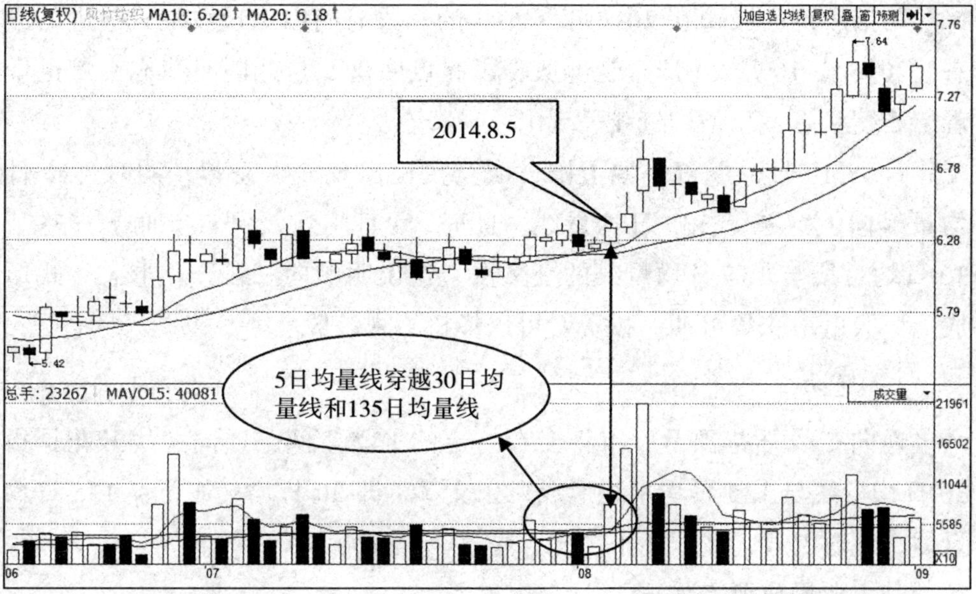

图 3-5　凤竹纺织（600493）日 K 线走势图

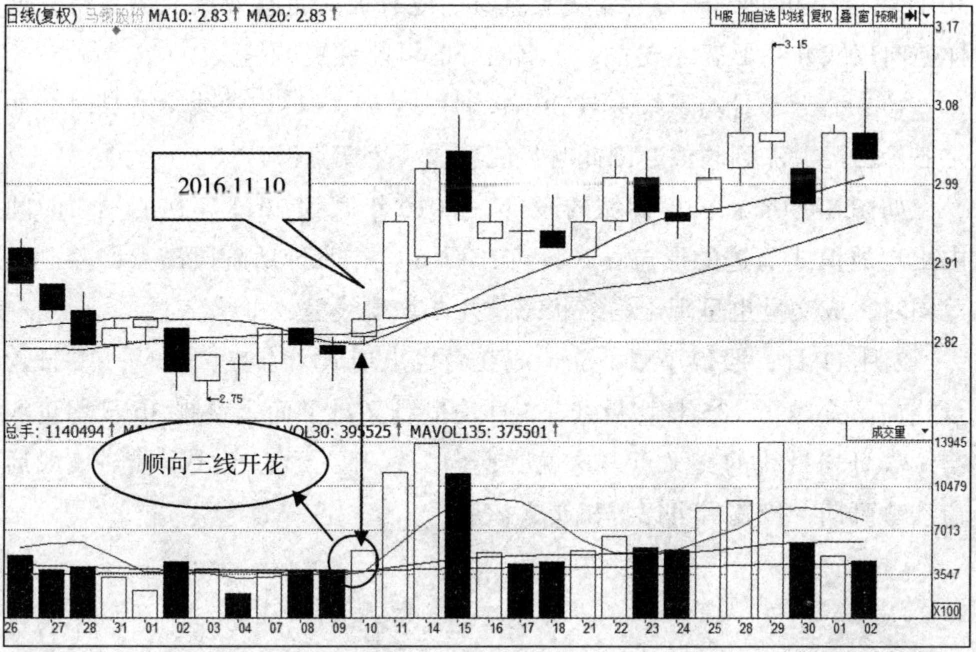

图 3-6　马钢股份（600808）日 K 线走势图

马钢股份的股价在2016年下半年的一段时间内出现波浪式前进的形态。2016年10月26日，股价从阶段高点回落，与此同时，成交量也呈现出萎缩状态，几条均量线呈现出放平状态。

11月10日，股价小幅上涨，成交量也出现放大态势，同时，30日均量线向上穿越了135日均量线。此时，5日均量线又自下而上穿越了30日均量线与135日均量线的交叉点，这说明顺向三线开花形态正式形成。该股后市涨势可期，投资者可以择机买入该股。

3. 逆向三线开花

逆向三线开花预示后市将会有一定的上涨空间。逆向三线开花是指30日均量线与135日均量线形成死亡交叉，即30日均量线下穿135日均量线，此时5日均量线由下向上穿越这个交叉点。

其主要操作要点如下。

第一，逆向三线开花形态，预示股价将要走牛。在5日均量线穿越30日均量线和135日均量线交叉点时，应有成交量有效放大的支持，这样逆向三线开花形态才成立，后市向好的可能性也就越大

第二，当5日均量线穿越30日均量线与135日均量线交叉点时，如果股价已经上涨到高位，则此时只能看成一个卖点。

如图3-7所示，ST商城的股价在2010年底到2011年初的一段时间内出现波浪式前进的形态。2011年1月6日，股价从阶段高点回落。与此同时，成交量也呈现出萎缩状态，几条均量线呈放平状态。

2月11日，股价小幅上涨，成交量也出现放大态势。同时，30日均量线向下穿越了135日均量线，5日均量线又自下而上穿越30日均量线与135日均量线的交叉点，这说明逆向三线开花形态正式形成。该股后市涨势可期，投资者可以择机买入该股。

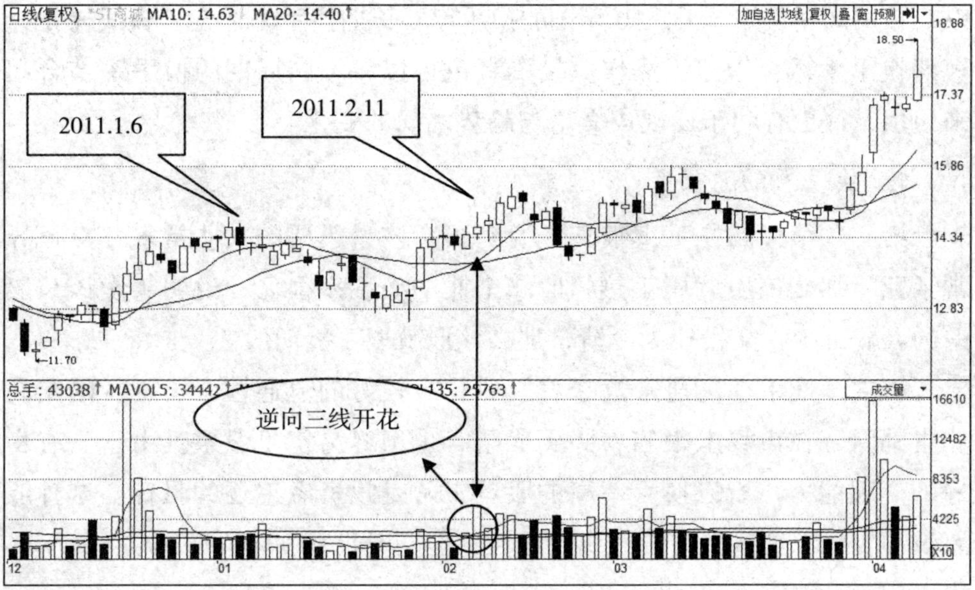

图 3-7　ST 商城（600306）日 K 线走势图

第二节　换手率

换手率是一定时间内买卖的频率，是成交量的比率关系，也是研究量价关系的重要工具。投资者利用这一指标，可以跟踪观察个股的活跃程度，找到“放量”与“缩量”的客观标准，用以判断股价未来的走势。

换手率在庄股中能得到更充分的应用，在主力吸筹、拉升和出货阶段，可以用它来测算庄家持有筹码（股票）的数量。

换手率的计算公式：

换手率＝（某一段时期内的成交股数 / 流通总股数）×100%

按照时间参数的不同，换手率分为月换手率、周换手率、日换手率以及特定周期（如 5 天、10 天）的换手率。长期换手率适合于长线操作，短期换手率适合于短线操作。投资者也可以将不同周期的换手率结合起来使用，这更有利于发现成交量与趋势之间的变化。

1. 换手率的意义

第一，个股的换手率很高，说明买卖该只股票的人非常多，交投异常活跃，那么该股就属于热门股。个股的换手率很低，说明买卖该只股票的人非常少，交投较为冷清，那么该股就属于冷门股。

第二，换手率高通常意味着股票具有较好的流通性，投资者的交易非常踊跃，在市场上很容易买到股票，也很容易卖出股票。由于具有良好的变现能力，所以换手率高的股票常常是投资者追逐的目标。这种股票波动较大，具有较高的短线收益性，但同时也存在较大的风险。

2. 换手率的级别

由于换手率具有横向比较的特性，所以在判断股票流动性和活跃程度时，通常使用的是换手率而不是成交量。一般来说，个股的日换手率达到 5% 以上（新股除外），才会使股价表现活跃。

下面将 5% 这一数值设定为中心值，并根据数值的大小，将换手率分为不同的级别，由低到高分别是：极低换手率、较低换手率、低换手率、一般换手率、高换手率、较高换手率、极高换手率和怪异换手率，如表 3-1 所示。

3. 对换手率的观察

在进行量价分析时，不但要分析成交量的大小和换手率的高低，更要看高换手率出现在什么位置，持续了多长时间，之前的股价趋势和成交量有什么变化。

对换手率的观察主要有以下几种情况。

情况 1：低换手率。市场上的投资者对后市的判断分歧较小，都认为股价会按照原有趋势继续运行。低换手率多出现在下跌途中或横盘整理过程中，有时也会发生在上涨的初始阶段。

表 3-1　换手率的不同层级

层　级	名　称	范围值	含　义
1	极低换手率	低于 1%	市场已经冷到了极点，地量出现，股价有回升希望
2	较低换手率	1% ~ 2%	市场较为清淡，表现为无量阴跌或减速下跌
3	低换手率	2% ~ 3%	成交量较为温和，多出现在下跌途中或上涨初期
4	一般换手率	3% ~ 7%	股票相对较为正常，在上涨和下跌行情中经常出现
5	高换手率	7% ~ 10%	股价高度活跃，会加速上涨，多发生于强势股
6	较高换手率	10% ~ 15%	庄家在密切操作，常出现在拉升或下跌的开始阶段
7	极高换手率	15% ~ 20%	在上涨中持续多日的话，有可能成为黑马股
8	怪异换手率	超过 20%	成交量剧增，股价暴涨，如无特殊利好，则为见顶信号

情况 2：高换手率。市场上的投资者对后市判断产生了较大的分歧，有的投资者认为后市向好而买进，有的投资者急于变现而卖出。高换手率只要能够维持，那么股价也会持续上涨。

情况 3："过度"的换手率。任何指标都应该有个度，换手率也不例外。投资者需要关注换手率过低或过高的情况，过高和过低的换手率在很多时候是股价变盘的先兆。一般而言，当股价处于高价区，日换手率高于 20%，往往是前期获利的投资者正在大量变现，因此就容易引发阶段性高点。当股价处于低价区，周换手率低于 2%，往往表示多空双方都处于观望之中，空方力量基本释放完毕，股价有筑底的可能。

情况 4：低位高换手率。如果个股在低位（或长期下跌之后）出现了持续几日的高换手率，那么可以认为有新的资金介入，多方力量在不断加强，股价随时都有上涨的可能。这种情况也称为"底部放量"，是较为可靠的看涨信号。底部换手越充分，未来上涨的力度也就越大。

情况 5：高位高换手率。如果个股在高位（或长期上涨之后）出现持续几日的高换手率，则很有可能是股价下跌的先兆。这种情况多发生在利好出台之前，前期获利的投资者和庄家借机完成出货，而将一批接盘的中小投资者套牢。在高位出现高换手率时，投资者应注意变盘风险，最好实施减仓操作，尤其是连续数日换手率超过 10% 时，投资者更应保持警觉。

情况 6：长期高换手率。很多时候，由于庄家持仓较重，往往陷在一只股票中很难脱身。此时庄家常常一面委托买入，一面委托卖出，利用对敲的方法造成持续较高的换手率，并缓慢拉升股价，以吸引跟风的投资者接盘。对那些长期处于高换手状态，但涨幅又不是很大的股票，投资者要保持较高的警惕性。

情况 7：长期低换手率。当股市长期处于熊市时，个股也同样会陷入低迷，这个时候往往会造成长期的低换手率。如果跌幅已经较深，那么庄家往往会在底部悄悄吸货，行情之后会被迅速拉升。不过投资者还是不宜在此阶段介入，因为毕竟股价的上涨要看庄家的脸色，如果跟进的人多了，庄家会通过震仓洗盘动摇持股人的心理防线。所以，最好的买进时机应该是上涨行情已经明朗之后。

下面来看一下达刚路机的案例，如图 3-8 所示。

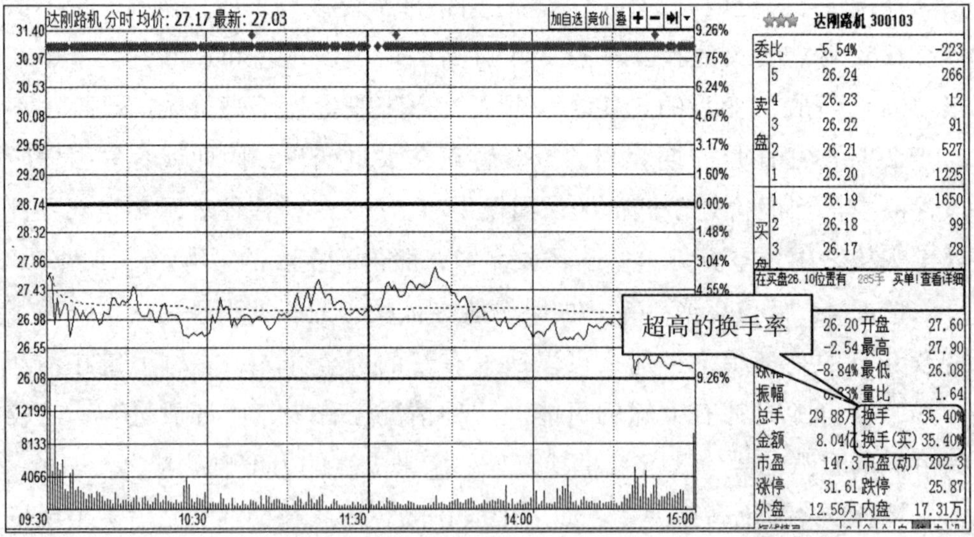

图 3-8　达刚路机（300103）分时走势图（2016.11.21）

达刚路机的股价在 2016 年 11 月 21 日早盘开盘后一路下跌，到收盘时段股价跌幅超过 8%，换手率更是超过了 35%，这说明该股受到的关注度极高。出现这种状况，多是由于前期股价涨幅较大造成的。

下面再来看一下该股的日 K 线走势图，如图 3-9 所示。

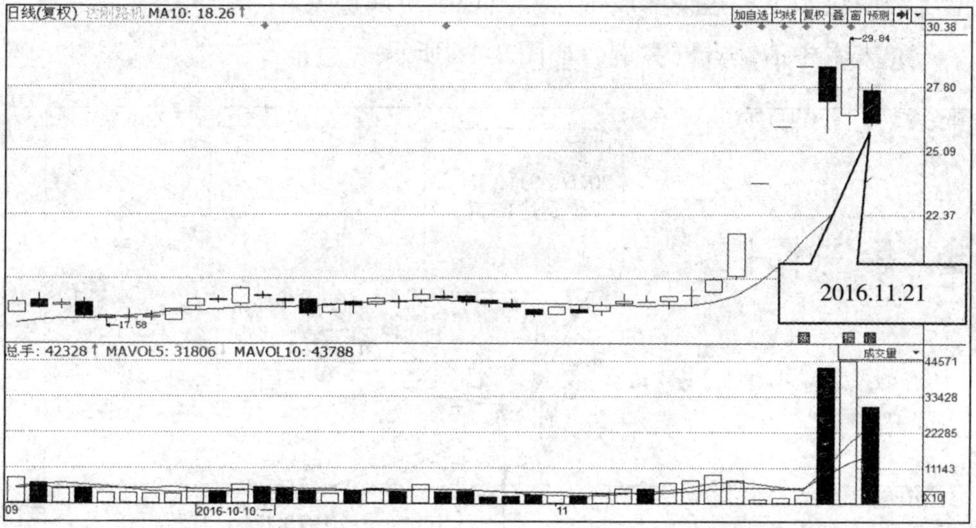

图 3–9　达刚路机（300103）日 K 线走势图

达刚路机的股价在 2016 年 11 月 21 日前出现了规模较大的拉升，成交量持续放大。当日放量下跌，可能会成为股价下跌或回调的前兆，此时，持有该股的投资者最好选择卖出股票。

一、低价位、低换手率

股价经过一轮下跌后，如果出现严重缩量和换手率极低的情况，往往意味着股价启动的时机快要来到了。股价下跌过程，往往都是庄家吸筹的过程。换手率极低，说明当时持有该股的投资者不愿意以当时的价格卖出该股。当没有投资者愿意卖出时，庄家继续向下打压也吸收不了太多的筹码，因而也就失去了向下打压的意义，所以，庄家想要吸收更多的筹码，只能采取向上拉升的方式。

低价位、低换手率的操盘要点如下。

第一，换手率萎缩到极低的程度，即换手率小于 1%，且比前几个交易日有明显的缩量。

第二，股价下跌到一定时期的低点，即股价被连续打压后，做空动能已经明显不足，这说明股价已经出现了筑底迹象。

先来看中信证券的案例，如图 3-10 所示。

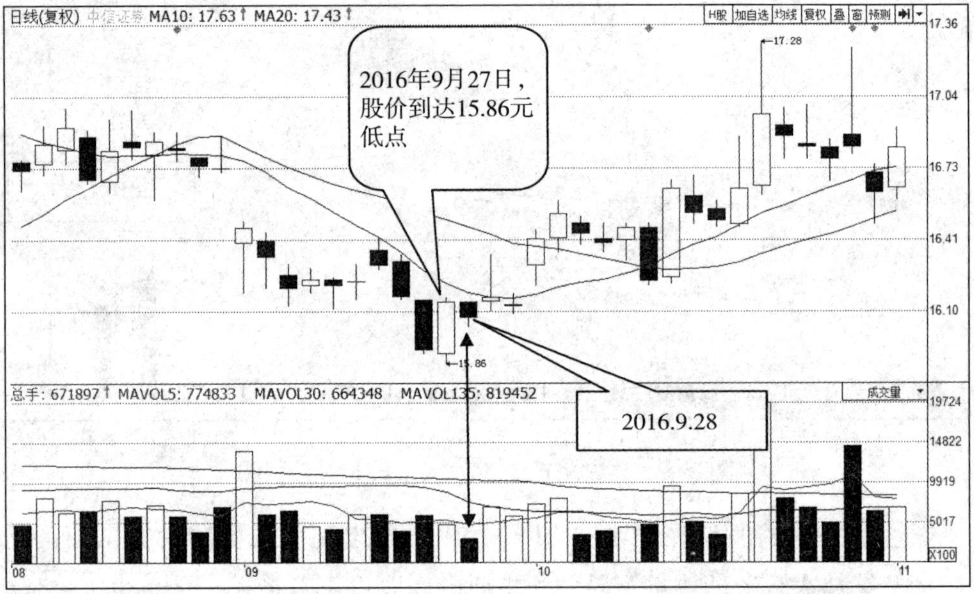

图 3-10 中信证券（600030）日 K 线走势图

中信证券的股价从 2016 年 9 月初开始了一波回调行情。在股价下跌过程中，成交量也出现逐步萎缩的状态。到 2016 年 9 月 27 日，股价下跌到 15.86 元的低点。次日，该股换手率低至 0.3%，且该股换手率已经连续多日未超过 1%，这说明该股的下跌动能已经明显不足，股价开始筑底，随时准备反弹。

2016 年 9 月 29 日，随着大盘的上涨，中信证券也出现了上涨走势。在接下来的几个交易日内，该股突破了几条重要均线的压制，说明股价已经开始反转向上，投资者宜跟进买入股票。

二、高价位、高换手率

股价经过一轮上涨之后，成交量暴增，换手率出现超过 15% 的情形，此时投资者应该密切注意，这很有可能是庄家在出货。投资者应该记住，将股价拉升之后出货，是庄家惯用的一个出货手法。判断庄家是否出货，成交量与换手率高低是一个重要的指标。当成交量与换手率均创新高之时，投资者应该果断离场，以免被套牢。

高价位、高换手率的操盘要点如下。

第一，换手率放大到极大的程度，即换手率应该大于 10%，且比前几个交易日有明显的放量情况。

第二，股价上涨到一定时期的高点，即股价被连续拉升后，做多动能已经明显不足，这时出现换手率放大的情况，说明庄家已经开始出货。

下面看一下莲花健康的走势，如图 3-11 所示。

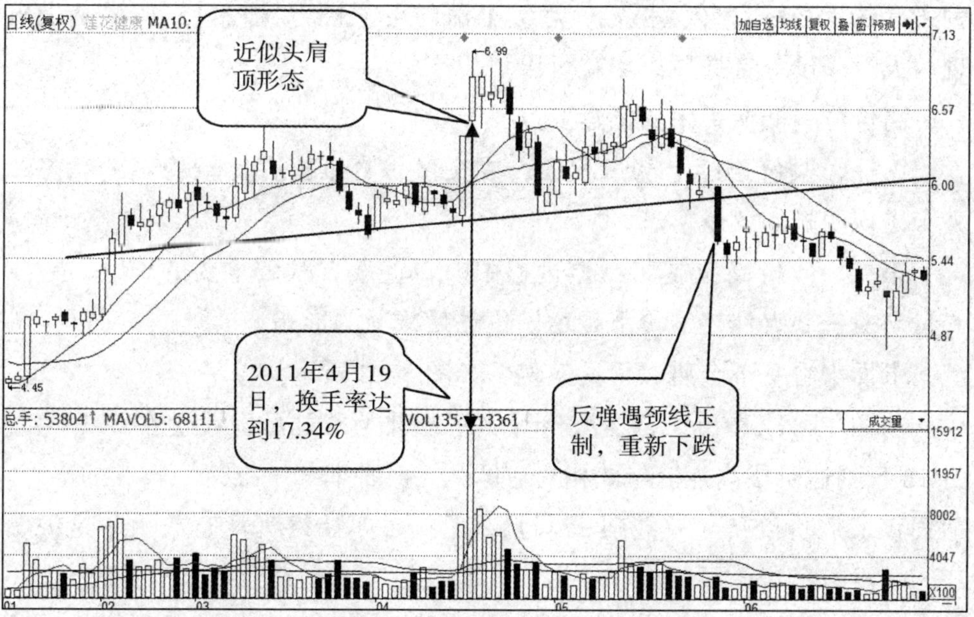

图 3-11 莲花健康（600186）日 K 线走势图

莲花健康的股价从 2011 年 2 月初开始经历了三次规模较大的拉升，其中，在股价第三次拉升过程中，成交量呈现异常放大状态，换手率达到 17.34%，与此同时，股价也创下了 6.99 元的最高价。这说明该股已经上涨到了阶段高点，投资者宜回避。

随后，该股出现一波短暂的下跌。不久，又经历了一波拉升，但此次拉升成交量并未出现异常放大，且股价也没有突破前期高点，这说明该股庄家很有可能已经出货了，投资者需要迅速出货。

再看一下该股整个 K 线走势图就可以发现，整个走势图近似于头肩顶形态。这是典型的卖出信号，投资者看到这个形态也应该迅速卖出股票。

三、高价位、低换手率

一只股票的股价连续上涨后，平均换手率仍然很低，说明庄家控盘程度较高，且庄家并没有派发筹码，投资者在短期内不必急于出局。这种股票的走势一般较为稳定，后续上涨的可能性也比较大。待成交量出现放大时，投资者选择离场就可以了。

高价位、低换手率的操盘要点如下。

第一，股价连续上涨过程中，成交量一直维持在比较稳定的状态，并未出现明显的放量形态。

第二，股价高位震荡盘整过程中，一直没有跌破重要的均线，且成交量与股价一直保持“价涨量增，价跌量减”的形态。

下面来看一下金盾股份的案例，如图 3-12 所示。

从图中可以看出，金盾股份经历了一波上涨之后，股价在 2016 年 2 月 16 日到达阶段高点。与此相对应的是，换手率却还维持在较低的水平。后面该股股价经历了一番震荡调整，但换手率始终都没有放大，这说明庄家并没有出货，很可能在经历一波调整之后，庄家会再次拉升股价。

经过短暂调整之后，金盾股份的股价启动了一波快速上攻行情，这说明先前从换手率确认庄家没有出货的判断是正确的。投资者如果能够很好地应用这一技巧，就能把握后面一大截的上升趋势。

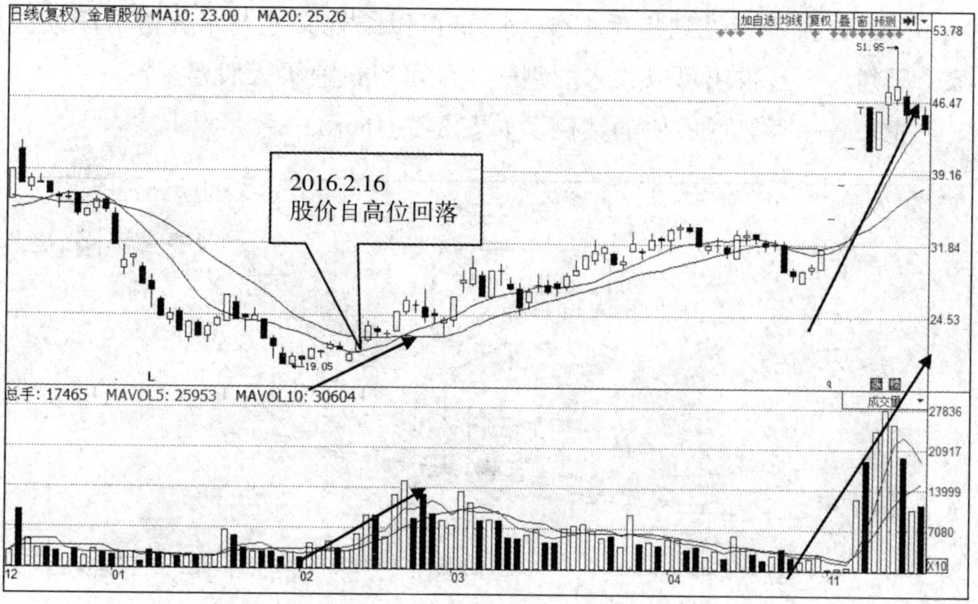

图 3-12　金盾股份（300411）日 K 线走势图

这里的“高价位、低换手率”只是一个相对的概念，并不是绝对的。因为在股价拉升过程中，换手率必然会有所升高，但是只要未出现明显的放量，投资者仍可以认为是低换手率。

四、换手率分析——短线启动前

投资者常常看到这种情形：一只股票始终处于盘整走势或者下跌走势中，换手率也维持较低的水平，突然某一个交易日股价出现异常上涨，换手率突然增大，这就是一些短线暴涨股票启动的信号。投资者如果能抓住这一启动信号，短期内就会获得一个比较丰厚的回报。

短线启动前换手率的分析要点如下。

第一，某只股票在短线启动前换手率一直维持在较低水平，不被广大的投资者看好。其实，这样的股票一旦爆发，将更有冲击力。

第二，当该股票在某个交易日启动时，换手率成倍增长，且股价有时还会出现放量冲击涨停板的情形，这说明该股趋势已经走好。

第三，投资者见到换手率暴涨时，可以结合其他技术分析手段进行综合研判。一旦得出可以买入的判断，就可以迅速买入股票。

先来看一下凤凰股份的案例，如图 3-13 所示。

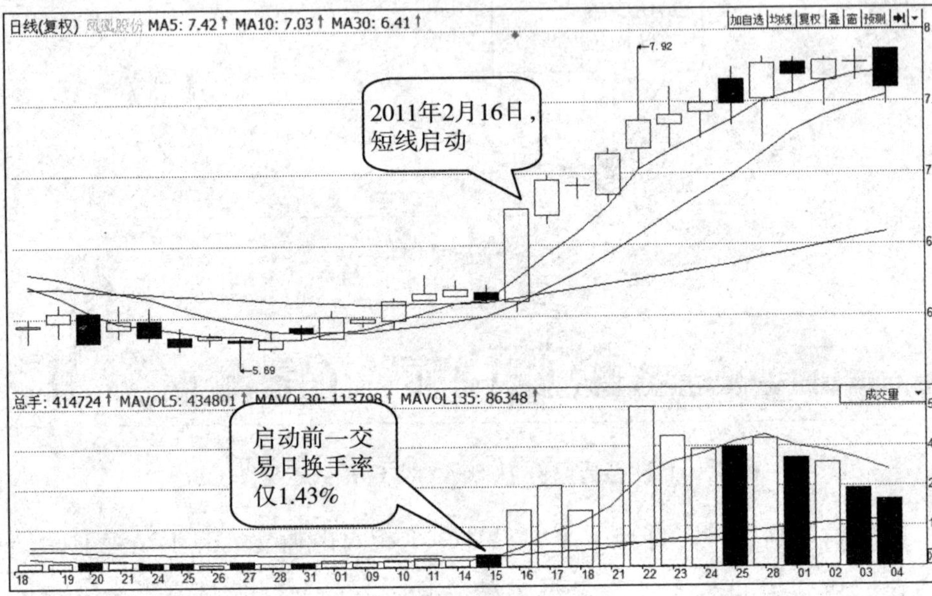

图 3-13　凤凰股份（600716）日 K 线走势图

凤凰股份的股价从 2011 年 1 月中旬开始经历了一波震荡调整走势，在整个震荡过程中，换手率始终处于较低的水平。

2 月 16 日，股价突然被大幅拉升，换手率增加到 6.77%。反观该股前一交易日的走势可以发现，该股在前一交易日以小阴线报收，换手率仅为 1.43%。由此可见，该股当日增加的换手率与股价暴涨有可能是股价启动的前兆，该股很可能即将大幅上涨。再观察该股的均线可以看出，当日该股 K 线成功突破了多条均线的压制，开启了向上的通道，未来该股走势向好，投资者宜跟进买入该股。

一般情况下，短线爆发股换手率突然增大时，就是短线买入的良机。作为投资者，千万不要等到换手率持续放大后再买入，因为一只股票换手率持续放大，就说明该股庄家有出货的可能。投资者如果这时选择介入，就有可能被套在高位。

下面再来看一下大连控股的案例，如图 3-14 所示。

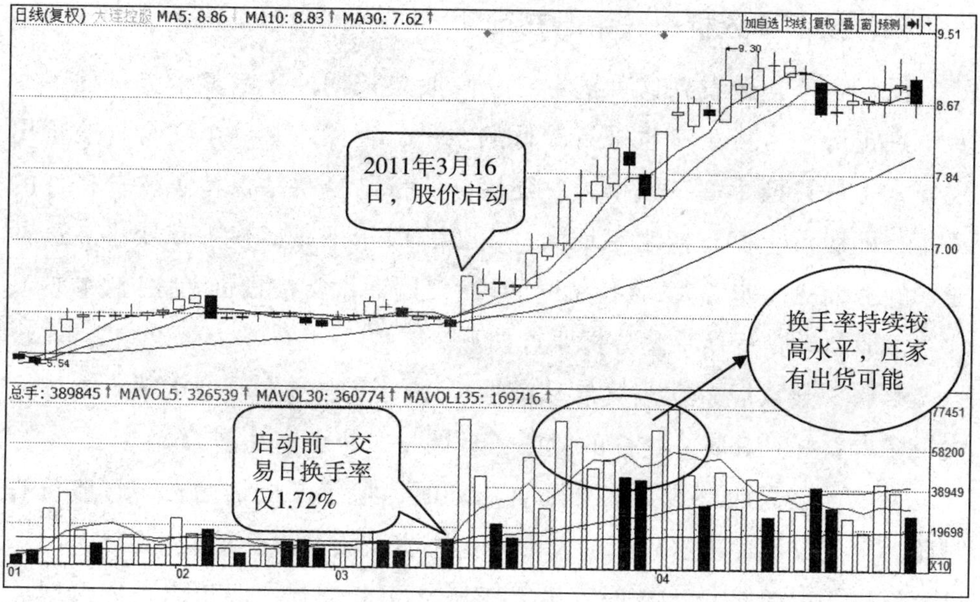

图 3-14　大连控股（600747）日 K 线走势图

从 2011 年 2 月底到 3 月初的一段时间内，大连控股的股价展开了一波震荡调整走势。3 月 15 日，该股股价到达阶段最低点 5.88 元，当天 K 线以锤子线报收，且当天的换手率仅为 1.72%。当天的锤子线预示该股股价可能发生反转，投资者宜保持对该股的关注。

3 月 16 日，大连控股的股价开盘后以 45 度角直线拉升，股价不断创出新高。当天换手率达到 9.15%，为前一交易日的 5 倍多。由此可见，该股有短线启动的可能。这时再综合其他技术分析方法进行研判，可以发现，该股的 5 日均线、10 日均线和 30 日均线当天呈现发散状态，且当日 K 线成功上穿三条均线，预示该股将要发动一波上涨攻势。投资者此时可以选择介入该股。

随后，该股的股价不断上涨，在上涨过程中，换手率也始终处于较高的水平。当换手率持续处于高位时，投资者应该考虑庄家出货的可能。

只要股价与成交量不再出现同步上涨的状态，投资者就可以选择卖出手中的股票。

五、换手率分析——牛股在行动

投资者常常会看到这种情形：一只股票长期处于盘整走势过程中或者下跌走势中，换手率也维持较低的水平，突然，某一个交易日股价出现异常上涨，换手率突然增大。随后，股价与换手率保持了一种良性的关系，即股价上涨，换手率增大；反之，股价下跌，换手率变小。这种股票的涨幅往往非常大，且持续时间较长，因而常常被投资者称为“牛股”。

牛股启动全程换手率分析要点如下。

第一，某只股票在短线启动前换手率一直维持在较低水平，不被广大投资者看好。其实，这样的股票一旦爆发，将更有冲击力。

第二，该只股票在某个交易日启动时，换手率成倍增长，且股价有时还会出现放量冲击涨停板的情形，这说明该股趋势已经走好。

第三，股价持续上涨时，换手率随之不断增加；股价出现回调时，换手率也出现萎缩状态。

第四，经过短期的震荡整理后，股价会重新拉升，换手率重新放大。当股价超过第一轮上涨的幅度，而换手率却小于第一轮上涨时，往往意味着庄家已经开始出货，投资者应特别小心，以免被套。

下面来看一下包钢股份的案例，如图 3-15 所示。

包钢股份的股价在 2011 年 1 月底到 2 月初走出了一波震荡盘整走势，股价长期横盘，换手率逐渐萎缩。2 月 1 日，换手率萎缩到 0.59%，股价也处于相对较低的位置。随后，换手率出现温和放大，股价也逐步摆脱盘整区域。2 月 14 日开始，股价连续拉出小阳线，且换手率增加到 2% 以上，这说明股价发生异动，投资者需要保持关注。

2 月 17 日开始，该股股价直接以涨停开盘，换手率在 2% 以上。随后，该股启动了一波上涨行情，换手率逐渐增加。3 月 16 日，该股从涨停位置被打压下来，全天涨幅达 9.66%，换手率达到 13.37%。之后，股价开始震荡走低，换手率同步缩小，这种情况说明庄家已经开始了一波洗盘操作。此时，由于该股涨幅不大，且在股价震荡过程中换手率明显缩小，因而可以判断庄家并未出货。

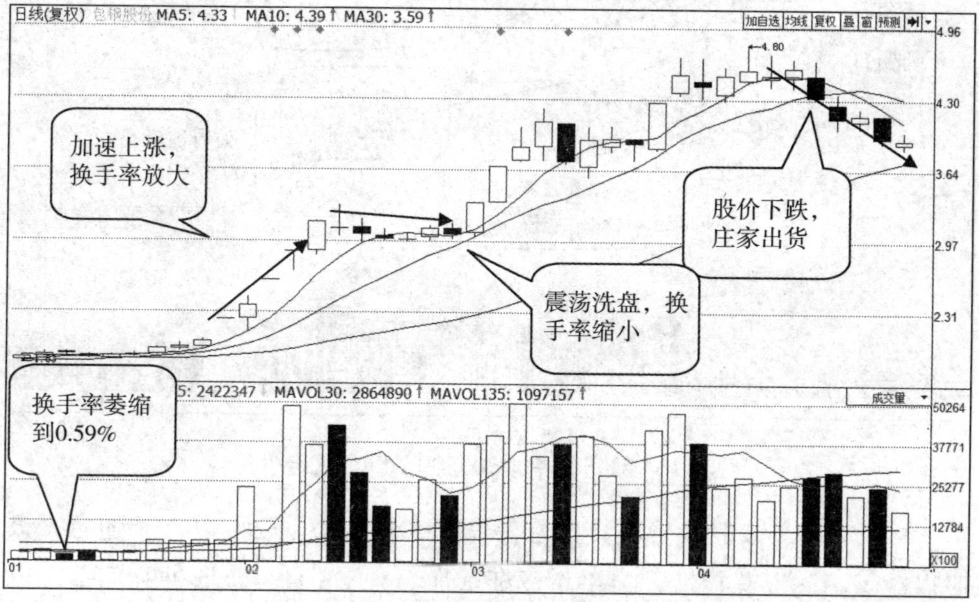

图 3-15　包钢股份（600010）日 K 线走势图

此后，该股又掀起了一波上涨行情。不过，在这波行情中，股价涨幅超过了之前的幅度，但换手率却并未高过之前的换手率，这说明庄家已经开始出货了。一旦该股结束上涨，投资者就应该迅速卖出股票。

投资者在追涨牛股过程中，始终需要区分以下两点，即庄家洗盘与庄家出货。一般情况下，从盘面上来看，当股价出现回落时，如果庄家在洗盘，那么换手率就会相应缩小。如果庄家在出货，那么换手率就会出现放大的情况。

再来看一下江苏吴中的案例，如图 3-16 所示。

江苏吴中的股价在 2011 年 1 月底到 2 月初经历了一波震荡盘整走势，股价长期横盘，换手率逐渐萎缩。2 月 24 日，江苏吴中的股价开始启动，换手率也出现放大。

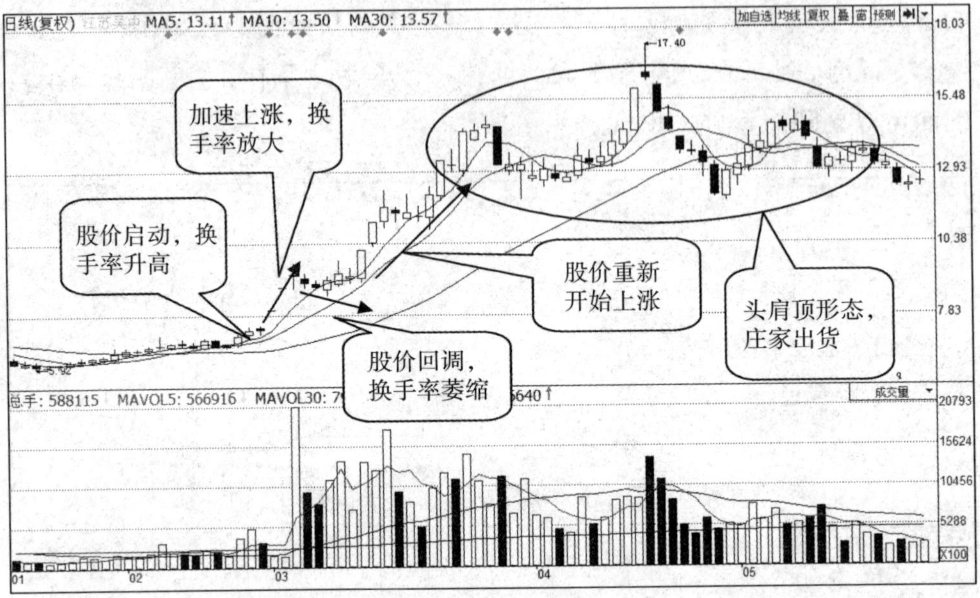

图 3-16 江苏吴中（600200）日 K 线走势图

3 月 1 日，该股股价直接以涨停开盘，换手率在 2% 以上。随后，该股启动了一波上涨行情，换手率逐渐增加。3 月 3 日，该股冲高回落，全天涨幅 5% 以上，换手率达到 39.83%。之后，股价开始震荡走低，换手率同步缩小，这说明庄家已经开始一波洗盘操作。此时，由于该股涨幅不大，且在股价震荡过程中换手率缩小明显，因而可以判断庄家并未出货。

此后，该股又掀起了一波上涨行情。不过，在这波行情中，股价涨幅超过了之前的幅度，但换手率却并未高过之前的换手率，且此时 K 线走出头肩顶形态，说明庄家已经开始出货了，投资者需要迅速卖出股票。

第三节 OBV 指标

能量潮，又称累积能量线、平衡交易量，英文简称为 OBV，由美国投资专家葛兰碧创立。该指标将“量的平均”概念加以延伸，通过统计成交量的变动情况，制成趋势线，然后从成交量的增减以及股价的变动来推测后市走势。OBV 以“N”字或“V”字形为波动单位，并且由许许多多“N”字或“V”字形波构成了 OBV 的曲线图。如图 3-17 所示。

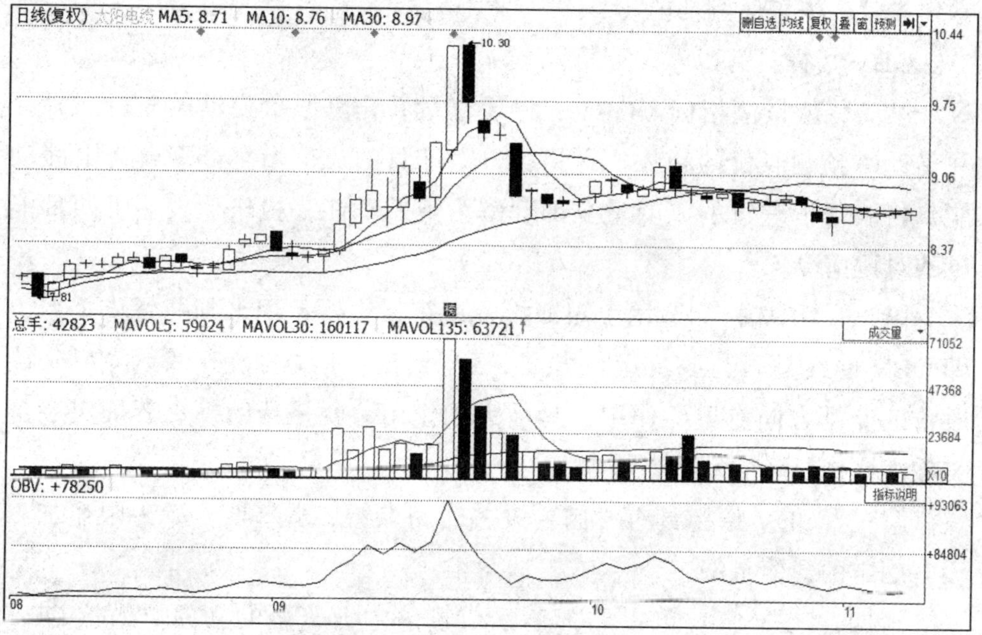

图 3-17　OBV 指标图示

OBV 指标的计算较为简单，就是以某个交易日（通常是上市首日）为基期，逐日计算股票的累积成交量。把每天的收盘价与前日收盘价进行比较，若股价上涨，则当日 OBV 值为前一日 OBV 值与当日成交量之和；若股价下跌，则当日 OBV 值为前一日 OBV 值与当日成交量之差；若股价平盘，则当日 OBV 值等于前一日 OBV 值。

其计算公式为：

当日 OBV 值＝前一日 OBV 值＋当日成交量

这里，如果当日收盘价高于前日收盘价，当日成交量取正值，反之取负值，平盘取0。

OBV指标不需要设定时间参数，但是它和其他指标一样，可以根据不同的计算周期分为分时OBV指标、日OBV指标、周OBV指标、月OBV指标和年OBV指标等各种类型。由于OBV指标计算额是累积成交量，因此周期较长的指标，比如周OBV指标和月OBV指标等，在实际操作中就失去了研判功能。

OBV指标具有以下几项特征。

第一，能量潮指标（OBV）将成交量看作是股价变动的先行指标，并借此来预测股价的趋势。它将股价上涨日的成交量全部理解为上涨动能，将股价下跌日的成交量全部理解为下跌动能，粗略地表明了两种能量的对比情况。

第二，OBV指标适用于短期投资决策，主要是用来判断量价关系，即OBV曲线是否与股价运行方向一致。OBV曲线的上升和下降对确认股价的变动方向有重要作用，其最大的作用，就是帮助投资者确定股价突破横盘格局后的发展趋势。

第三，OBV指标具有不需要设置时间参数、从基期开始无限累加、没有固定的数值范围三个特点。

第四，OBV指标可以局部显示市场内主力资金的动向。虽然OBV指标无法提出资金移动的理由，但是，当突然放大或缩小的成交量出现在低位或高位时，可以提醒投资者关注成交量的变化，提前对市场发展方向进行研判。

第五，在涨跌停板制度下，股价连续无量涨停或者无量跌停会导致OBV指标失效，这时的OBV指标并无参考价值。

一、OBV指标与股价同向缓慢移动

1. 在上升趋势中OBV缓慢上升

股价上涨的同时，OBV指标也缓慢上升，说明多方在蓄积力量，投资者可以在上涨的初期和途中积极做多。在上涨过程中可能会出现小幅回调，只要这种回调不造成OBV指标大幅下降，投资者就可以继续持股。

下面来看一下潞安环能的案例，如图3-18所示。

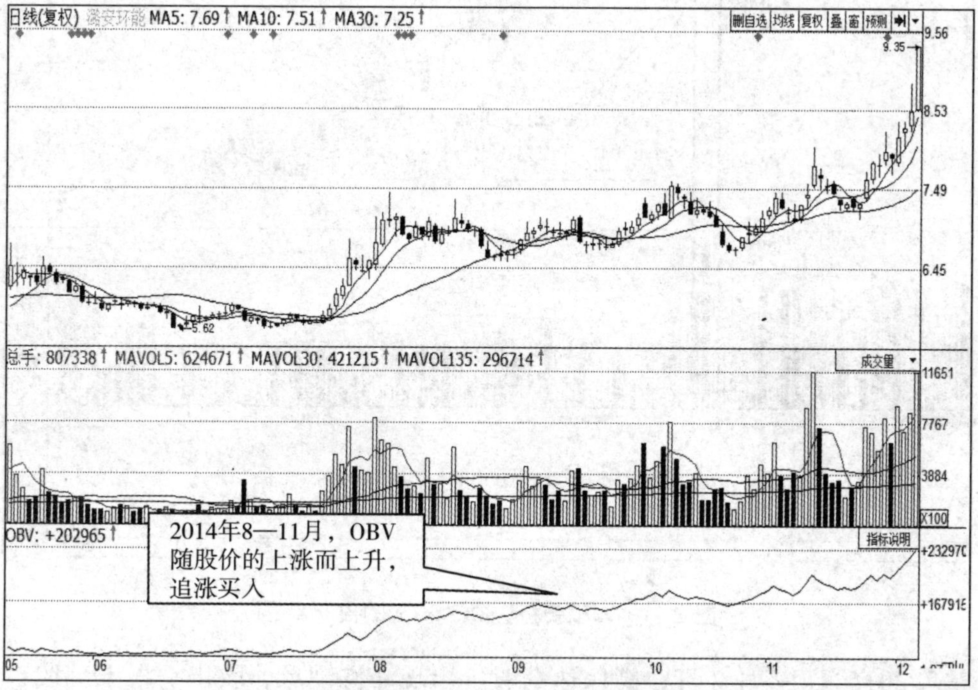

图3-18　潞安环能（601699）的日K线图

2014年8—11月，潞安环能的股价呈现震荡上涨走势，OBV指标与之同步保持缓慢上升态势，指标线与趋势线的上升角度大致相等。在股价小幅回调时，OBV指标并未出现大幅下降现象，这是一种非常健康的上涨走势。投资者可在上涨初期或途中果断买入，持股待涨。

2. 在下降趋势中OBV缓慢下降

股价下跌的同时，OBV线也缓慢下降，说明空方在蓄积力量，投资者应该在下跌初期就积极做空。在下跌过程中可能会出现小幅反弹，只要OBV指标不出现大幅上升，投资者就不宜马上介入。

下面来看一下高伟达的案例，如图3-19所示。

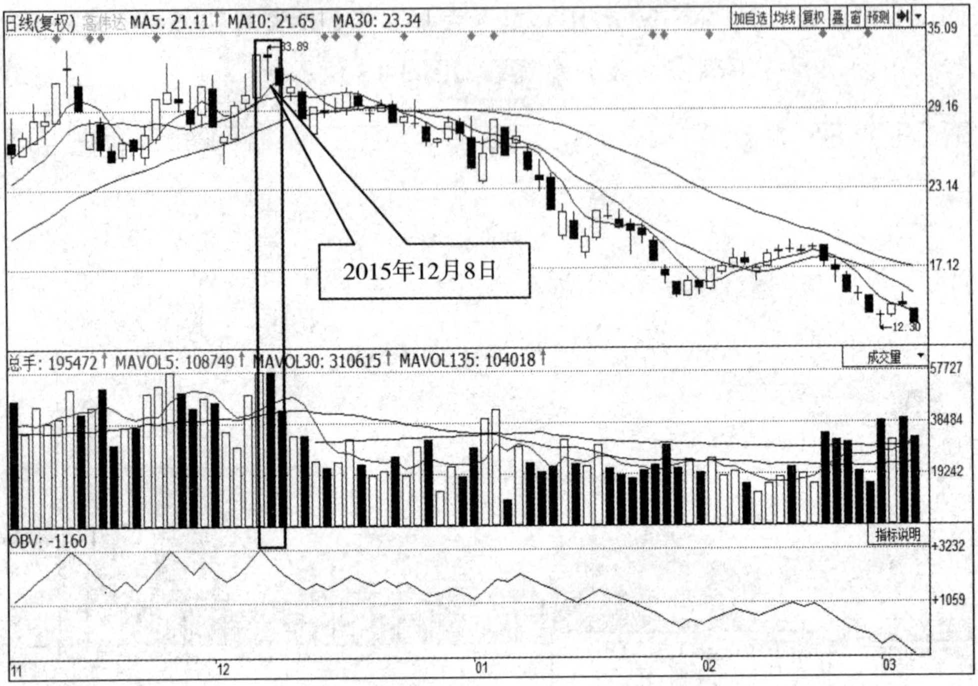

图 3-19　高伟达（300465）的日 K 线图

2015 年 12 月 8 日，高伟达的股价出现滞涨现象，收出一根十字线，说明多空双方的力量对比发生变化。果然这天之后，股价和 OBV 指标双双下降，且两者向下的倾角大致相等。看到这种情况，投资者应该在股价下跌前期果断卖出，出局观望。

二、OBV 指标与股价出现背离现象

OBV 指标与股价的背离包括底背离和顶背离两种。

1. OBV 指标与股价底背离

股价与 OBV 线一起下降了一段时间，分别创出新低后双双回升，之后如果股价再次下跌并创出低点时，OBV 线却呈上升趋势，则形成了底背离现象，投资者宜采取做多策略。

下面来看一下东易日盛的案例，如图 3-20 所示。

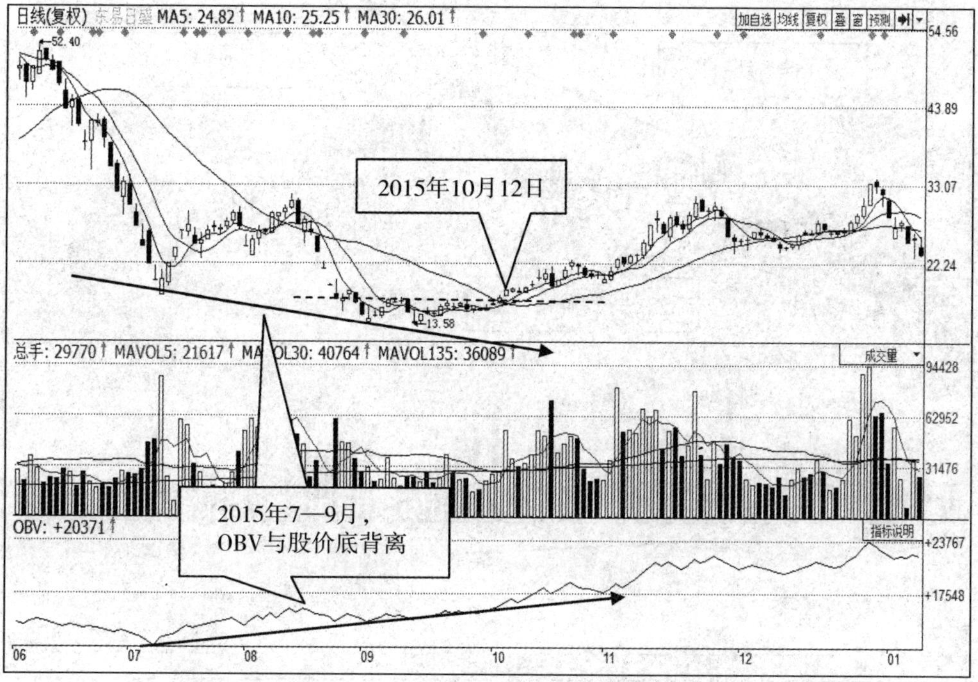

图 3-20　东易日盛（002713）的日 K 线图

2015 年 7—9 月，东易日盛的股价不断下跌，而 OBV 指标却出现了上升趋势。这种底背离现象说明做空能量已经消耗得差不多了，股价即将探底，此时投资者应以看多思维取代看空思维。之后，该股在底部形成了一个 W 底形态，投资者可在 10 月 12 日股价突破 W 底的颈线和多条均线时果断买入。

2. OBV 指标与股价顶背离

当股价与 OBV 线一起上升了一段时间，分别创出新高后双双回落，之后如果股价再次上涨并创出高点时，OBV 线却呈下降趋势，则形成了顶背离现象，投资者宜采取做空策略。

下面来看一下北京银行的案例，如图 3-21 所示。

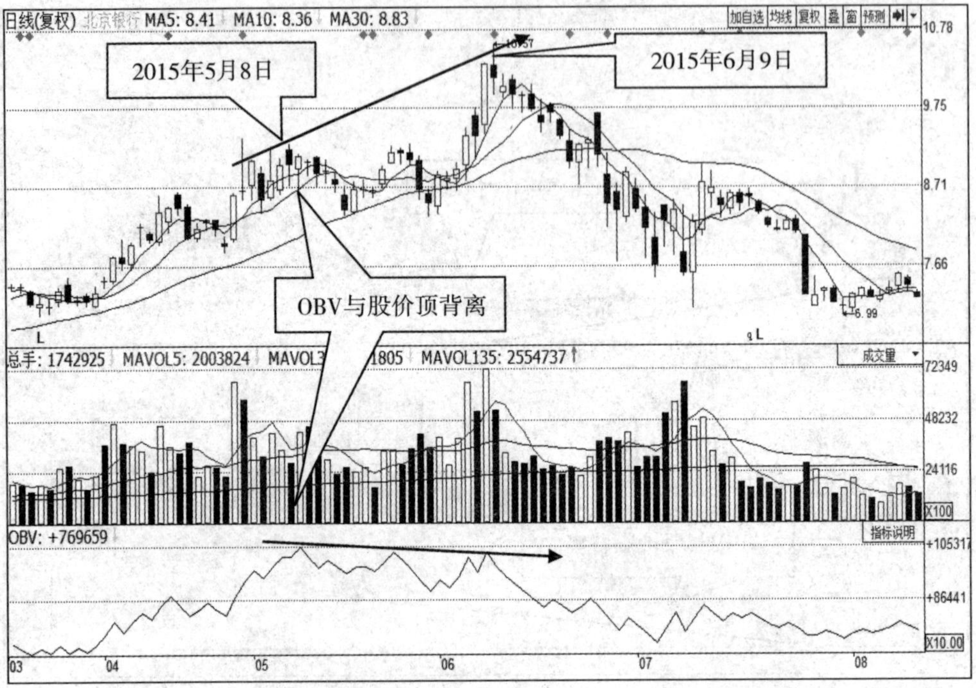

图 3-21 北京银行（601169）的日 K 线图

2015 年 5 月 8 日，北京银行收出中阴线，股价和 OBV 指标皆创出新高。此后，两者便双双回落。6 月 9 日，该股再次放量收出中阴线，但在股价创出新高的同时，OBV 指标却没有再创新高，而是呈下降趋势。股价与 OBV 指标形成了顶背离现象，说明股价上涨动能不足，不久便会回落。此时，投资者应该果断做空。

第四章

分时图与成交量分析

分时线相比K线具有更高的灵敏性和随机性，因而，研判分时线走势的难度也同样比较大。对于短线或超短线投资者来说，将分时线走势与成交量线结合分析，是一种提升分时走势研判准确性的不错选择。

第一节　分时图基本研判技法

个股分时图与大盘分时图的研判方法非常相似，在本节将作简单的介绍。

一、大盘分时图基础研判方法

大盘，指的是沪市的上证综合指数（简称上证指数）和深市的深证成份股指数（简称深证成指）。由于目前深证成指的走势与上证指数基本保持一致，因此，投资者通常意义上所说的大盘，主要指的是上证指数。

上证指数是以上海证券交易所挂牌上市的全部股票（包括 A 股和 B 股）为样本，以发行量为权数（包括流通股本和非流通股本），采用加权平均法计算得到的股价指数。该指数以 1990 年 12 月 19 日为基日，基日指数定为 100 点。深证成指是从深圳证券交易所上市的所有股票中抽取具有市场代表性的 40 家上市公司的股票作为计算对象，并以流通股为权数计算得出的加权股价指数。深证成指以 1994 年 7 月 20 日为基日，基日指数定为 1000 点。由于大盘指数是通过对市场最具代表性股票的股价走势加权处理得出的，因而其走势往往对其他股票也能起到引领作用。

这里主要以上证指数为例介绍大盘情况。上证指数分时走势图，是把股票市场的一系列交易信息，实时地用曲线在坐标图上加以显示的一种技术图形。坐标的横轴表示交易时间，纵轴上半部分是指数，下半部分显示的是实时成交量，如图 4-1 所示。

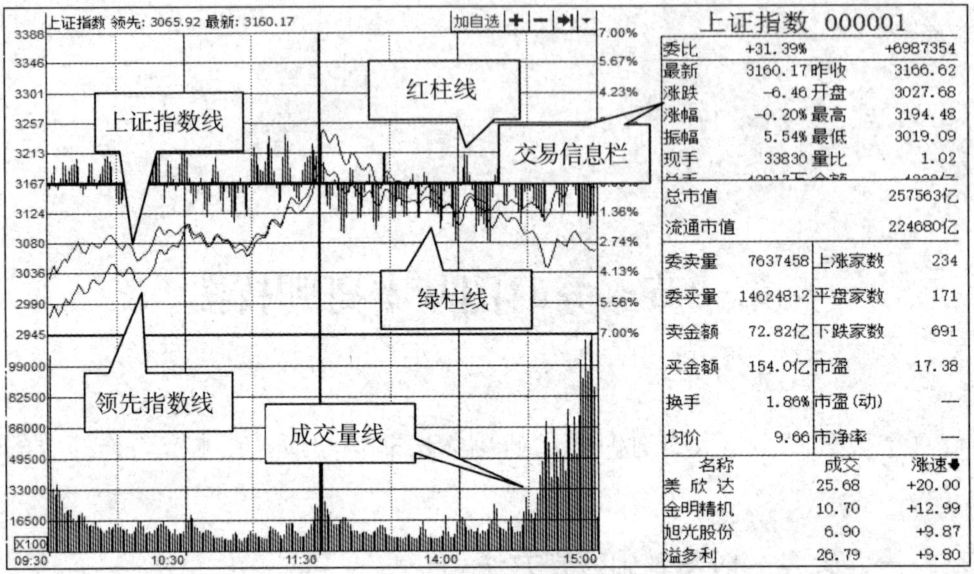

图 4–1　上证指数（1A0001）分时走势图（2015.9.2）

图 4-1 展示的是上证指数在 2015 年 9 月 2 日的分时走势图。

图中两条走势线分别为上证指数线和领先指数线。上证指数线代表了上证指数的实际走势，反映的是经过加权处理的大盘指数，在一般的股市行情软件中用白线表示。领先指数线代表的是不含加权处理的大盘指数，在行情软件中一般用黄线表示。

图中的红柱线与绿柱线表示的是买盘与卖盘的对比情况。在横线上方出现红线柱，表示的是买盘大于卖盘的情形。在横线下方出现绿线柱，表示的是卖盘大于买盘的情形。

成交量线呈红色，表示的是主动性买入成交的数量。成交量线呈绿色，表示的是主动性卖出成交的数量。

上证指数线与领先指数线、红柱线与绿柱线是大盘分时图研判的重要内容。

1. 上证指数线与领先指数线

上证指数线是以样本股的发行股本数为权数进行加权计算得到的，

因此，一些大盘股（权重股）对该线的走势影响很大。领先指数线是未经过加权处理的，受权重股影响较小，因而，更能反映一些小盘股的走势特点。

其实，通常意义上所说的大盘股与小盘股，市场上并没有明确的界定，只是相对而言，总股本较小的股票称为小盘股，总股本较大的股票则称为大盘股。

上证指数线与领先指数线所处的位置不同，说明大盘股与小盘股涨跌情况不同，因而对后市的影响也各有差异。一般情况下，这两条线在不同位置代表的意义如下。

第一，当指数上涨时，如果上证指数线上升较快，而领先指数线上升较慢，则说明大盘股在领涨。反之，则说明小盘股在领涨。

第二，当指数下跌时，如果上证指数线下跌较快，领先指数线下跌较慢，则说明大盘股在领跌。反之，则说明小盘股在领跌。

第三，如果上证指数线与领先指数线黏合在一起，则说明整个市场处于一种普涨或普跌的格局，且上涨或下跌的幅度越大，上涨或下跌的家数越多。

第四，如果上证指数线在领先指数线的上方，则说明大盘股的走势强于小盘股。反之，则说明小盘股的走势强于大盘股。

第五，上证指数线与领先指数线也会出现相反的走势，这说明市场资金关注点存在分歧。如果上证指数线在上，则说明市场资金比较青睐大盘股。反之，则说明市场资金青睐小盘股。

上证指数线与领先指数线的变动，反映了市场资金关注热点的变动与资金操作的重点，投资者通过观察这种变化，可以确定自己的选股方向。

例如，在图 4-1 中，上证指数线一直强于领先指数线，且两条指数线大多数时间都位于 0 轴下方，这种走势说明市场极度疲软，大盘股在支撑整个指数，而小盘股则完全处于弱势。从右侧交易信息栏的“涨跌家数”中可以看出，下跌家数要远远多于上涨家数，这更说明了市场的萎靡不振。

2. 红柱线与绿柱线

柱状线是一种买盘与卖盘实力强弱对比的均衡线。当柱状线位于中间横轴上方时，该柱状线呈红色。当柱状线位于中间横轴的下方时，该柱状线呈绿色。

红柱线表示的是买盘强于卖盘，当红柱线逐渐变长时，表示买盘逐渐增强。绿柱线表示的是卖盘强于买盘，当绿柱线逐渐变长时，表示卖盘逐渐增强。

红柱线与绿柱线表示的都是瞬间买盘与卖盘的对比情况，并不是说大盘上涨时，所有时间买盘都强于卖盘。只是在大盘加速上涨时，才会出现明显的红柱线增多的情况。当大盘在上涨中途出现盘整时，也会出现红柱线变短或绿柱线变长的情况。

红线柱与绿柱线的长度不同，代表的含义也存在差别。

第一，当红柱线变长时，说明买盘踊跃，大盘上涨的力度也就比较强。反之，当红柱线变短时，说明买盘不济，上涨的力度减弱。

第二，当绿柱线变长时，说明卖盘比较踊跃，下跌的力度就比较强。反之，当绿柱线变短时，说明卖盘不济，下跌的力度也在减弱。

例如，图 4-1 中，红柱线与绿柱线呈现出以下几个特征。

第一，在开盘初期，红柱线逐渐增加，绿柱线逐渐减少，这说明大盘指数处于上升态势。

第二，经过开盘阶段的一阵拉升之后，绿柱线逐渐增多，表示卖盘逐渐增加，市场表现为弱势，指数也出现了一波下跌。

第三，从整个交易日走势来看，绿柱线明显多于红柱线，且下午的绿柱线明显增多，这说明市场买盘不济，卖盘压力较重，指数看跌。

二、个股分时图研判方法

股价分时线是每个交易日 9:30 开盘后在分时图区域显示的股价动态走势线，如图 4-2 所示。

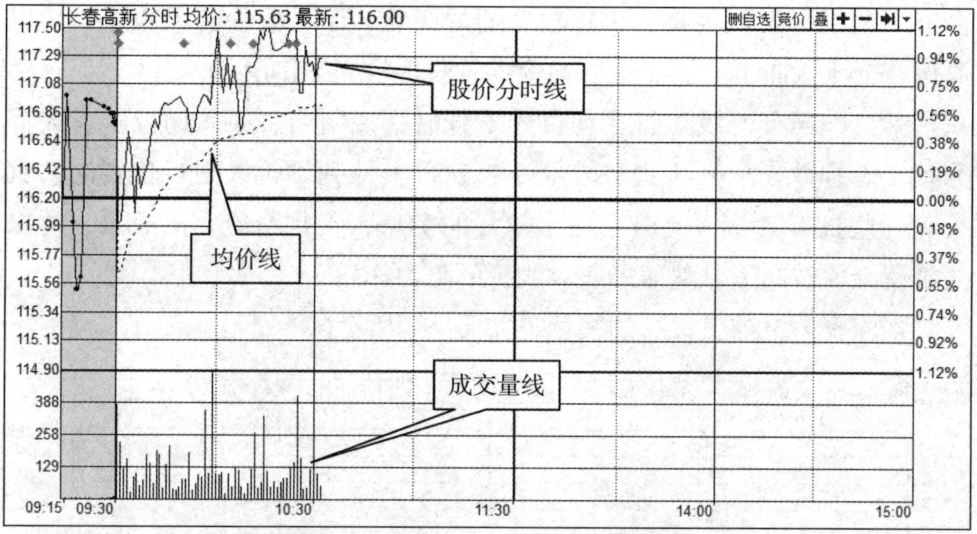

图 4-2 长春高新（000661）分时走势图（2016.11.17）

股价分时线是由一系列价格点连接构成的。大多数炒股软件，每隔 6 秒左右更新一次成交信息，并在分时图显示最新的价格走势，不过，每分钟的最终价格点仍以该段时间内最后一笔成交价格为准。也就是说，若在一分钟内有多笔成交信息，有多个成交价格，但在分时图上只能留下最后一笔成交价格。例如，某只股票在一分钟内有三笔成交，价格分别为：8.87 元、8.92 元、8.89 元（最后一笔），那么在分时图上，该时间段的价格点只显示 8.89 元。

个股分时图分析中，分时线与均价线的走势是极为重要的内容。

如图 4-2 所示，实线为股价走势线，反映了当天股价走势的实时情况。图中的虚线为股价从开盘到当时时刻的均价线，均价线体现的是从开盘到当时的平均交易成本。从分时线与均价线的走势，投资者可以看出两者之间的关系。

分时线与均价线之间存在如下关系。

第一，当分时线运行在均价线上方时，说明当天买入的投资者大部分处于盈利状态，股价走势较强。当股价每次下跌到均价线位置时，都会有一些投资者认为是一个比较合适的买点，于是纷纷买入股票，所以股价就会止跌向上，从而形成均价线对股价的支撑作用。

第二，当分时线运行在均价线下方时，说明当天买入的投资者大部分处于亏损状态，股价走势较弱。当股价上涨到均价线附近位置时，就会有一些投资者认为此时是一个较好的卖点，于是纷纷卖出股票，所以股价就会反转向下，从而形成对股价的阻力作用。

下面看一下浦发银行的案例，如图 4-3 所示。

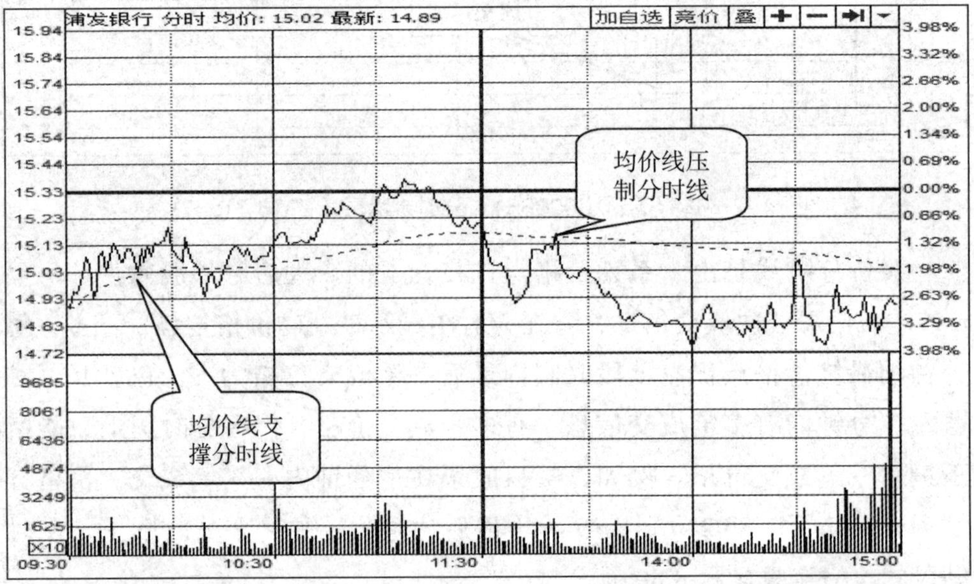

图 4–3　浦发银行（600000）分时走势图（2015.9.2）

从图中能够看到，浦发银行的股价在开盘之后一路上涨，分时线一直位于均价线的上方。此时，均价线对分时线有很强的支撑作用，股价几次下跌到均价线附近，都因为均价线的支撑作用而重新上涨。其后，分时线虽有偶尔跌破均价线的情况，但很快又回到了均价线的上方。

下午开盘以后，分时线有效跌破均价线，从此，均价线对分时线的支撑作用变成阻力作用，分时线几次上涨到均价线的位置，都由于均价线的阻力作用而重新下跌。

三、分时线与量线的协调配合

分时图中，成交量线的长度持续增加时，说明资金流入流出量增加。成交量线呈红色并逐渐拉长，则说明资金流入量持续增加。成交量线呈绿色并逐渐拉长，则说明资金流出量持续增加。

在股票投资方面，量价的协调与配合，是股价保持良性运行的关键。当股价分时线上涨时，成交量线若能同步放大，则说明此时的上涨处于良性状态并能够持续。反之，则难以持久。这一原则同样适用于对大盘指数线与量线的分析。

当大盘指数线处于上升状态时，量线同步拉长，则说明大盘指数的上行有足够的资金支持，未来走势向好。反之，大盘指数线上行时，量线并未同步拉长，则说明大盘的上行缺少足够的资金支持，未来走势不容乐观。

由图 4-4 可知，2016 年 10 月 18 日，上证指数线在上午时段出现了横向震荡走势，大盘指数线与成交量线并未出现特别大的异动。下午时段，大盘指数线出现了两波向上拉升走势，成交量线同步出现拉长。大盘指数线回调时，成交量线同步萎缩，这说明大盘指数线与成交量线配合良好，未来大盘指数线继续上升的可能性较大，也比较适宜投资者入场进行短线交易。

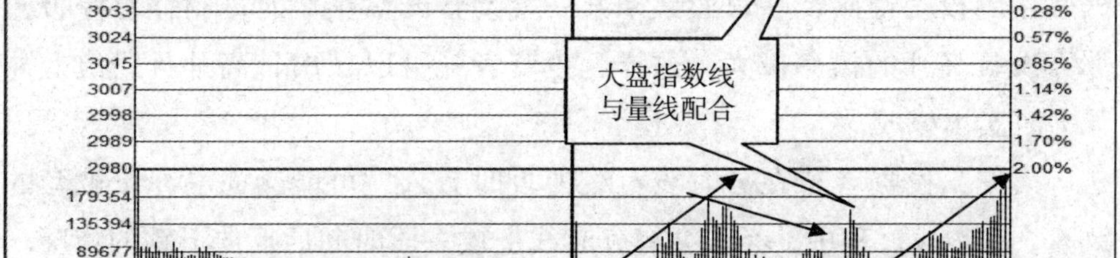

图 4-4　上证指数线与成交量线的配合（2016.10.18）

第二节　个股分时走势与成交量分析

个股分时走势与成交量的协调与配合，是成交量分析技术中非常重要的一环。

一、开盘半小时放量上冲

股价在开盘后半小时内的走势，会对该股全天的走势奠定一个基调。若分时线能够在半小时走出较强的运行态势，那么全天走强的可能性较大。反之，全天走弱的可能性较大。在开盘半小时内出现的各种运行态势中，放量上冲形态是需要特别注意的。

一只股票开盘后，若出现放量上冲形态，说明该股走强的可能性较大。不过，这里有以下几点需要注意。

第一，股票开盘后，分时线与均价线黏合在一起或位于均价线下方，其后分时线放量拐头向上，则分时线向上拐头的位置或突破均价线的位置就是最佳的买入时机。

第二，分时线呈直线上攻形态，成交量同步放大时，投资者最好不要在此时介入，而要等到分时线确实可以封住涨停板位置时再介入。即股价到达涨停板位，且涨停位置没有特别大的单子时，再少量买入。根据以往的投资经验，一只股票在某一交易日开盘半小时内封住涨停板，那么次日高开的概率极大，这样，投资者就可以在次日高开且股价上冲无力时卖出该股。

第三，投资者若在分时线直线上攻时介入，可能会面临高位被套的风险。在实战过程中，经常会有分时线上攻一段时间后反向下跌的情况。

下面来看一下韩建河山的案例，如图 4-5 所示。

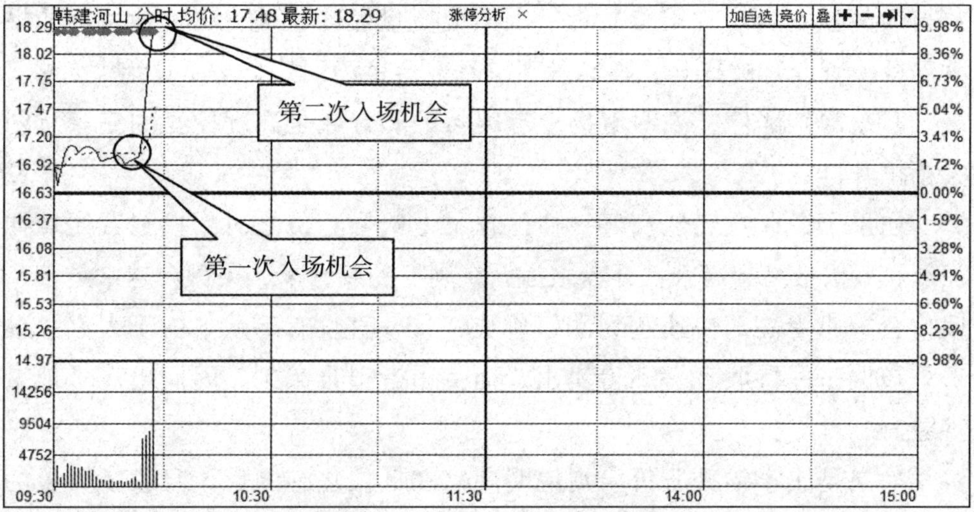

图 4-5　韩建河山（603616）分时走势图（2016.11.22）

韩建河山的股价在 2016 年 11 月 22 日开盘后，经过短暂上涨后回调至均价线下方。此后，该股分时线在 9:50 左右突然拐头放量上攻。分时线拐头向上突破均价线时，就是该股的第一个绝佳买入时机。此后，该股分时线直线上拉，投资者再想买入，面临的风险已经增大，投资者这时最好耐心观察一下该股能否成功封上涨停板。

很快该股分时线达到涨停板位置，并在几个大单的推动下，很快封住涨停板。此时，当股价达到涨停板位置并将涨停板大卖单打下来时，激进型投资者可以考虑少量买入该股，以博取涨停板上的收益。

二、早盘涨停后出现地量

早盘便冲击涨停，这种走势在强势股中常常会见到。很多强势股的强势特征在开盘后半个小时内便显露无遗，尤其是刚刚从底部启动的强势股。由于庄家要迅速脱离成本区，不想让其他投资者搭顺风车，所以在开盘后会被快速拉升，直至将股价封在涨停板上。

这种走势一般显示为高开之后迅速走高，同时成交量持续放大，股价以酣畅淋漓的涨势在半个小时之内就封上了涨停板。股价的强势，导致持股的投资者出现惜售心理，因而成交量极度萎缩，出现地量。如果涨停板一直没有被打开，则地量现象基本会持续到整个交易日结束。

开盘即奔涨停，说明市场上有突然的利好或是高度控盘的庄家意图大幅拉升。

如果个股存在突然利好，往往在早上集合竞价之时，投资者便蜂拥而至，股票最终会高开。开盘之后，在利好的刺激下，买盘会越来越多，股价会一直走高，快速达到涨停价位，且一直没有下跌。由于大家一致看好该股——持股者舍不得卖出，而持币者很难买到，因而出现了地量现象。

如果是庄家抬升股价，则说明庄家在低位建仓之后，吸收了大量的廉价筹码，锁仓程度较高。某日开盘后，庄家通过对倒的手法迅速拉升股价，同时吸引大量的跟风盘入场，帮助庄家将股价锁定在涨停位上。由于庄家持有众多股票，又在下方挂单吸货护盘，持股的中小投资者为了获得更多的收益，亦不愿意在这个时候卖出，所以成交量也会出现极度萎缩的地量现象。

第一，如果这种走势出现在低位，投资者应该在集合竞价和高开上冲时就能判断出该股强势，同时果断买入。

第二，如果股价已经封在涨停板上，投资者可以当天排队买入。如果当天没能买入，可以在次日择机买入。

第三，如果这种走势出现在高位，不排除两三天后股价出现滞涨，但这并不影响激进的投资者进行超短线买卖，更不会影响投资者短线持股获利。

第四，股价往往在开盘后半个小时甚至15分钟之内便封在涨停板。拉升的时间越短，走势越流畅，表示股价越强势。

第五，通常股价高开高走，在当天的开盘价与前一日的收盘价之间留有价格缺口。这一缺口越大，表示未来上涨的可能性越大。未来股价下跌到这一缺口处，也会遇到支撑。

第六，涨停之后，由于投资者惜售，所以成交量极度萎缩，出现地量，此后涨停板一直没有被打开。即使地量中夹杂着个别大单，也不会影响之后的上涨趋势。

第七，如果在高价区域先是出现这种走势，但涨停当天晚些时候被打开，且再也没有封上涨停，则形成了早盘放量上冲后回落的走势，此时投资者应提高警惕，注意回避风险。

下面来看一下新疆天业的案例，如图 4-6 所示。

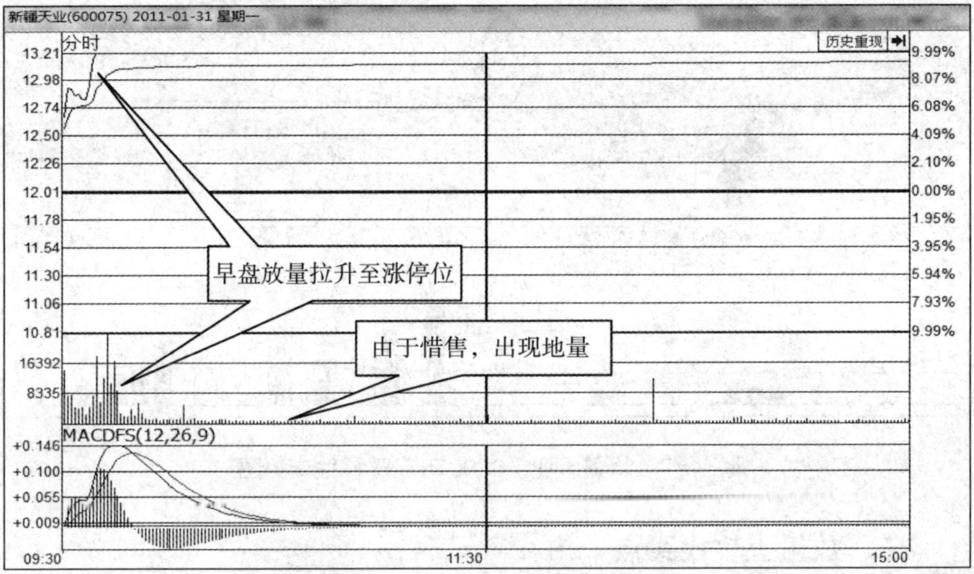

图 4-6　新疆天业（600075）分时走势图（2011.1.31）

图 4-6 是新疆天业 2011 年 1 月 31 日的分时走势图。当天该股跳空高开，开盘后没多久，股价便经过一个稍有停顿的 N 字波被拉升至涨停。

从成交量来看，开盘后 15 分钟内，成交量显著放大，因此股价也借此动能被快速封到了涨停板上。这种走势说明市场上存在浓厚的做多气氛，场外资金对于抬升股价十分积极。

涨停之后，成交量迅速萎缩，直至出现地量。这种情况说明持股的投资者看好该股，出现惜售心理，舍不得卖出股票，持币求股的投资者也很难再买到股票。看到这种情形，投资者可在当天或次日积极买入。

后来该股经过两天的大涨之后出现回调，1 月 31 日的最高价成了股价的有效支撑位。回调结束后，该股股价又持续了半个多月的上涨，阶段涨幅达到了 17%，如图 4-7 所示。

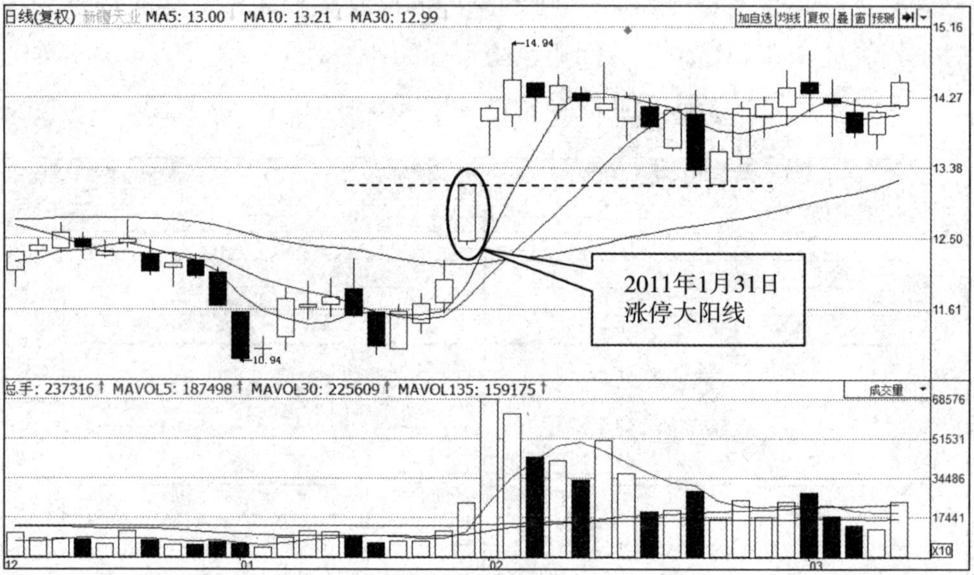

图 4-7　新疆天业（600075）日 K 线走势图

三、放量上攻找买点

一只股票的股价盘中连续上涨，股价在上涨过程中出现放量形态，在股价回调时，成交量出现萎缩形态，这就说明该股具备了继续上涨所需的量价关系。当股价再次出现放量上攻时，其上涨启动点就是该股的买点。

下面来看一下海波重科的案例，如图 4-8 所示。

海波重科的股价在 2016 年 11 月 22 日开盘后呈现横盘整理形态，随后股价被突然拉起，成交量呈现异常放大。接着，股价出现回调，成交量也出现了萎缩。在临近收盘时段，股价再次被拉起，成交量又一次出现放大。最后，股价再次出现回调，成交量也出现了萎缩。

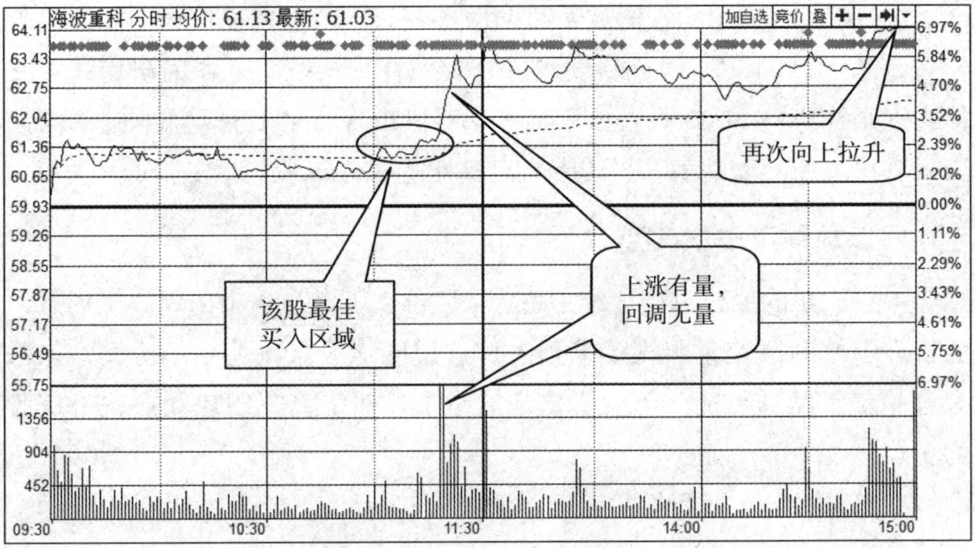

图 4-8　海波重科（300517）分时走势图（2016.11.22）

通过对该股量价关系的研判可以看出，该股量价关系配合十分合理，有进一步上涨的可能。当该股股价向上突破均价线，并自均价线拐头向上时，就是该股的最佳买点。

下面再来看一下海波重科的日 K 线走势图，如图 4-9 所示。

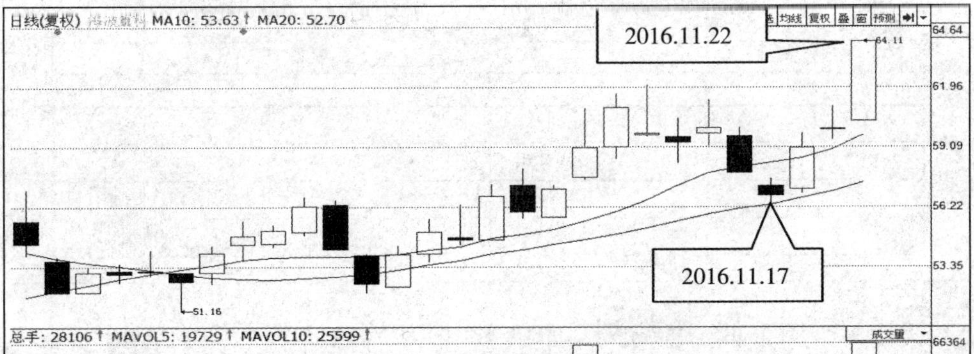

图 4-9　海波重科（300517）日 K 线走势图

2016 年 11 月中旬，海波重科的股价经过一段时间的缓慢上涨后出现回调迹象。11 月 17 日，该股股价回调至 20 日均线附近，因该均线的支撑再度企稳。11 月 22 日，该股在盘中时段出现放量上涨形态，这说明该股具有很大的上涨潜力，投资者宜迅速跟进买入该股。

四、放量下跌找卖点

一只股票的股价盘中连续下跌，且股价在下跌过程中出现放量形态，股价在上涨时成交量出现萎缩形态，这说明该股量价关系不协调，未来有进一步下跌的可能。当股价出现放量下跌时，其下跌启动点就是该股的卖点。

下面来看一下海利得的案例，如图 4-10 所示。

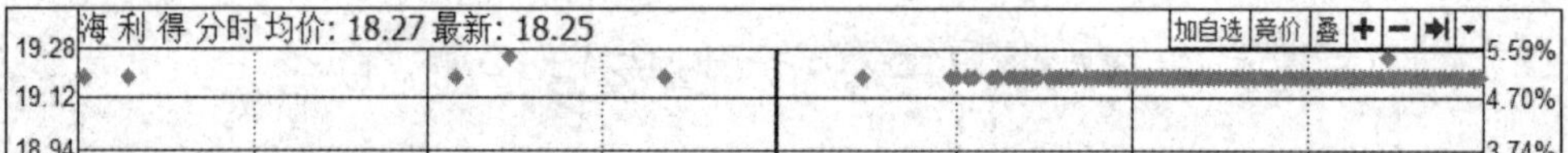

图 4-10　海利得（002206）分时走势图（2016.11.22）

海利得的股价在 2016 年 11 月 22 日开盘之后，呈现横盘整理形态，分时线一直与均价线纠缠在一处，说明当天股价走势呈弱势。在下午时段，股价突然被打压，成交量出现放大。随后，股价再次被打压，成交量出现异常放大。通过对该股量价关系的研判可以看出，该股量价关系配合十分不协调，有进一步下跌的可能。该股股价远离均价线启动下跌时，就是最好的卖点。

下面再来看一下海利得的日 K 线走势图，如图 4-11 所示。

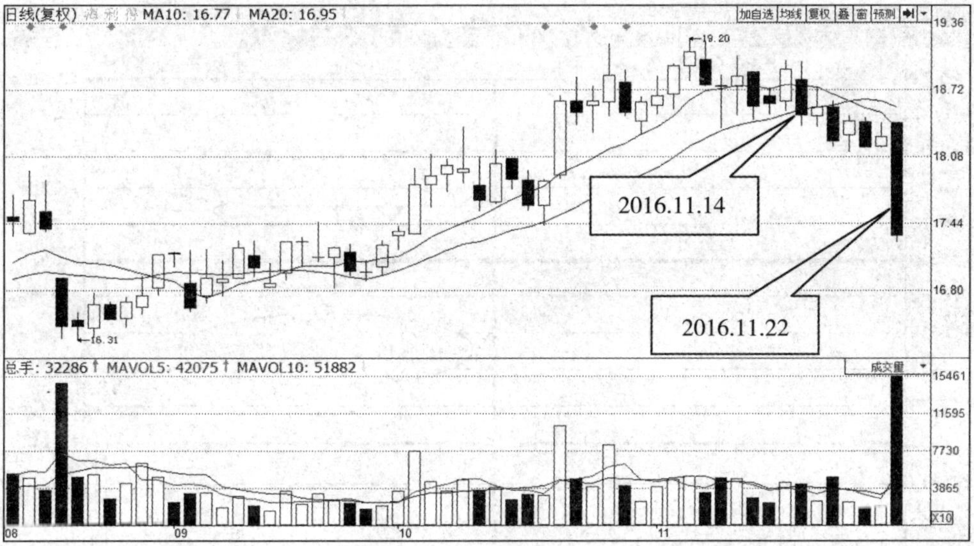

图 4-11　海利得（002206）日 K 线走势图

海利得的股价经过一段时间的上涨后，出现筑顶形态。2016 年 11 月 14 日，该股股价跌破 10 日均线后有加速下跌迹象。11 月 22 日，该股股价被大幅打压。股价受到打压的同时，成交量出现了异常放大，这说明该股还有继续下跌的可能，投资者宜迅速卖出该股。

五、尾盘放量拉升

尾盘拉升，即拉尾盘，是指某只股票的股价在尾盘突然出现上涨的情况。一般情况下，收盘价往往都是当天的最高价，或者近似最高价。

尾盘拉升主要有两种可能：一是股价上涨的前奏，二是庄家出货的信号。

1. 股价上涨的前奏

股价在某一价位或点位已经获得了支撑，无论庄家还是普通投资者都不愿意卖出了。这时经过反复确认后，尾盘股价突然拉起，接下来股价将开始向上运行。尤其是当一只股票经过一系列的盘整，成交量已经极度萎缩了，这时尾盘突然被放量拉起，则该股未来上涨的可能性会更大，如图 4-12 所示。

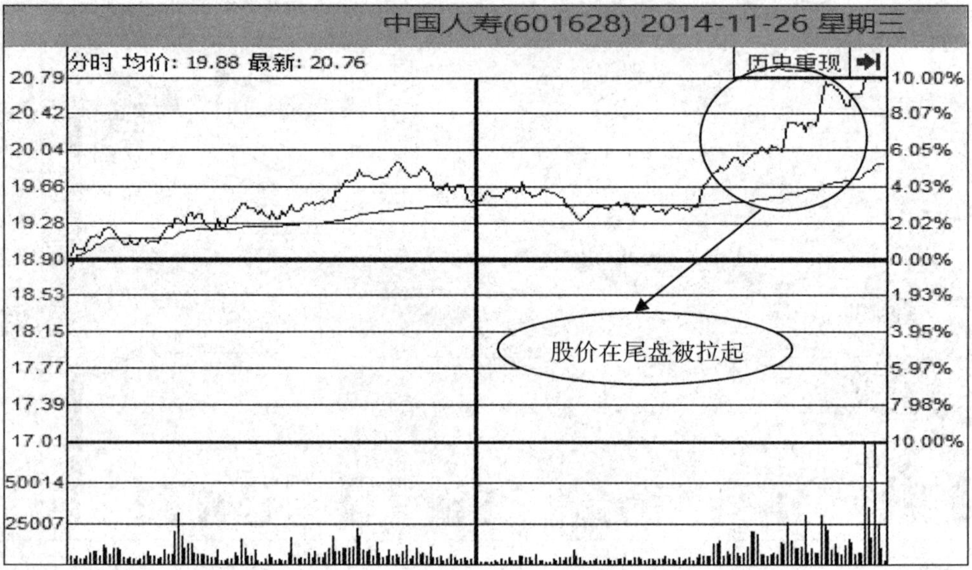

图 4-12　中国人寿（601628）分时走势图（2014.11.26）

2014 年 11 月 26 日，中国人寿经过一番拉升和盘整，成交量逐渐缩小，这说明无论庄家还是投资者都不想在当时的价位交易股票了。尾盘股价突然携量上升，步步高升，说明庄家已经做好了将股价继续上拉的准备。

如果能结合中国人寿日 K 线走势，就更能确认这次短线买点了，如图 4-13 所示。

从图中可以看到，2014 年 11 月 26 日，中国人寿的股价突破长期盘整的价位，一举站稳均线，成交量也相应地放大，短期买点出现。结合庄家尾盘拉升的动作，投资者可以确认庄家拉升股价的行动已经开始，这时如果能够及时跟进买入股票，那么后面的获利将是非常丰厚的。

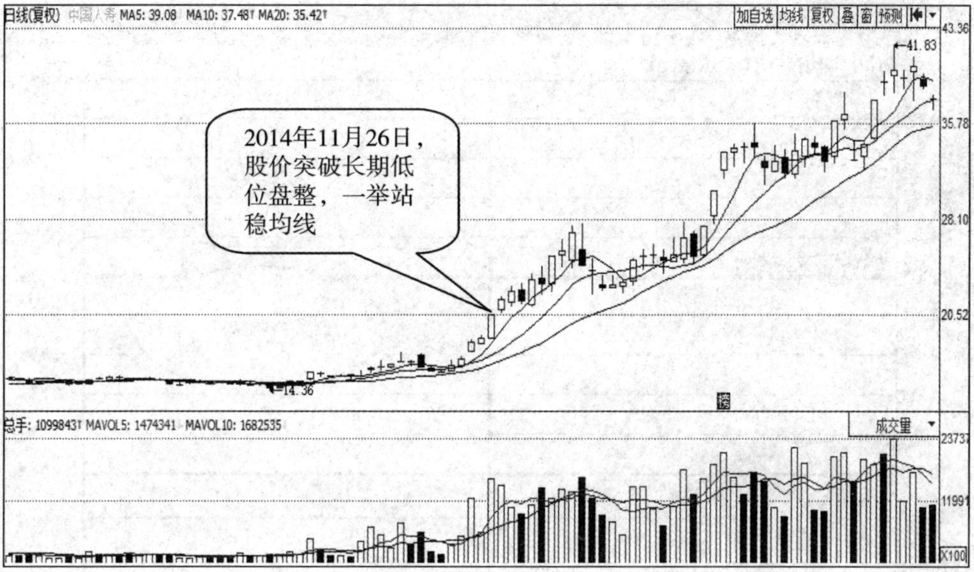

图 4-13　中国人寿（601628）日 K 线图

2. 庄家出货的信号

股价在一个价位或点位附近反复拉升，这时成交不但不减少，反而更加活跃，这是庄家出货的信号。尤其是在股价处于一个比较高的价位之后，成交量也开始放大，这时再出现拉尾盘的情况，更能说明庄家在利用拉尾盘将股价拉升到一个相对较高的价位，以给下一个交易日出货提供空间。如图 4-14、图 4-15 所示。

从图 4-14、图 4-15 中能够看出，中国铁建在 2015 年 6 月 5 日以及之前的一段时间里，价位一直维持在 20 元到 26 元之间，每天的换手率都在 5% 以上，这说明其交易非常活跃。在 6 月 5 日尾盘拉升之前，成交量也没有缩小的迹象。

再看一下中国铁建的日 K 线走势图就会发现，在 6 月 5 日之前，中国铁建已经经历了一波上涨，这说明庄家很有可能在利用拉升尾盘的方式拉升股价，以达到方便次日出货的目的。投资者此时应提高警惕，以免带来不必要的损失。

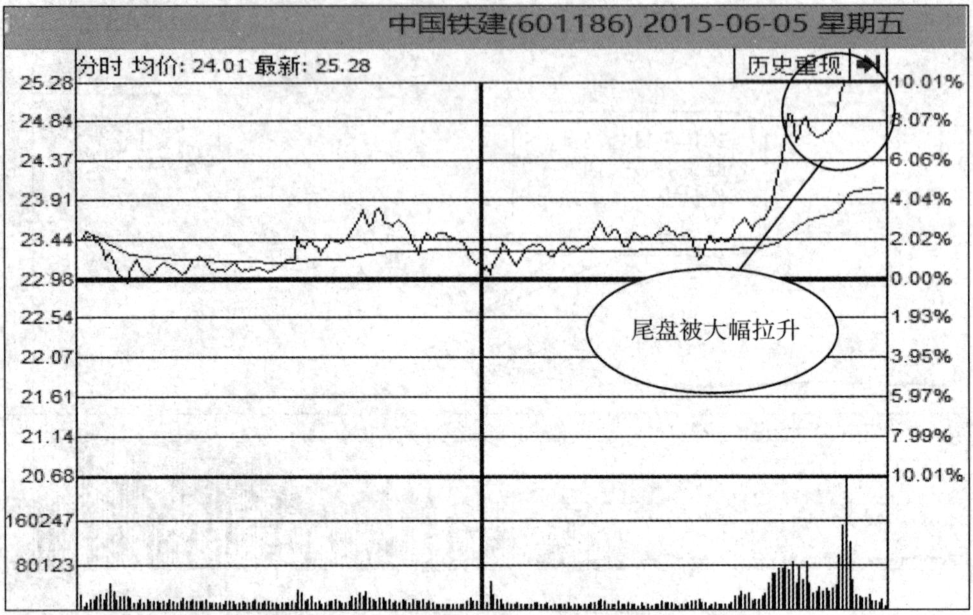

图 4-14　中国铁建（601186）分时走势图（2015.6.5）

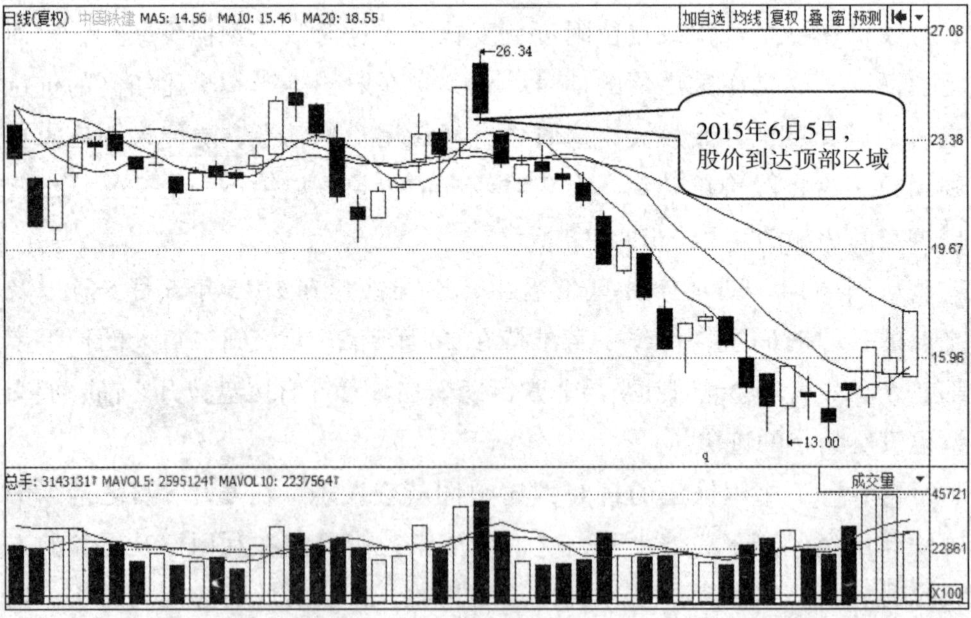

图 4-15　中国铁建（601186）日 K 线走势图

六、尾盘放量打压

尾盘打压，即砸尾盘，是指某只股票的股价在尾盘突然出现下跌的情况，一般情况下，收盘价往往都是当天的最低价，或者接近最低价。

出现尾盘打压，主要有两种可能：一是庄家在洗盘，未来有上升的可能。二是庄家在集中出货，投资者应该避而远之。

1．庄家洗盘

庄家有时为了迅速洗掉不稳定的筹码，以方便后面的拉升，有时会采取砸尾盘的方式完成洗盘。砸尾盘的最大特点是，股价下跌较快，而且大单频出，但是总体上成交量并没有放大多少。作为投资者，对于庄家的洗盘行为，最好不要参与其中，因为从洗盘到拉升股价还有一个过程，其中也一定有更加合适的入场时间，投资者只要保持关注就可以了。

先来看一下青海春天的例子，如图 4-16 所示。

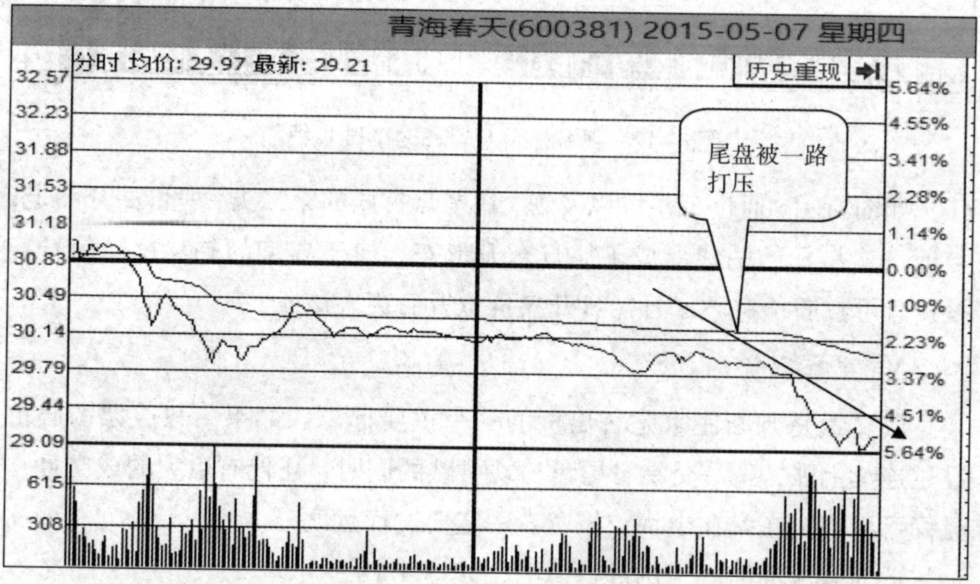

图 4–16　青海春天（600381）分时走势图（2015.5.7）

从图中可以看出，2015 年 5 月 7 日交易的最后时段，青海春天的股价一路下跌，最后全天跌幅超过 5%，但是当天的换手率仅为 2.54% 左右。相比一般交易日来说，当天的换手率是比较低的，因此可以认为，当天庄家洗盘的可能性较大。此时投资者可以保持对青海春天的关注，不必急于入场。

下面再看一下青海春天的日 K 线图，如图 4-17 所示。

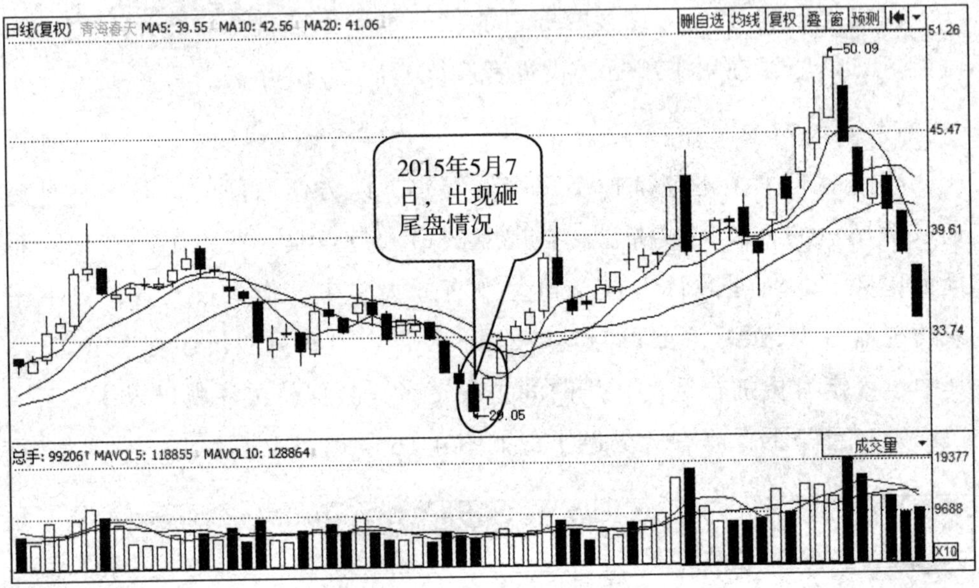

图 4-17　青海春天（600381）日 K 线图

如图所示，通过观察可以发现，在尾盘打压的第二天，股价高开高走，与前一交易日的阴线形成了旭日东升形态，属于典型的趋势反转信号。投资者可在股价突破 5 月 7 日开盘价位置后买入该股。

2. 庄家出货

成交量是判断庄家是否出货的一个重要标志。如果一只股票的股价经过连续上涨，某一交易日尾盘出现下跌的同时，还伴有巨大的成交量，无疑可以判定庄家在出货，投资者一定要避而远之。

下面以深圳能源为例进行说明，如图 4-18 所示。

从图中可知，深圳能源在 2015 年 6 月 15 日最后时段一路下跌，同时成交量也是居高不下，尤其是在尾盘，成交量相比盘中放大了很多。

投资者可以再结合深圳能源的日 K 线图进行分析研判，如图 4-19 所示。

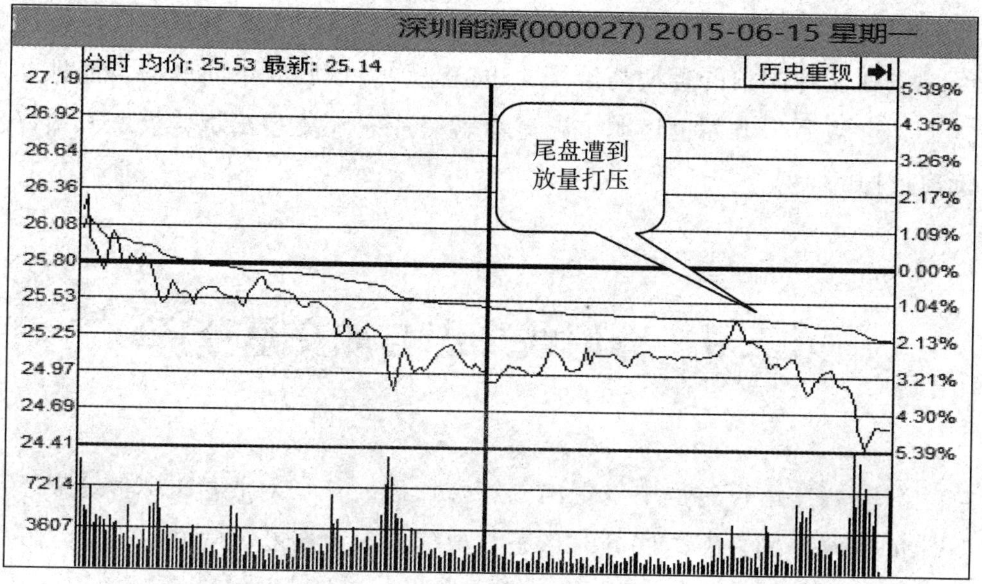

图 4-18　深圳能源（000027）分时走势图（2015.6.15）

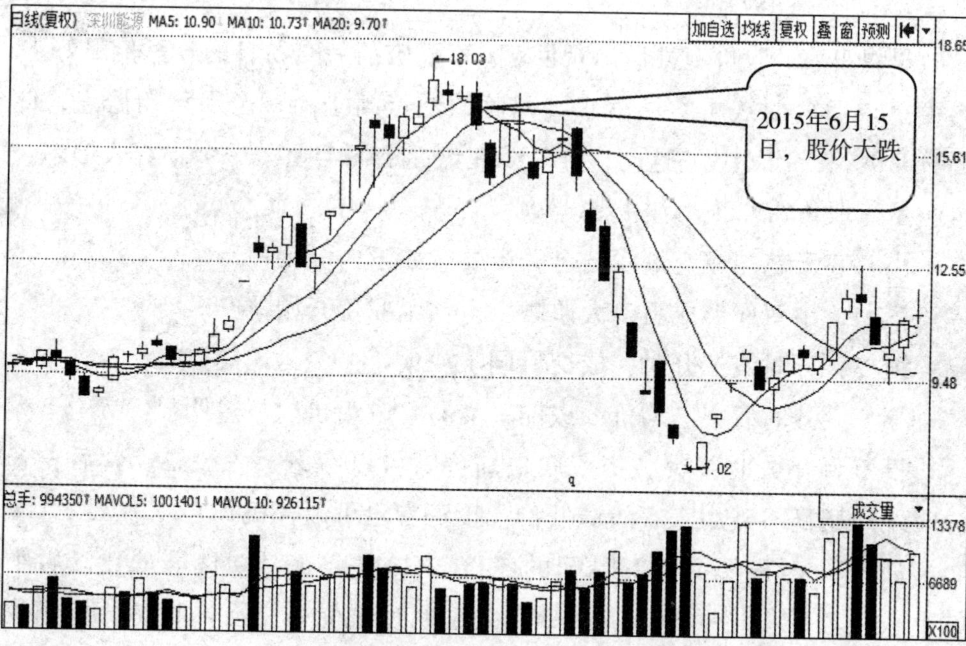

图 4-19　深圳能源（000027）日 K 线走势图

如图所示，观察深圳能源的K线图会发现，两个交易日前的价位已经是深圳能源创出的近期高价了，也就是说，该股股价回调的可能性非常大。这从另一方面也说明，砸尾盘就是庄家在集中出货，投资者最好远离这样的股票。

第三节　分时线形态与成交量分析

分时线在运行过程中呈现出的特殊形态，往往对股价的未来走势有一定的预测作用。将这些分时形态与成交量结合分析，则可增强预测的准确性。

一、小双底形态

早盘开盘，股价上冲后出现回落（不跌破前一交易日的收盘价最好），再度上攻后分时线再次回落，且回落的低点高于前一次回落的低点，此后分时线又一次上攻。这时，分时线在盘面上便会留下一个小双底形态，这预示着股价将出现一波上涨走势。

小双底形态与成交量线结合分析要点如下。

第一，小双底形成后，大单频出，预示股价开始拉升。

第二，分时线拉升时，成交量同步放大。

第三，分时线突破均价线或前一交易日收盘价时放量明显。

投资者在分时线突破小双底最高价时可以考虑买入股票。其后，若分时线回调且不破小双底的最低价，投资者也可以择机买入。

如图4-20所示，青海春天的股价在2015年7月9日早盘开盘后小幅上攻，其后出现回调走势。分时线刚刚跌破前一交易日收盘价但仍位于均价线上方时，股价再度上攻，其后分时线再次回落，这一次回落的低点要高于前一次回落的低点。之后分时线再度放量上攻，小双底形态正式形成。随后，该股又经历了一波小幅回调便迅速拉升。分时线突破小双底的最高点时，投资者可以追涨买入该股。

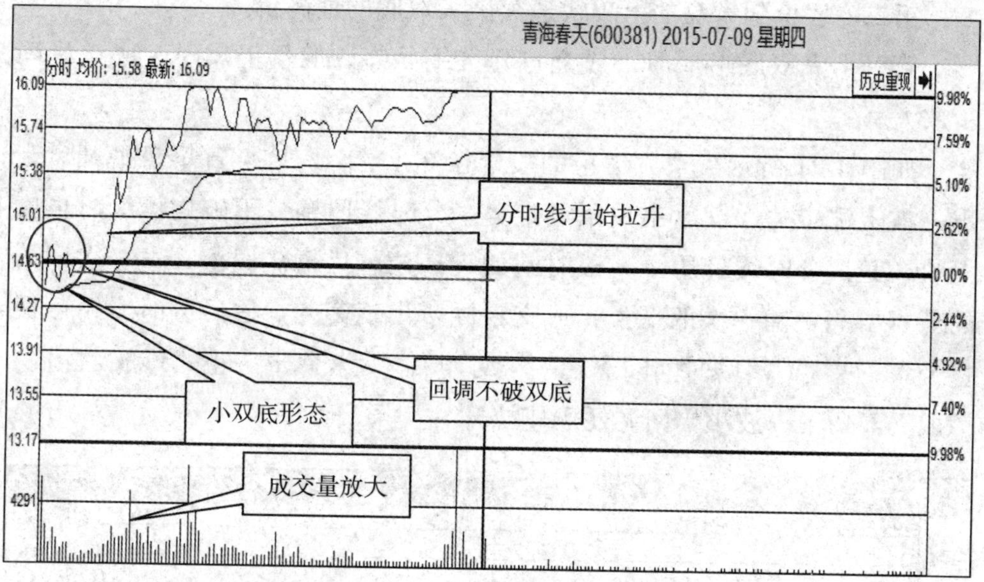

图 4-20　青海春天（600381）分时走势图（2015.7.9）

按照小双底形态买入股票时，投资者还应考虑以下几点。

第一，股价和大盘所处的阶段。股价和大盘处于上涨或底部阶段，才是买入的最佳时机。若当时处于下跌阶段，则应避免操作。

第二，如果前一交易日该股股价以涨停报收，则小双底的出现更能强化买入信号。

第三，投资者执行买入操作前，还可综合应用 K 线和其他技术指标佐证判断。

二、大双底形态

大双底，是指分时线的两个底部距离较远，至少要距离一个小时以上。此时分时线形成的双底形态，往往具有更强的买入指示效果。相比于小双底，大双底更像 W 底形态。

大双底形态与成交量线结合分析要点如下。

第一，股价低开后，在前一交易日收盘价下方形成大双底形态，且后一个底要高于前一个底。

第二，股价随大盘的上攻快速突破大双底的最高价。

第三，大双底形成时，成交量呈萎缩状态，股价上攻时，成交量同步放大。

如图 4-21 所示，东方银星的股价在 2015 年 5 月 20 日早盘平开后走出一波上涨走势，其后出现回调走势。分时线回调且不破均价线时再度上攻，其后分时线经历了一段时间的震荡调整后再次回落，这一次回落的低点要高于前一次的低点，成交量同步出现萎缩。之后分时线再度放量上攻，两次回落的时间间隔在一小时左右，大双底形态正式形成。随后，该股又经历了一波小幅回调便迅速拉升。

图 4-21 东方银星（600753）分时走势图（2015.5.20）

三、横盘震荡形态

横盘震荡形态，是指分时线在某一时段呈现出横向小范围波动的状态。横盘震荡形态的出现，说明主力或庄家对股价具有较强的掌控能力，未来走势完全控制在主力的手中。

横盘震荡形态与成交量线分析要点如下。

第一，如果一只股票的分时线出现横盘震荡形态，投资者可以保持关注。一旦股价放量突破横盘震荡的最高价，则可追涨买入。

第二，通常情况下，分时线横盘时间越久（横盘时间不能少于30分钟），未来股价上涨或下跌的空间越大。

如图4-22所示，长江传媒的股价在2015年6月9日早盘平开后走出一波上涨走势，其后出现横盘震荡走势，分时线一直位于均价线上方。下午两点以后，分时线放量上攻，很快突破了横盘震荡的最高点，这说明股价即将启动上涨，投资者可以追涨买入该股。

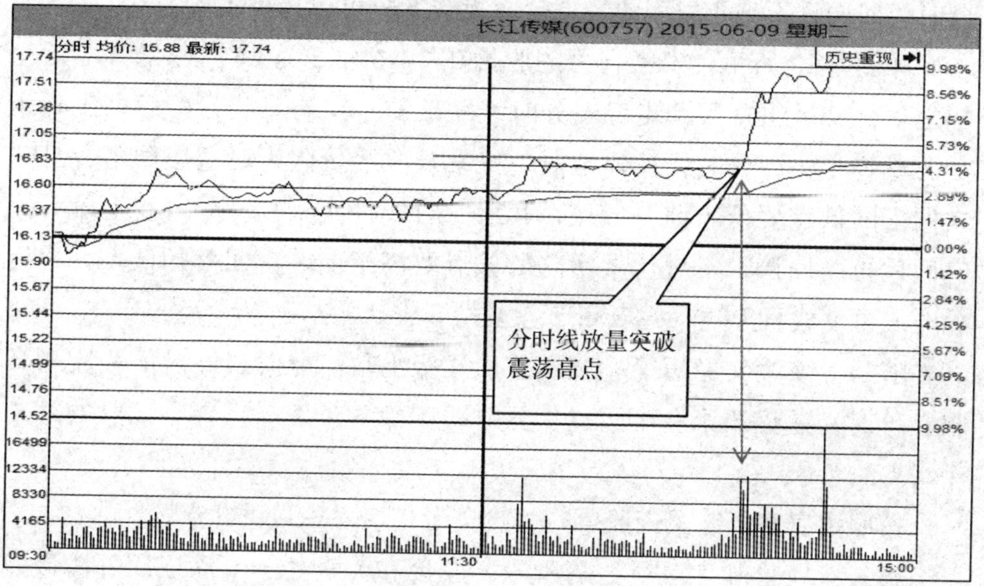

图4–22　长江传媒（600757）分时走势图（2015.6.9）

通常情况下，高位横盘震荡，之后下行的风险较大。低位横盘震荡，之后上攻的可能性较大。

四、头肩底形态

早盘开盘后，股价上冲后出现回落（通常情况下，回落的低点位于前日收盘价下方），之后分时线再次上升，形成第一个阶段低点。随后分时线再度下跌，回落的低点低于前一次回落的低点，此后分时线又一次上攻。不过，很快因抛盘过大，分时线第三次回落，且这次回落的低点高于前一次的低点。这时，分时线在盘面上便会留下一个头肩底形态，这种形态预示着股价将出现一波上涨走势。

头肩底形态与成交量线结合分析要点如下。

第一，头肩底形成后，大单频出，预示股价开始拉升。

第二，分时线拉升时，成交量同步放大。

第三，分时线突破均价线或前一交易日收盘价时放量明显。

分时线突破头肩底最高价时，投资者可以考虑买入股票。其后，若分时线回调且不破头肩底的最低价，投资者也可以择机买入。

如图 4-23 所示，安徽合力的股价在 2015 年 5 月 26 日早盘开盘后小幅上攻，其后出现回调走势。分时线跌破前一交易日收盘价后即出现了一波反弹走势。分时线反弹至前一交易日收盘价附近时遇阻回落，且这次回落的低点要低于前一低点，其后分时线再次上攻。分时线上攻一段空间后再度回调，不过这次回落的低点要高于前一次回落的低点，之后分时线再度放量上攻，头肩底形态正式形成。

随后，该股又经历了一波调整后逐级上攻。分时线突破前一交易日收盘价时，是该股第一个买点。分时线突破均价线时，则是该股的第二个买点。

按照头肩底形态买入股票时，投资者还应考虑以下几点。

第一，股价和大盘所处的阶段。股价和大盘处于上涨或底部阶段，才是买入的最佳时机。若当时处于下跌阶段，则应避免操作。

第二，如果前一交易日该股股价以涨停报收，则头肩底的出现更能强化买入信号。

第三，投资者执行买入操作前，还可综合应用 K 线和其他技术指标佐证判断。

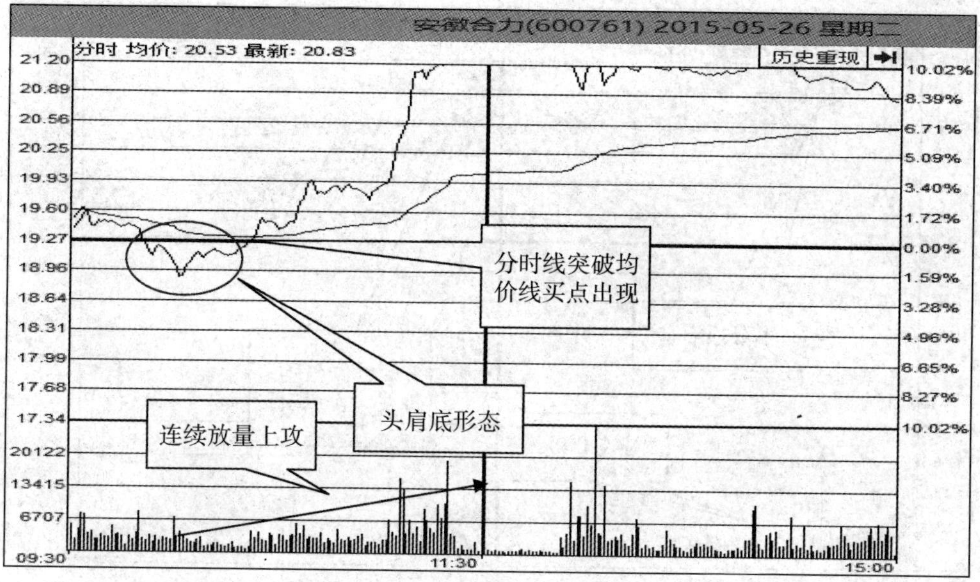

图 4-23　安徽合力（600761）分时走势图（2015.5.26）

五、小双顶形态

早盘开盘，股价大幅上冲后出现回落。再度上攻后又出现回落，且后一个高点要低于前一个高点，之后分时线持续回落。这时，分时线在盘面上便会留下一个小双顶形态，这预示着股价将出现一波下跌走势。

小双顶形态与成交量线结合分析要点如下。

第一，小双顶形成过程中大单频出，之后成交量出现萎缩态势。

第二，若分时线跌破均价线，则说明下跌趋势已经形成，投资者可在分时线形成小双顶后卖出股票。

下面看一下通宝能源的案例，如图 4-24 所示。

通宝能源的股价在 2015 年 8 月 14 日早盘开盘后大幅上攻，其后出现回调走势。分时线第一次回落后，很快被拉起并再度上攻。其后分时线又一次回落，这一次上攻的高点要低于前一次的高点，小双顶形态正式形成。

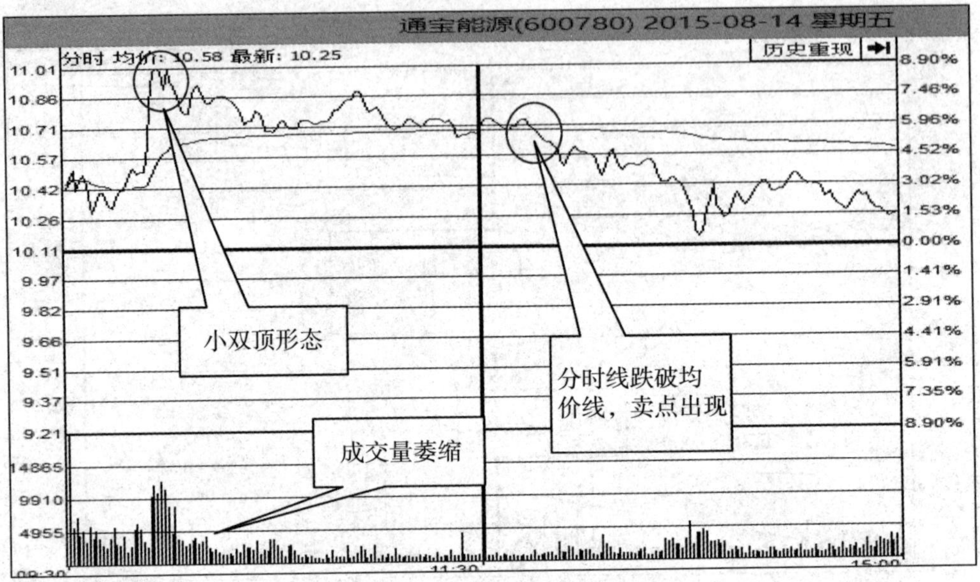

图 4-24　通宝能源（600780）分时走势图（2015.8.14）

小双顶形态形成后，成交量线明显出现了萎缩，这说明分时线走势趋于弱势。随后，该股又经历了一波小幅震荡后出现下跌走势。小双顶形成时，是该股的第一个卖点。此后，该股分时线跌破均价线，这是该股的第二个卖点。

六、大双顶形态

大双顶，是指分时线的两个顶部距离较远，至少距离一个小时以上。此时分时线形成双顶形态，往往具有更强的卖出指示效果。相比于小双顶，大双顶更像 M 顶形态。

大双顶形态与成交量线结合分析要点如下。

第一，股价高开高走后，在某一高位形成大双顶形态，若后一个顶低于前一个顶，则未来下跌的可能性更大。

第二，分时线形成第二顶时，若成交量小于第一个顶，也属于典型的见顶信号，股价下跌的概率较大。

下面来看一下新华百货的案例，如图 4-25 所示。

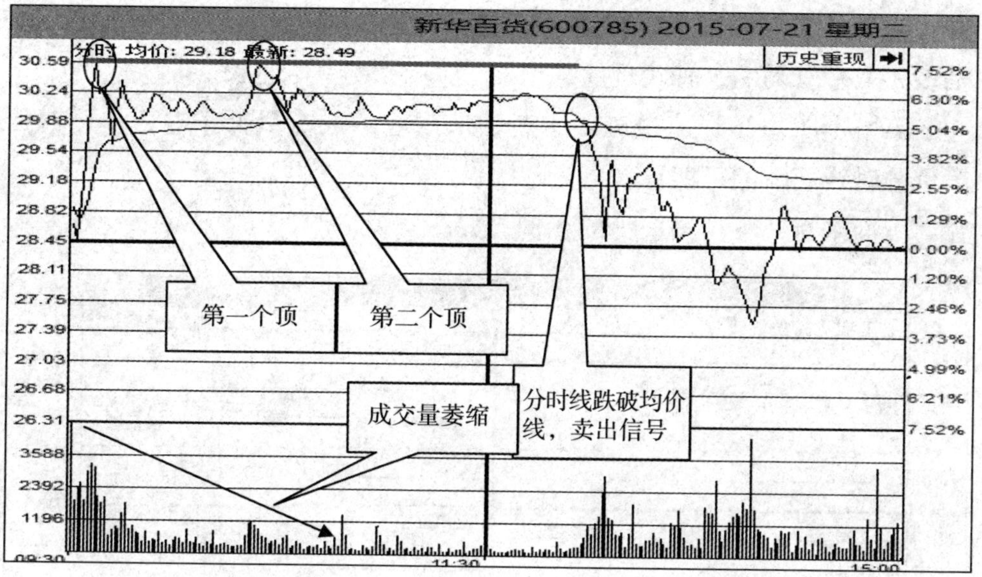

图 4-25　新华百货（600785）分时走势图（2015.7.21）

新华百货的股价在 2015 年 7 月 21 日早盘开盘后大幅上攻，其后出现回调走势。分时线第一次回落后，出现了一波横盘震荡走势。其后分时线再次上攻，这一次上攻的高点要低于前一次的高点，第二个顶对应的成交量线明显低于第一个顶，大双顶形态正式形成。

随后，该股又经历了一波小幅震荡后出现下跌走势。大双顶形成时，是该股的第一个卖点。此后该股分时线跌破均价线，这是该股的第二个卖点。

七、头肩顶形态

交易过程中，股价上冲后出现回落，在分时图上留下第一个显著的高点。之后分时线再次上升，形成第二个阶段高点，且这一高点要高于前一高点。随后分时线再度下跌，之后股价再次拉升，不过这时上攻无法持续，很快又再度下跌，在分时图上留下了第三个高点，这个高点要低于第二个。这时，分时线在盘面上便会留下一个头肩顶形态，预示着股价将出现一波下跌走势。

头肩顶形态与成交量线结合分析要点如下。

第一，通常情况下，右肩对应的成交量要明显低于左肩和头部，这是多方力量衰竭的一种表现。

第二，头肩顶形成过程中，若头部对应的成交量低于左肩，可增强股价分时线下跌的可能性。

下面来看一下神马股份的案例，如图 4-26 所示。

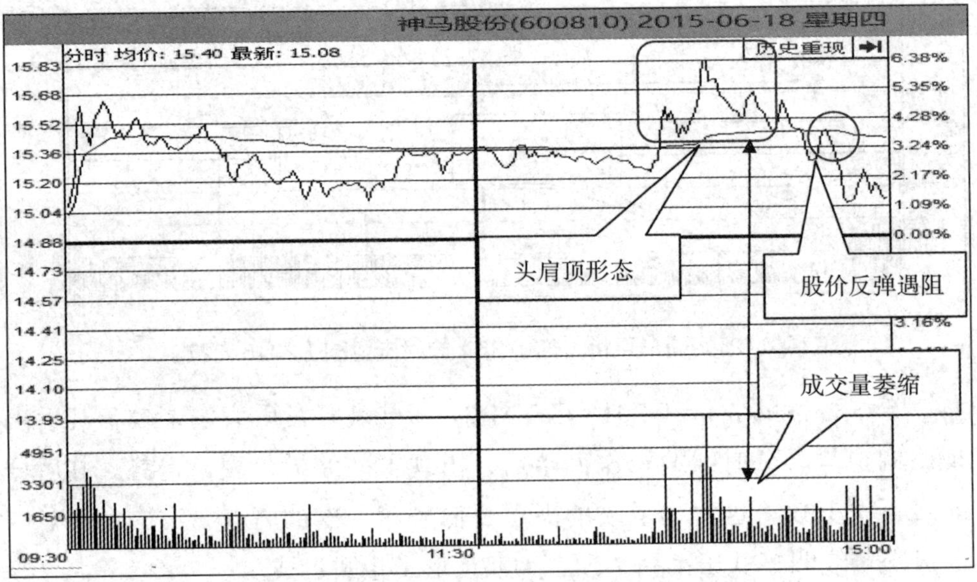

图 4-26 神马股份（600810）分时走势图（2015.6.18）

神马股份的股价在 2015 年 6 月 18 日下午两点后大幅上攻，其后出现回调走势。分时线第一次回落，短暂整理后再次上攻，且这一次上攻的高点要高于前一次的高点。随后该股又经历了一波小幅震荡后出现下跌走势，很快分时线又一次被拉升，不过此次形成的高点要低于前一次形成的高点。至此，头肩顶形态正式形成。头肩顶中右肩对应的成交量要明显低于头部和左肩，这也预示股价未来走势不佳。

该形态形成时，就是该股的第一个卖点。此后该股分时线跌破均价线时，是该股的第二个卖点。其后股价出现反弹，反弹至均价线时遇阻下跌，这是该股的第三个卖点。

第五章

K 线经典形态与成交量分析

股价K线在运行过程中呈现出的经典形态，往往对股价未来的走势方向有一定的交易指示作用。在这些K线经典形态形成过程中，若能结合成交量的变化如缩量、放量等进行综合研判，无疑可以增强这些经典形态的交易指示作用。

第一节　K 线顶部形态与成交量

出现 K 线顶部形态，预示着股价上涨即将到达尽头。若成交量不能与股价同步继续放大，则有下跌之忧。

一、倒 V 形顶形态

倒 V 形顶又称尖顶，出现在一段上涨行情的末尾。其形态表现为：股价先是经过一段快速上涨行情，上涨到一定高度后掉头向下，又开始了一段快速下跌行情，在图形上形成了一个形状像倒置的英文字母“V”的顶部走势，如图 5-1 所示。

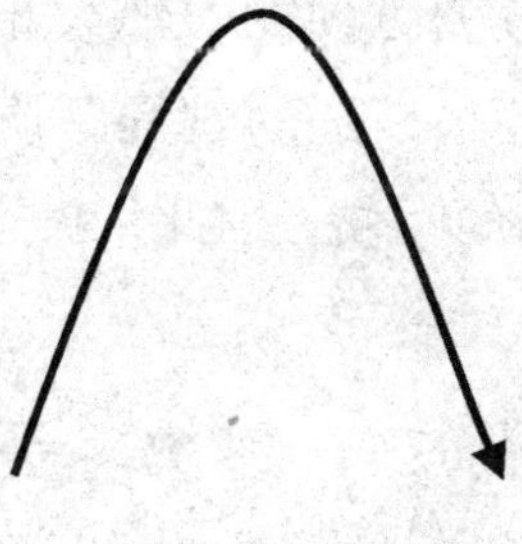

图 5–1　倒 V 形顶

1. 成交量分析

形成倒 V 形顶的前半段，股价会呈现连续快速上涨走势。当上涨到一定高位后，某些突如其来的因素扭转了整个趋势，股价开始掉头向下，且下跌速度丝毫没有减弱的迹象。在股价上涨过程中，成交量会逐渐放大。

到达顶部位置时，往往会放出巨量甚至天量。在股价下跌过程中，成交量往往会逐渐缩减。

股价中间的转折过程可能仅仅需要两三个交易日，但是在涨跌过程中，成交量可能呈现出巨量。

2. 市场含义

在上涨行情中，众多投资者皆看好后市而纷纷买入，将股价推升至高位。这些追涨的力量大多以短线操作为主，投机氛围严重。当买方力量出现空缺，原来持股的短线投资者就会反手做空，开始抛售。股价出现上涨无力转而下跌，这更加触动了持股者的神经，引发大量的抛售行为，市场由此逆转，股价以近似于上涨时的速度快速下跌。

倒V形顶有时是突发性利空消息引发的。开始时，投资者们在乐观的情绪下不断买入股票，促使股价节节高升。上涨到一定幅度时，市场积累的获利盘还没有消化，便遇到了突发性的利空消息。获知消息的持股者开始大规模出货，掀起了一波恐慌性抛售热潮，股价也由于巨大的抛盘出现跳水。趋势往往在跌到开始的涨升位置时才会有所缓和，但这时的下跌走势一般不会停止，更不会发生转折。

倒V形顶与市场逐步改变方向的习惯大相径庭，是近似于火箭式的急涨急跌，完全没有一个循序渐进的过程。该形态常常出现在市场炒作气氛浓厚、投资者盲目追高的时候，因此，投资者要对该形态保持警觉。

3. 操作要点

第一，对于倒V形顶的反转，要突出一个“快”字，早一点儿行动就能少受一些损失。当股价放量上涨到高位，股价和成交量不断创出新高时，投资者便要警惕倒V形顶的产生，必要时可逢高进行减磅操作。

第二，倒V形顶没有明确的卖出点。当股价直线快速上涨之后，出现放量滞涨甚至回落现象，投资者就应果断卖出，轻仓观望。

第三，当股价下跌到倒V形顶开始快速上涨的价位时，可能会获得一定的支撑，从而形成一个横盘整理平台。当股价跌破这一支撑位时，表明下跌行情将继续，仍然持仓的投资者应迅速离场。

第四，按照倒V形顶形态卖出股票后，可以观察该股票的后续走势。如果股价能够重新上涨，并突破倒V形顶的最高点，则表示此形态失效，投资者可以重新考虑买入该股。

4. 走势解析

第一，倒V形顶常出现在上涨行情的局部高点，形成长期或中短期头部，其杀伤力极大。投资者如不能有效识别，就会有高位套牢的危险。

第二，同V形底一样，倒V形顶也没有明确的量度跌幅，但是一般至少会回到原来的起涨点。

第三，股价到达最高点或是从顶部开始下跌时，成交量会明显放大。此时成交量越大，看跌信号就越强烈。

第四，形成倒V形顶时，前期上涨的速度越快，上升幅度越大，后期的下跌就会越猛烈，相应的跌幅也会越大。

第五，倒V形顶的顶部位置常常会出现流星线、吊颈线、黄昏之星、乌云盖顶等K线或K线组合，投资者可以借助这些转势信号来识别倒V形顶。

第六，基于倒V形顶的特点，投资者在及时卖出的同时，还应该认真分析股票的历史和行情本质，注意倒V形顶目前所处的位置。当倒V形顶出现在低价位区域时，投资者可采取攻守兼备的半仓策略，这样既能预防风险，又不会踏空之后可能出现上涨行情。

下面来看一下硕贝德的案例，如图5-2所示。

2016年6月末至7月末，硕贝德日K线图上出现了倒V形顶形态。

6月24日，前期已经有了较大涨幅的硕贝德开始放量上涨。次日（6月25日），更是放量收出一根涨停大阳线。

6月28日，该股股价在创出新高后回落，同时成交量出现萎缩，这

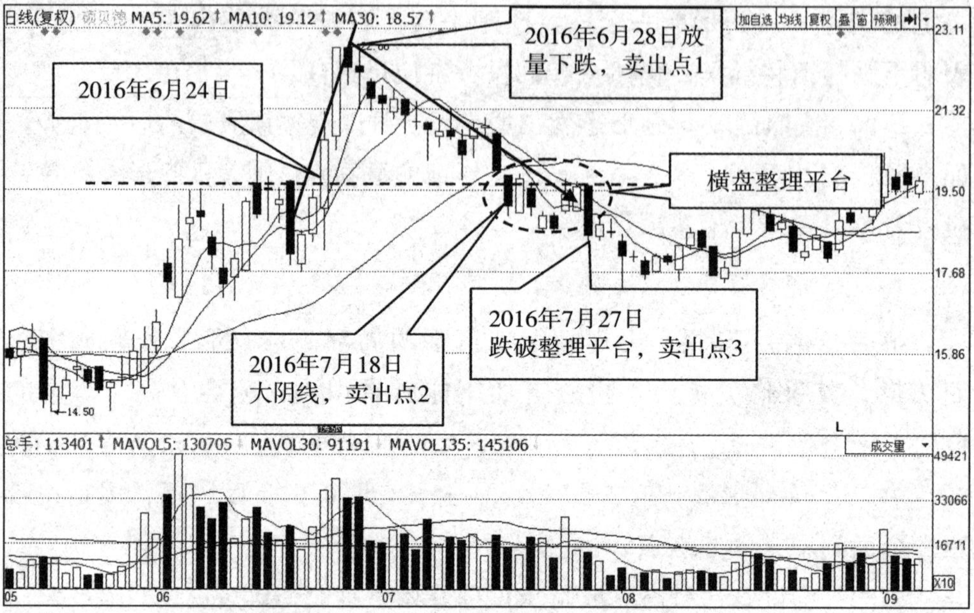

图 5-2　硕贝德（300322）日 K 线图中的倒 V 形顶

是行情见顶反转信号，投资者应该考虑卖出部分股票。

7 月 18 日，该股低开低走，收出一根大阴线，标志着下跌行情基本确立，这时投资者应该果断卖出。

此后，该股到达前一阶段密集成交区，获得一定的支撑，股价开始横向整理。7 月 27 日，股价跌破整理平台，这又为投资者提供了一次卖出机会，仍然持有该股的投资者应该果断清仓。

二、双重顶形态

双重顶又称 M 形顶或双顶，通常出现在一段上涨行情的末尾，它是股价在某段时间内连续两次上涨到相近的高点，然后再从高峰回落的走势。双重顶的出现意味着行情将由上涨转为下跌。双重顶出现的频率较高，也极容易辨认，是重要的顶部形态。通过第一个回落低点画一条水平直线，就得到了双重顶的颈线，股价如跌破该颈线位置，就标志着双重顶正式构筑完成，如图 5-3 所示。

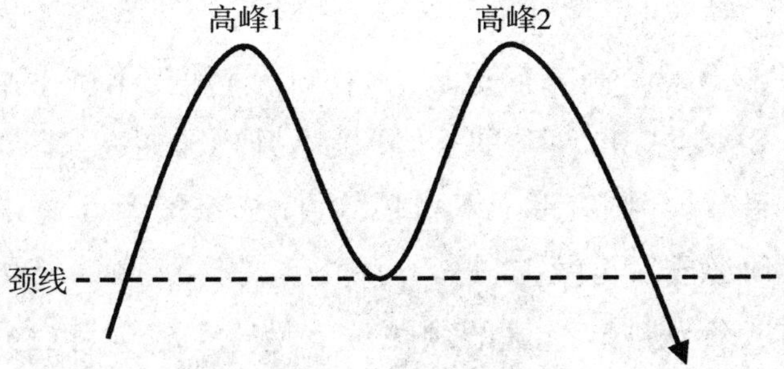

图 5-3　双重顶

1. 成交量分析

股价长期上涨后，市场交投异常活跃，成交量也显著放大。这时前期买入的投资者获利回吐，股价相应出现回落，相应地成交量在转折前后会放出巨量，这就形成了第一个高峰。

当股价短暂下跌后，上方卖压减轻，股价开始反弹，此时成交量有放大现象，但是与前期上涨的成交量相比，仍有不小的差距。当股价再次到达前一高点附近时，再次出现抛售热潮，股价随之下落，从而形成第二个高峰，这一次股价会跌穿前一次回落的低点。

通常情况下，双重顶的第一个高峰对应的成交量要明显大于第二个高峰对应的成交量。

2. 市场含义

股价下跌到一定的价位水平后，持股的投资者纷纷获利落袋，很多持币的投资者也望而却步，因而股价出现技术性回调。但下跌并没有持续多长时间，短线投资者在股价跌到一定程度时开始买入，于是股价再度回升。

当股价再次回升到前期顶点附近，后悔错过了在前次高点卖出的获利盘和短线投资者纷纷卖出。由于卖压较重，股价二次触顶回落，这使得原来看涨的投资者信心受挫。越来越多的投资者反手做空，最终促使股价跌破上次回落的低点位置，下跌行情最终确立。

3. 操作要点

第一，假如第一个高峰形成后股价跌幅较深（第一个高点与回落的最低点相差达8%以上），其后股价再度上升到前期高点附近时，成交量与前期相比显著减少，则有形成双重顶的可能，投资者可以实施减磅操作，不必等到双重顶形成后再做空。

第二，当股价跌破双重底的颈线位，是一个较为可靠的卖出点，投资者应该果断卖出。这类向下破位一般不需要成交量的配合。

第三，股价向下跌破颈线后，有时会重新回升到颈线附近，以验证跌破的有效性。当股价遇到阻力再次下跌时，投资者可以抓住时机卖出。如果股价回升到颈线以上位置，则证明形态失败，此时投资者最好保持观望，不要急于补回。

第四，技术指标也能够帮助投资者对顶部进行有效确认。比如形成双重顶的同时，很多常用的技术指标如KDJ、RSI、MACD，都会同时出现顶背离现象。

第五，双重顶偶尔会出现在非高价位区域的调整行情中，这时投资者可以将其看作矩形整理进行操作。不过这类下跌的空间十分有限，一旦调整到位便会开始上涨。

4. 走势解析

第一，双重顶的两个高点可能不在同一水平位置上，两者之间有不大的高度差是可以接受的。如果第二个高点低于第一个高点，则看跌的信号更为强烈。

第二，形成双重顶所用的时间越长，即双重顶的两个高点之间的距离越远，则行情反转的可能性越大，未来下跌的幅度相应也会越大。

第三，双重顶的两个高峰都对应着较大的成交量，但通常情况下，第二个高点的成交量要明显少于第一个高点的成交量，这反映出买盘力量已经消耗得差不多了，行情下跌的可能性更高。此外，在股价跌破双重顶颈线时，即使没有成交量的放量配合，该形态也依然是有效的。

第四，股价跌破颈线位置后，理论上的最小跌幅是双重顶的两个高点连线到颈线的垂直距离，实际跌幅有时可达到最小跌幅的 3 倍。

第五，作为顶部信号，双重顶的可靠性不如头肩顶和三重顶，这是因为双重顶持续的时间较短，庄家可能还没有完成出货任务。有时构筑失败的双重顶会演变成头肩顶或三重顶形态。

下面来看一下焦点科技的案例，如图 5-4 所示。

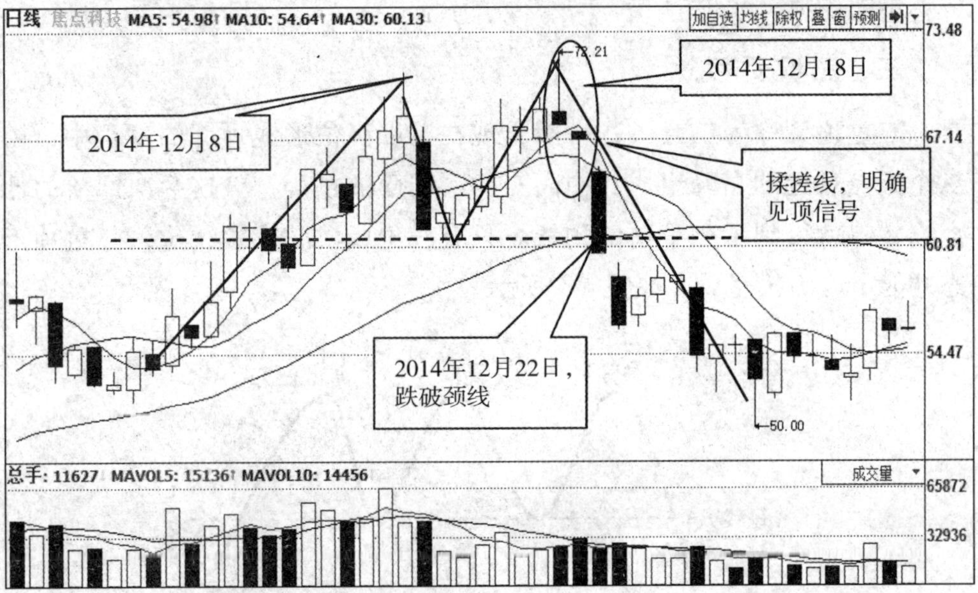

图 5-4　焦点科技（002315）的日 K 线图

2014 年 12 月，焦点科技的日 K 线图上出现了双重顶形态。

2014 年 11 月中旬，该股在震荡下跌之后开启了新一轮的上涨行情。经过一番持续快速上涨，该股于 12 月 8 日收出一根上影线很长的中阳线，股价也在创出 70.99 元的阶段新高后开始回落，从而形成了双重顶的第一个高峰。

12 月 10 日，焦点科技的股价在下跌过程中获得支撑出现反弹，但这次反弹持续的时间较短。12 月 18 日，该股开始重新下跌，形成了第二个高峰。这次的高峰略高于前一个高点，达到了 72.21 元，但成交量显著减少，出现M形顶形态的可能性较大。

次日，该股收出一根长下影线的小阴线，且这根小阴线与前一交易日的小阴线组成了揉搓线，该信号属于明确的顶部信号。同时成交量出现放大迹象，这说明随着股价的下跌，资金出逃加快，投资者应实施减仓操作以规避风险。

12月22日，该股股价跌破颈线位置，双重顶构筑完成，这时持股者应该果断卖出。

三、三重顶形态

三重顶又称为三尊头，一般出现在上涨高位形成顶部的过程中，由三个高点相近的高峰组成，中间有两次回落的过程。将这两次回落的低点连接，就得到了三重顶的颈线。只有股价成功跌穿颈线位，三重顶形态才能最终确认完成，如图5-5所示。

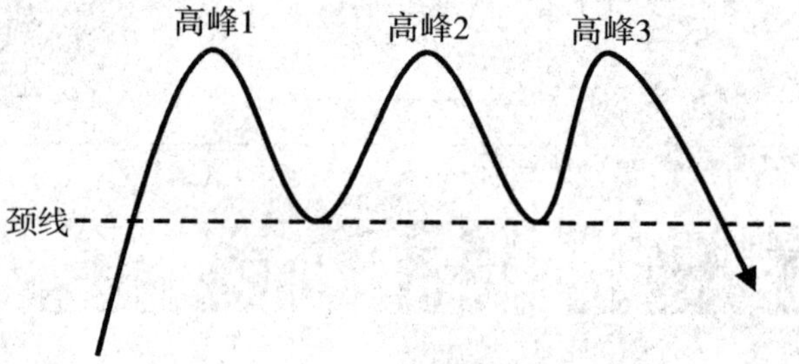

图5–5　三重顶

1. 成交量分析

在股价不断上涨的过程中，成交量越来越放大。当上升至某一高点时，部分前期获利盘开始抛售，成交量放出巨量，股价触顶回落，形成了第一个高峰。

股价跌至某一位置时，盘压已经不是很大，这时有短线投资者介入接盘，推动股价再次上涨，成交量开始放大。当股价上涨到前一个高点附近时，短线投资者和上一次没有卖出的获利盘纷纷沽出，股价再次受挫回落，形成了第二个高峰。

不过，这次下跌仍然没有持续太长时间，当股价跌至上一次回落低点附近时，又一次被新的买盘托起，随后股价再次向上弹升。这一次股价上升到前两次高点附近时，再次遇到强大的阻力，股价在做空力量打压下大幅下跌，跌破了前期低点，从而形成了第三个高峰。

成交量在三个高峰的形成过程中通常会呈现逐级递减的态势。最后在跌破颈线时，一般不需要成交量的配合。

2. 市场含义

股价经过长时间的上涨之后，很多场外资金投身于追涨热潮。此时前期买入的投资者已经获利颇丰，开始获利回吐。在获利盘的抛压之下，股价从顶部开始回落。

当回落至某一低点时，一批仍看好后市的投资者开始介入，而前期卖出者也开始将筹码补回，股价在这些力量的共同作用下再次上涨。不过，这次的买盘显然以短线操作居多。当股价涨至前次高点附近时，又出现大量的抛盘，股价再度走软。

有了前一次回落的低点作为支撑位，所以当股价再次回落到这一位置时，又被新的买盘承接了起来。由于有了前两次高点回落的经历，所以这次上涨并没有吸引太多的跟进盘，相反，持股者在快要到达高点位置时便纷纷卖出。随着股价的下跌，越来越多的投资者意识到大势已去，开始反手做空，于是股价跌破前两次回落的低点，空头行情最终形成。

3. 操作要点

第一，在第二个波峰形成时，如果成交量与股价出现顶背离现象，持股的投资者可以考虑适当减仓。

第二，在三重顶形态尚未完成时，如果前两次上攻失败，第三次上攻出现成交量萎缩的状况，或是未能达到之前的高度，则说明多方缺乏上攻动能，有可能形成三重顶形态。此时，投资者应该实施减磅操作。

第三，当股价跌破颈线位置时，表明三重顶形态已经构筑完成，投资者应该把握这一时机果断卖出。

第四，当股价有效突破颈线位后，可能在不久之后对颈线有一个回抽动作。如果股价在颈线位遇阻再次回落，那么投资者应果断清仓。并不是所有的三重顶形态跌破后都会有回抽动作，所以投资者切不可将它作为自己唯一的卖出点。

第五，如果在低价位区域出现与三重顶类似的形态，那么极有可能是表示上涨中继的矩形整理形态，这时投资者切勿将其按照三重顶形态进行操作。

4. 走势解析

第一，三重顶的三次筑顶过程中，成交量如果呈现出逐级缩减的态势，则后市下跌的可能性更大。在向下穿越颈线时，一般不需要成交量的配合。

第二，如果三重顶的三个高点的连线和颈线都是向下倾斜的，那么后市下跌的可能性更大。

第三，三重顶的高点距离颈线位越远，后市下跌的空间越大，下跌力度越强。

第四，三重顶的最高点与颈线之间的垂直距离通常是理论上的最小跌幅，三重顶完成后的下涨幅度，通常会大于这一最小跌幅。

第五，三重顶形成的周期越长，顶部之间的间隔越宽，说明顶部换手越充分，后市下跌的空间就会越大。

第六，从形成第一个高点到形成最后一个高点间隔的时间，最好在15个交易日以上，否则后市下跌空间将十分有限。

第七，持股者大多会在三重顶构筑第三个高峰的过程中卖出，股价随之跌落到形态以下位置，因而一般很少看到四重顶或五重顶形态。

下面来看一下方盛制药的案例，如图5-6所示。

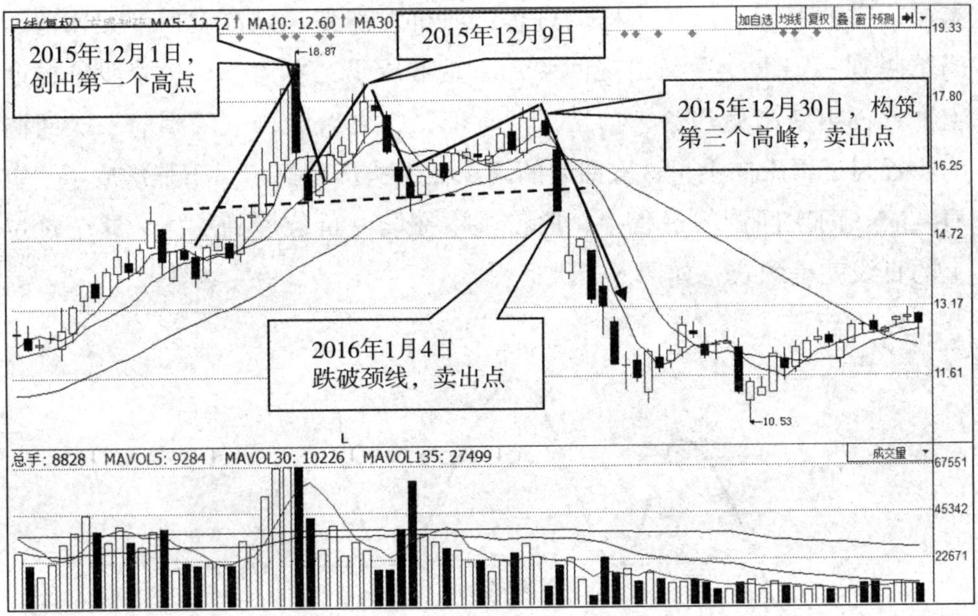

图 5-6　方盛制药（603998）日 K 线图中的三重顶

2015 年 11 月至 2016 年 1 月，方盛制药的日 K 线图上出现了三重顶形态。

2015 年 12 月 1 日，方盛制药的股价上涨到 18.87 元的阶段最高价后回落，形成了第一个高点。12 月 9 日，该股向上突破未果后出现回落，形成了第二个高点。与其对应的成交量呈现萎缩态势，说明多方实力不足，股价走弱的可能性较高。

12 月 30 日，该股再度上攻未果，然后一路向下，当天收出带长下影线的阳线。次日股价以阴线报收，从而形成了第三个高点，说明空方已经占据优势，形成三重顶的可能性极大。这时持股者应果断卖出。

2016 年 1 月 4 日，该股以一根大阴线突破了三重顶的颈线位置，这是一个明确的卖出点，仍持有股票的投资者应该选择出局观望。

四、头肩顶形态

头肩顶形态如同把头肩底形态给倒转过来，一般出现在上涨行情的末尾。它的形成经历了这样的过程：股价上涨到一定高度后开始回落，当下降到一定程度后又出现回调，于是形成了“左肩”。接着股价再度上冲，创出新高后回落，构筑了“头部”。之后股价下跌到前一次回调的位置附近再次向上，这次回升的高点低于头部的高点，于是形成了“右肩”。在两次回调的过程中，股价基本在同一价位受到支撑，这个价位上的直线就是颈线，如图 5-7 所示。

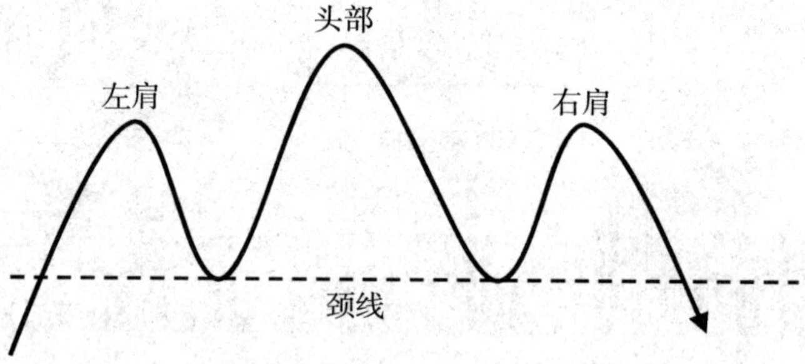

图 5–7　头肩顶

1. 成交量分析

股价持续上涨一段时间后，成交量已经明显放大。这时前期的获利盘获利回吐，令股价短暂回落，形成了左肩。在回落时，成交量会出现一定的萎缩。

股价下降到一定程度后，获得有力支撑再次上涨，成交量随之增加，并一举突破前期高点，到达了头部的高峰位置。不过，这时的成交量相较于左肩高点来说已经有所减少。之后股价从头部再次回落，成交量在回落期间也同样呈萎缩态势。

当股价下跌到上次回落的低点附近时，再次获得支撑而回升，但是这时市场中的交易氛围已不再活跃，投资者的交易热情也明显受到影响，因而成交量相较于左肩和头部都有明显的减少。由于没有成交量的推动，股价没有再创新高即出现回落，从而形成了右肩。股价由上而下跌破颈线位时，不需要成交量的配合。当然，如果出现放量下跌，那么看跌信号更为强烈。

2. 市场含义

头肩顶形态是不容忽视的顶部形态，从该形态中可以看出多空双方激烈斗争的情况，也形象地表明过去长期上涨的行情即将被逆转。在开始时，多方力量较为强盛，市场上的交易氛围也非常活跃，因而将股价推升到一定的高位。此时前期获利的投资者开始卖出股票，获利回吐，因而股价出现了短期回落现象，形成了左肩。

不过，由于此时多方力量已经占据了市场主导地位，因而这次回落很快就被上涨取代。部分短线投资者在此期间更是积极买入，促使股价越过了前期高点，创出新高。不过这时的成交量已经大不如前，这也反映了多空双方的此消彼长。到达头部顶端时，前期没有卖出的获利盘和短线投资者纷纷卖出，股价再次出现回落，头部形态完成。

股价在前期回落低点附近再次获得支撑，转而上涨，这时仍有部分投资者买入，但是相比前两次上涨已经少了很多。这时股价无力突破上次高点，早早地便掉头向下。这种情况说明空方实力开始凸显，多方已经沦为配角。此时投资者都会转而看空后市，成交量会进一步萎缩。当两次回落低点形成的颈线被跌穿时，表示空方已经完全掌控了市场，一次大幅度的下跌行情已经到来。

3. 操作要点

第一，头肩顶形态是较为可靠的熊市信号，此形态出现之后，常常会出现一波较为可怕的下跌行情。投资者看到头肩顶形态后，应果断卖出股票。

第二，当股价跌破颈线位置时，表示头肩顶形态构筑完成，这是头肩顶形态最明确的卖出信号，投资者应该果断卖出，不要再抱有任何幻想。

第三，股价跌破头肩顶的颈线后，往往会在不久之后回抽到颈线附近。如果股价遇阻回落，则向下突破的有效性得到了确认，这又为投资者提供了一次绝好的卖出机会。不过，这样的回抽动作并不总会出现。

第四，如果有充分的理由能够证明头肩顶形态即将完成，那么投资者完全可以在右肩形成时便减仓或平仓，让自己少受损失。

第五，股价完成向下突破后，颈线就由原来的支撑位变成了阻力位。如果股价不久之后重新回到颈线以上位置，则表明这是一个失败的头肩顶形态。

4. 走势解析

第一，从成交量方面来看，通常头肩顶形态中的成交量为“左肩＞头部＞右肩”，不过有时也会出现“左肩＝头部＝右肩”或“头部＞左肩＞右肩”的情形。

第二，向上突破时需要成交量的放量配合，向下突破时，成交量可大可小。对于头肩顶形态来说，股价跌破颈线位时，一般不需要有成交量的放量配合。但若破位时出现放量现象，则下跌的力度会更大。

第三，当第三次回升时，股价没有上升到上一次的高点位置就开始滑落，成交量也出现缩减时，有经验的投资者便开始卖出了。

第四，股价跌破颈线位置后，一般情况下，其下跌的最小幅度至少为头部最高点到颈线的垂直距离。绝大多数情况下，后市跌幅会大于最小幅度。

第五，头肩顶的杀伤力与其形成的时间成正比。形态完成所需的时间越长，未来股价下跌的力度和幅度也就越大。因此，投资者不仅要注意日K线图上的变化，对周K线图、月K线图上的头肩顶形态更要高度关注。

第六，如果头肩顶的颈线是向下倾斜的，那么看跌信号更可靠。

第七，头肩顶形态也可能演变成多个头部或多个肩部形态，但是其基本的技术含义并没有改变，不影响作为头肩顶形态来进行研判。

下面来看一下现代制药的案例，如图5-8所示。

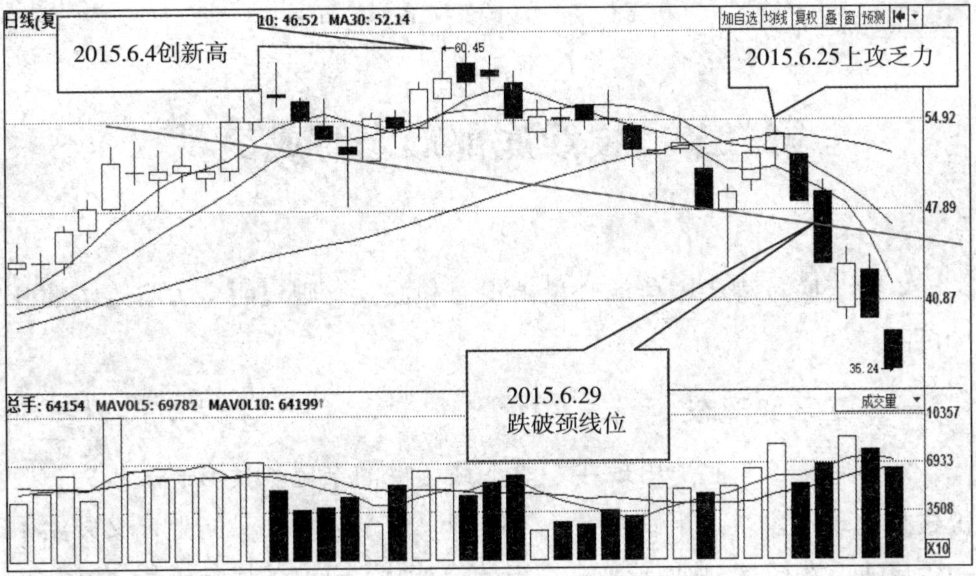

图 5-8　现代制药（600420）日 K 线走势图

2015 年 5—6 月，现代制药的股价走势图上出现了头肩顶形态。从成交量来看，在形成左肩和头部的过程中，成交量出现了萎缩，这属于典型的量价背离现象，预示未来股价有下跌的风险。形成右肩的过程中，成交量出现放大，这说明跌势有加速迹象。

2015 年 5 月，现代制药随着大盘牛市行情一路上涨。2015 年 5 月底，该股股价到达相对高点后回落，从而形成了头肩顶的左肩。

经过三天的短暂回调后，该股再次上冲并于 6 月 4 日创出 60.45 元的新高，之后股价又一次回落，从而形成了头肩顶形态的头部。

2015 年 6 月中旬，该股在下跌过程中出现反弹走势，不过反弹仍然乏力，仅仅 4 个交易日就偃旗息鼓了。这时，拥有丰富经验的投资者已经能够研判出股价走势将可能出现头肩顶形态，因此可以在右肩形成的过程中就选择逃顶。

2015 年 6 月 29 日，股价跌破支撑线（颈线），至此头肩顶形态构筑完成，第一个明确的卖点出现，投资者应该将所持的股票果断出手。

第二节　K 线底部形态与成交量

K 线筑底过程中，若成交量出现温和放大，则说明主力有入场建仓的可能。

一、V 形底形态

V 形底又称尖底，出现在一段下跌行情的末尾。其形态表现为：股价先是出现一段快速下跌行情，下跌到一定幅度后掉头向上，又开始了一段快速上涨行情，从而形成一个形状像英文字母 V 的底部走势，如图 5-9 所示。

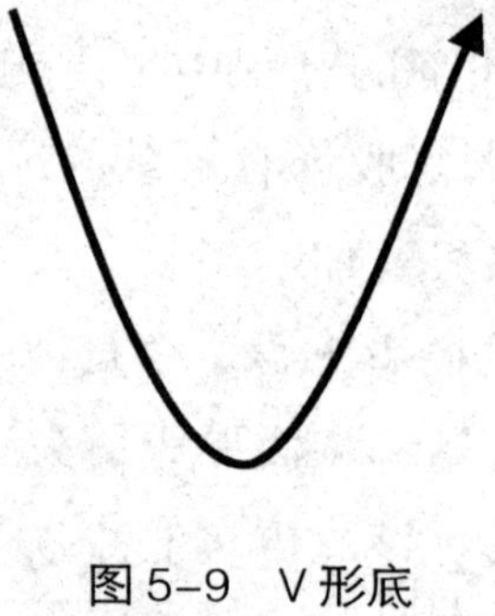

图 5–9　V 形底

1. 成交量分析

V 形底形态表现为，一开始空方力量很强，同时引发恐慌性抛盘，使股价连续下挫。当空方力量得到充分释放之后，盘面变得轻盈了许多，成交量也萎缩到了极点。这时多方开始发力，并完全控制了市场，使股价一路回升，迅速收复了失地。

V 形底的走势非常尖锐，形成的时间也非常短，有时在几个交易日内便可完成。在股价反转时，成交量会突然放大，从而能有效支持股价从底部快速上涨。

2. 市场含义

V 形底通常是由于股价跌到了偏离股票内在价值的低位，然后又技术性上涨的结果。在下跌趋势中，空方力量很强，股价持续下滑，且跌速越来越快，从而引发大规模的抛盘，空方力量也得到极度的宣泄。当做空氛围逐渐淡化时，大量的买盘开始进场并逢低吸纳，走势出现了戏剧性变化，股价触底回升，并且一路上扬，从而引来众多的跟风盘介入，把股价以更快的速度推向高位。

还有一种情况也可以走出 V 形底，就是市场在下跌行情中突然出现了利好消息。不过，这类 V 形底如出现在持续走熊的行情中，通常只是一种阶段性的反弹，并不能形成有效的反转行情，所以投资者对该类型的 V 形底最好保持警惕。

V 形底可谓神出鬼没，虽然极为常见，但由于形成时间较短，所以是最难判断的一种底部形态。但是这种形态的爆发力很强，投资者如能有效把握，可以在短期内获得暴利。

在中长期底部形态中，一般较少出现 V 形底，这是因为这种形态在底部停留时间太短，庄家难以在短时间内收集足够的筹码。而且多空双方在底部的换手不是很充分，难以支撑股价持续上涨。

3. 操作要点

第一，当在低位出现大量恐慌性抛盘，股价加速下跌时，便极有可能形成V形底。这时在低位抛掉股票的话，再想低价捡回来就比较困难了。所以，此时投资者不宜过分看空，最好捂牢股票。

第二，V 形底的买入时机较难把握，所以买在底部的投资者非常少，不过有经验的投资者会通过成交量的变化看出端倪。一旦发现成交量从极度萎缩变为突然放量，且股价同时止跌回升，他们便会迅速介入。

第三，稳健的投资者可以在 V 形底基本形成时追涨买入，这样虽然获利相对少一些，但是风险也会小很多。不过，投资者仍然需要把握好时机，进场不宜太晚。

第四，当股价上涨到V形底开始快速下跌的价位时，可能会遭受一定的阻力，从而走进一个横盘整理平台。当股价向上放量突破该平台时，投资者可以追涨买入。需要说明的是，这一整理平台有时可能不会出现。

第五，投资者按照V形底形态买入股票后，可以观察该股票的后续走势。如果股价重新下跌，并跌破V形底的最低点，则表示此形态失效，投资者应该果断止损。

4. 走势解析

第一，V形底没有明确的上涨目标和幅度，一般至少会回到原来加速下跌的起点区域。

第二，V形底在转势点一般对应着较小的成交量，但在上涨时，成交量会明显放大。成交量的放大越显著，看涨信号越强烈。

第三，在V形底反转的当天，如果出现十字线、下影K线或大阳线等K线形态，那么V形反转信号更为可靠。

第四，基于V形底的特点，投资者在及时买进的同时，还应该认真分析股票的历史和行情本质。如果在高位出现V形底，投资者首先要增强防范意识。

第五，如果股价之前已经严重超跌，离上方的套牢区也有一段距离，此时再出现突发性利好，那么V形反转的意义会更加明显。

下面来看一下中国银行的案例，如图5-10所示。

2015年3月，中国银行的日K线图上出现了V形底形态。中国银行的股价从2015年2月开始一直处于震荡盘整状态，这说明多空双方暂时处于力量平衡状态。3月3日，该股收出一根大阴线，多空双方的平衡被打破。股价开始快速下跌。

3月5日，该股收出一根下影线很长的中阴线，说明下方有强大的买盘支撑，预示着行情有可能反转。次日（即3月6日），该股收出小阳线，说明多空双方的力量对比正发生变化，后市看涨。接着该股连续收出两根阳线，同时成交量逐步放大，反转趋势得到确认，投资者可以抓住机会建仓。

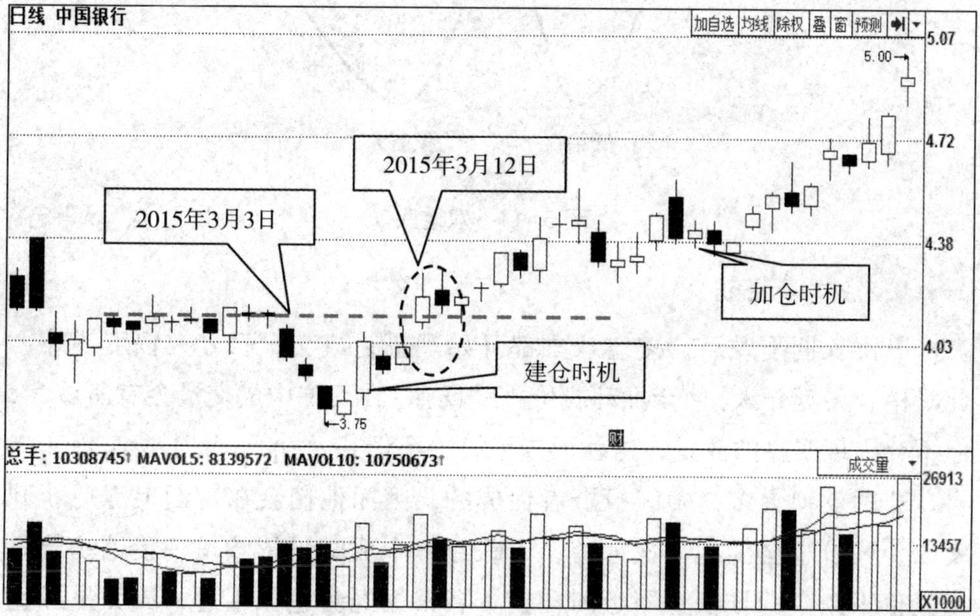

图 5-10 中国银行（601988）日 K 线走势图

3 月 12 日，该股以放量跳空开盘，直接突破了前期下跌时的密集成交区。经过两日的回调，该股股价继续向上的趋势。看到这种情况，投资者可以加仓买入。

二、双重底形态

双重底又称 W 形底或双底，通常出现在一段下跌行情的末尾。它是股价在某段时间内连续两次下跌到相近的低点，然后再从低谷回升的走势。双重底的出现意味着行情将由下跌转为上涨。它的出现频率较高，也极容易辨认，是重要的底部形态。

通过第一个反弹高点画一条水平直线，就得到了双重底的颈线，股价突破该颈线才能视为双重底正式构筑完成，如图 5-11 所示。

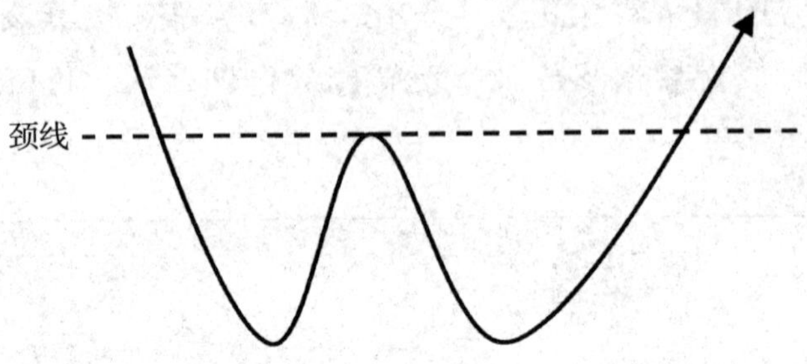

图 5-11　双重底

1. 成交量分析

股价长期下跌后，多空双方都开始观望，成交量已经大幅度萎缩。此时稍有买盘介入，便会推动股价止跌反弹。在反弹中成交量会有所放大，但不会出现明显的放量，这就形成了第一个低谷。

这次反弹大多是短线投资者促成的，因而他们会在短期上涨后获利卖出，股价也会随之再次滑落，下跌过程中成交量依然呈现萎缩态势。当股价下跌到前期低点附近时，投资者根据经验逢低买进，成交量迅速放大，股价再次上升，形成了第二个低谷。这一次股价在成交量的配合下，一举冲过了前次反弹的高点，表明双重底形态确立。

一般来说，双重底的第二个低谷比第一个低谷要略宽一些，而且其低点位置的成交量要明显小于第一个谷底时的成交量。

2. 市场含义

股价下跌到一定的价位水平后，由于股价太低，持股的投资者不愿割肉，卖压减轻。一些持币的投资者受到低价吸引尝试买入，因而股价出现技术性反弹。但涨到一定幅度之后，短期获利的投资者及时获利回吐，前期不愿割肉的投资者也趁机卖出，之后股价再次下跌，因而反弹并没有持续多长时间。

在股价二次探底的过程中，再次下跌的股价回落到上次低点附近时获得支撑，重新开始上涨，这次吸引了众多场外投资者入场跟进。伴随着股价的上涨，越来越多的投资者加入了多方阵营，最终股价被多方合力推高到前一次反弹高点之上，上涨势头最终确立。

3. 操作要点

第一，双重底形态尚未形成时，一些经验丰富的投资者便从中找到了买入良机。当股价第二次探底，且所探得的低点高于前一个低谷的低点时，称为二次探底不破底价。激进的投资者此时就会把握时机适量买入，并把前一个低谷的低点作为止损点。

第二，当股价放量突破双重底的颈线位时，是一个较为可靠的买入点，投资者可以果断买入。

第三，股价向上突破颈线后，有时会重新回落到颈线附近以验证突破的有效性。当股价获得支撑再次上涨时，投资者可以抓住时机买入。如股价跌落到颈线以下位置，则证明形态失败，投资者应果断止损。

第四，一些技术指标能够帮助投资者对底部进行有效确认。比如在双重底形成的同时，很多常用的技术指标如 KDJ、RSI、MACD，都同时会出现底背离现象。

4. 走势解析

第一，一般情况下，双重底的第二个谷底位置比第一个谷底要高一些，这是因为一些有经验的投资者会在第二次回落过程中便分批建仓，所以令股价提前回升，没有再跌回到上次的低点。不过，这种情况并不是绝对的，因为有时候庄家会故意将股价打压到比前一低谷更低的位置，以此来震慑持仓者，从而达到洗盘吸筹的目的。

第二，双重底的两个低点如果相距太近的话，那么底部信号的可靠性相对要差一些。这是因为时间跨度过短，多空换手不充分，不能有效支持股价上涨。两个低点的间隔时间最好在 10 个交易日以上，间隔时间越长，随后产生的行情可能越大。

第三，一般来说，双重底的第一个低点的成交量要大于第二个低点的成交量。在突破颈线位时，必须有成交量的放量配合，否则极有可能形成假突破。

第四，股价放量突破颈线位置后，理论上的最小涨幅是双重底的两个低点连线到颈线的垂直距离。

第五，作为底部信号，双重底的可靠性不如头肩底和三重底，这是因为双重底只是经过两次探底，底部换手不是很充分。有时构筑失败的双重底会演变成头肩底或三重底形态。

下面来看一下济川药业的案例，如图 5-12 所示。

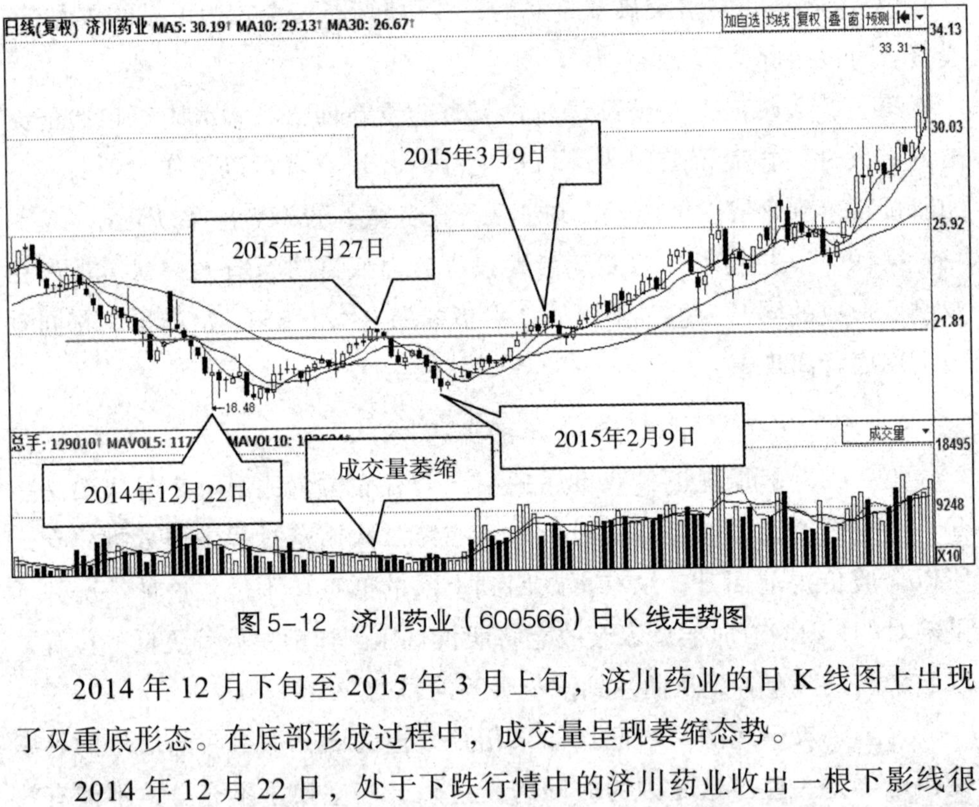

图 5-12　济川药业（600566）日 K 线走势图

2014 年 12 月下旬至 2015 年 3 月上旬，济川药业的日 K 线图上出现了双重底形态。在底部形成过程中，成交量呈现萎缩态势。

2014 年 12 月 22 日，处于下跌行情中的济川药业收出一根下影线很长的阴十字线，并创出近期最低价 18.48 元，然后股价开始回升，从而形成了第一个低谷。这一回升持续的时间并不长，观察股价向上反弹时的成交量可知，随着股价的上涨，成交量并未同步放大，这说明反弹成功的概率本就不大。2015 年 1 月 27 日，该股上升遇到阻力，重新开始下跌。

2月9日，该股收出一根带下影线的中阴线，其后再次开始回升，从而形成了第二个低谷。这个低谷的低点要高于前一个低谷的低点，即二次探底不破低价，激进的投资者可以在反弹过程中抓住时机买进股票。

3月9日，该股股价突破了颈线位置，且成交量同步出现了放大态势，双重底构筑完成。这是一个明确的买入信号，稳健的投资者可以在当天放心买入。其后该股出现了回调，但在颈线位置遇到支撑再度上涨。股价在回调时，成交量呈萎缩态势，股价遇到支撑后上攻时，成交量再次放大，这是一种较佳的量价配合形态，投资者可以追涨买入。

三、三重底形态

三重底一般出现在下跌到低位形成底部的过程中，由三个低点相近的低谷组成，中间有两次反弹的过程。将这两次反弹的高点连接，就得到了三重底的颈线。只有股价成功穿越颈线位，三重底形态才能最终确认完成，如图5-13所示。

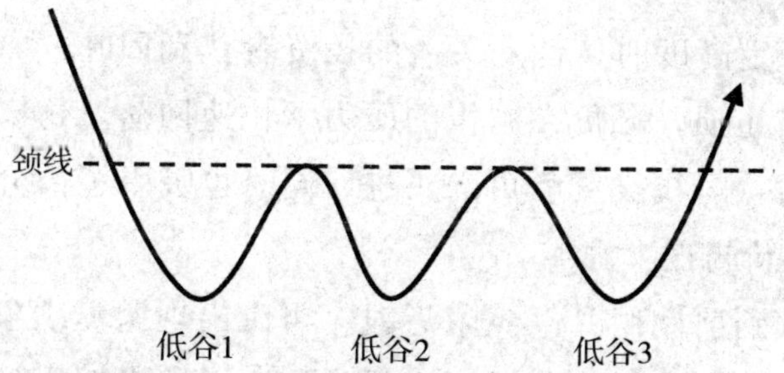

图5-13 三重底

1. 成交量分析

股价下跌过程中，成交量逐步萎缩。当跌至某一低点位置时，一些投资者开始逢低吸纳，成交量缓慢放大，股价开始回升，形成了第一个低谷。

股价回升到一定高度时，投资者趁机卖出，股价应声回落，成交量再次萎缩。当股价跌落到前一个低点附近时，买盘再次介入，股价随成交量的温和放大再次上涨，形成了第二个低谷。

不过，这次上涨仍没有持续太长时间。当股价升至上一个反弹高点附近时，卖压再次增大，股价第三次向下探底。由于股价前两次在低点都获得了支撑，所以这次回落到低点附近时，会有更多的资金进场买入，成交量明显放大的同时，股价被迅速推高，带量突破了颈线位，第三个低谷形成。

在三次从低点上涨的过程中，成交量通常会呈现逐级放大的态势，其中最后一次上攻时（特别是突破颈线时）会伴有明显的放量。有时候，中间低谷的成交量可能小于第一个低谷，但最后一个低谷的成交量仍旧是三者中最大的。

2. 市场含义

股价经过长时间的下跌之后，持股者普遍亏损，不愿割肉，接盘者也寥寥无几。这时上方盘压较轻，股价已经很难再跌下去，预示一些短线投资者开始入场抬升股价，股价开始反弹。

当反弹到一定高度时，低点买入的投资者获利回吐，原来的一些套牢盘也趁机卖出止损，股价在抛售的压力下快速回落。这次股价下跌到前次低点附近时，短线投资者再次买进，同时也吸引了部分错过上次反弹的投资者，股价再次上涨。

当股价上升到前期回升高点附近时，再次出现抛盘现象，股价也再次滑落。由于前两次在低点附近都有反弹，所以这次探底到前两次低点附近时，就吸引了更多的资金。股价在成交量的配合下节节攀升，越来越多的投资者由于看好后市而纷纷跟进。股价突破前两次的反弹高点，多头行情最终形成。

3. 操作要点

第一，在三重底形态尚未构筑成功时，如果股价第三次向上反弹势头强劲且伴随着成交量的明显放大，则说明有形成三重底的可能。这时，激进的投资者可以适量买入。

第二，当股价突破颈线位置时，表明三重底形态已经基本成熟，投资者应该有效把握这一时机积极买进。

第三，当股价有效突破颈线位后，如果不久对颈线有一个回抽动作，那么在股价获得支撑重新上涨之际，投资者可以果断买入。但是并不是所有的三重底形态都会有回抽动作，所以这一买入机会并不确定。

第四，一般情况下，如果投资者在第三次反弹时便买入，应将止损位设在该形态最低的低点上。如果投资者在突破颈线位后买入，应将颈线设为止损位。

第五，如果在高价位区域出现与三重底类似的形态，那么极有可能是表示下跌中继的矩形整理形态，这时投资者切勿将其按照三重底形态进行操作。

4. 走势解析

第一，三重底的三次上攻过程中，成交量如果呈现出逐级放大的势态，则后市上涨的可能性更大。最后一次上攻时，应该是带量突破颈线，这样上涨信号才更有效。

第二，如果三重底的三个低点的连线和颈线都是向上倾斜的，那么后市上涨的可能性更大。

第三，三重底的低点距离颈线位越远，后市上涨的空间越大，上涨力度越强。

第四，三重底的最低点与颈线之间的垂直距离通常是理论上的最小涨幅，而三重底完成后的上涨幅度，通常会大于这一最小涨幅。

第五，作为底部形态，三重底比双重底更加坚实，形成时间也更长，有时会达数月之久。

第六，三重底形成的周期越长，底部换手越充分，说明底部基础构筑得越牢固，后市上涨的空间就会越大。

第七，从形成第一个低点到形成最后一个低点，间隔的时间最好在

15 个交易日以上，否则后市上涨空间将非常有限。

下面来看一下天邦股份的案例，如图 5-14 所示。

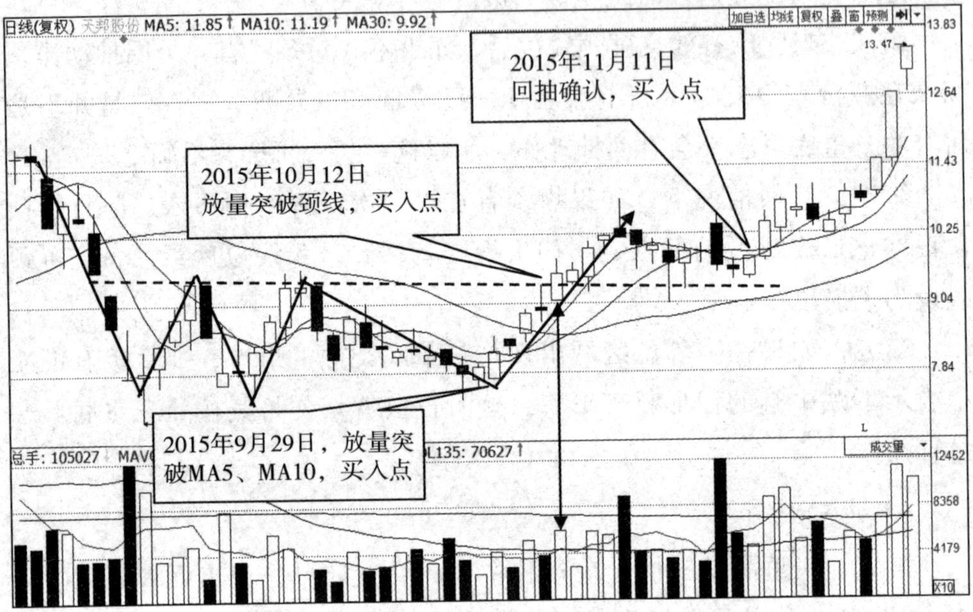

图 5-14　天邦股份（002124）日 K 线图中的三重底

2015 年 8—10 月，天邦股份的日 K 线图上出现了三重底形态。2015 年 8 月中旬，天邦股份的股价结束盘整后迅速下跌，此后一直维持低位震荡走势，股价的上下波动较大。到了 9 月份走势逐渐温和下来，之后股价经历了两次探底反弹，但是都在到达一定的高点时被打压了下来。由于下跌的低点和回升的高点都呈上升趋势，说明行情有向上的可能。

9 月 29 日，在股价第三次探底回升时，成交量开始明显放大，表明形成三重底的可能性较大，激进的投资者可以适量买入。

10 月 12 日，股价放量突破颈线位，三重底形态完成。这是一个明确的买入点，投资者可以果断买入，持股待涨。

股价突破颈线后，出现了向下的小幅回抽。11 月 11 日，股价在颈线位获得支撑，再次上涨。这次回抽确认了突破的有效性，投资者可以加仓买入。

四、头肩底形态

头肩底形态出现在一段下跌行情的末期，它是这样形成的：股价下跌到一定深度后开始反弹，当达到一定高度后出现回调，形成了“左肩”。接着股价再度下跌，创出新低后回升，构筑了“头部”。之后上涨到前一次反弹的高点附近再次回调，这次回调的低点高于头部的低点，形成了“右肩”。在两次反弹过程中，股价基本在同一价位受阻回落，这个价位上的直线就是颈线，如图 5-15 所示。

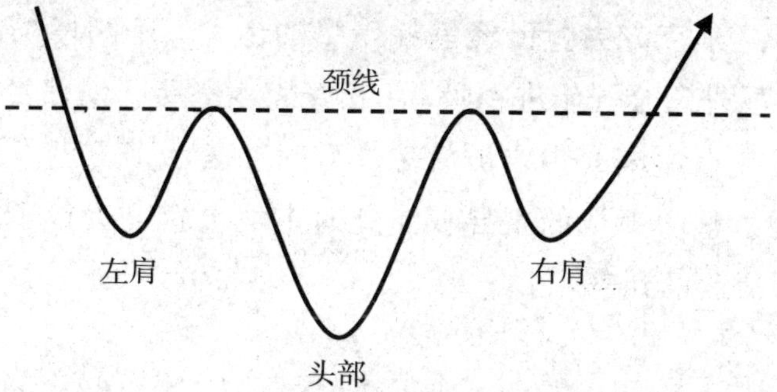

图 5–15 头肩底

1. 成交量分析

股价下跌，随后第一次止跌反弹，形成了左肩部分。在此过程中，成交量下跌时会略微放大，从左肩最低点回升时则有萎缩倾向。

股价反弹到一定高度后受阻回落，成交量再次随着下跌而增加。但是这次跌破了前一低谷的最低点，到达头部的谷底位置时，成交量会出现一定的萎缩，股价再次止跌反弹。随着股价从最低点开始上涨，成交量会逐步增加，头部的成交量相对左肩来说要更多一些。

当股价第二次回升到上次反弹高点附近时，同样遇阻回落，这时的成交量很明显少于左肩和头部。股价跌至左肩附近就稳定下来，同时成交量出现极度萎缩。随后股价和成交量双双上升，形成了右肩，这次反弹中成交量大大增加。在股价冲破颈线阻力位时，成交量更会显著放大。

2. 市场含义

头肩底的出现表明过去长期的下跌趋势已经被扭转了过来。股价第一次下跌，是空方力量的重要宣泄，但是此时空方仍旧占据着市场主导地位，因而在左肩形成后股价再次回落。股价在第二次下跌形成头部时，虽然创出了新低，但是很快便掉头向上，加上成交量正在逐渐增加，从侧面说明了空方力量的削弱和多方力量的加强。

股价第三次下跌没有再创出新低，而在大致与左肩持平的位置便停住了脚步，这是空方力量已经消耗殆尽的标志。不断增加的成交量说明越来越多的场外资金开始进场吸筹，市场将由空头行情演变为多头行情。当两次反弹高点形成的颈线被放量突破时，表示多方已经完全战胜了空方，并掌握了整个市场的主导权。此时市场上已经聚集了较多的人气，一波上涨行情业已到来。

3. 操作要点

第一，头肩底形态是较为可靠的牛市信号，此形态出现之后，常常会出现一波较为可观的上涨行情。投资者看到头肩底形态后，应果断买入股票，持股待涨。

第二，当股价带量冲破颈线位置时，表示头肩底形态构筑完成，这是头肩底形态最明确的买入信号，投资者可以果断买入。

第三，股价突破头肩底的颈线后，往往会在不久之后回抽到颈线附近。如果股价止跌回升，则向上突破的有效性便得到了确认，这又为投资者提供了一次绝好的买入机会。不过，这样的回抽动作并不总会出现。

第四，如果有充分的理由能够证明头肩底形态即将完成，那么投资者完全可以在右肩形成时便积极买入，从而获得更多的收益。

第五，股价完成向上突破后，原来的阻力位就变成了支撑位。参照头肩底形态买入股票的投资者，应该将止损位设在头肩底的颈线位置上。

4. 走势解析

第一，成交量是表示头肩底形态信号强弱的一个重要指标。如果在形成左肩和头部的过程中成交量极度萎缩，在冲破颈线形成右肩的过程中成交量却显著放大，说明看涨信号的可靠性更高。

第二，股价对颈线位的突破，必须有成交量的放量配合，否则的话很可能是一个假突破。另外，如果在突破后成交量逐渐增加，头肩底形态依然可以得到确认。

第三，股价放量突破颈线位置后，一般情况下，其上涨的最小幅度至少为头部最低点到颈线的垂直距离。绝大多数情况下，后市涨幅会高于最小幅度。

第四，一般来说，头肩底形态较为平坦，因此需要较长的时间来完成。而形成头肩底所用的时间越长，后市上涨的空间可能就越大。

第五，头肩底形态可能演变成多个头部或多个肩部形态，但是其基本的技术含义并没有改变，并不影响作为头肩底形态来进行研判。

第六，如果头肩底的颈线是向上倾斜的，那么该形态的看涨信号更可靠。

第七，有的庄家会利用头肩底形态制造骗线出货陷阱，因此，投资者在研判个股时，不仅要结合大盘指数一起分析，更要结合该股的历史走势和现实行情进行综合分析。

下面来看一下振芯科技的案例，如图 5-16 所示。

2014 年 12 月至 2015 年 1 月，振芯科技的股价走势图上出现了头肩底形态。

2014 年 12 月中旬，振芯科技进入到下跌行情中。进入 2015 年 1 月中旬，该股连续形成三个波谷，其中 2015 年 1 月 5 日，该股收出了带下影线的小阴线，并创出该段时间的最低价，所以是头部，而两边的低谷就构成了左右两肩。

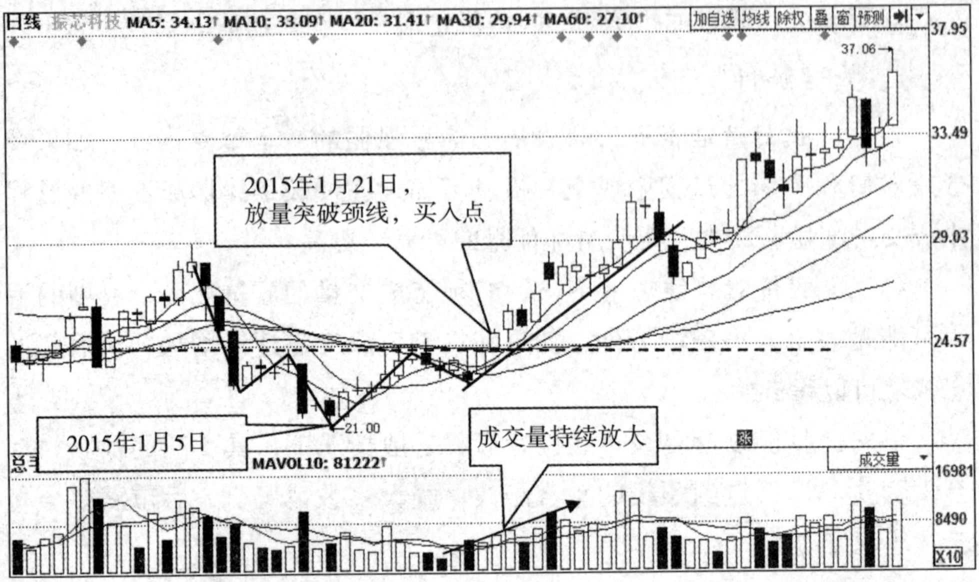

图 5-16　振芯科技（300101）的日 K 线图

2015 年 7 月 21 日，该股放量突破了头肩底的颈线。在此期间，成交量持续温和放大，这说明有资金持续流入。头肩底形态正式构筑完成，这是一个明显的买入点，投资者可以果断买入。

第三节　K 线整理形态与成交量

K 线整理形态多数情况属于股价在盘整和选择突破方向时形成的，因而在股价确定最后的突破方向前，投资者不宜提前行动。

一、上升三角形整理形态

上升三角形通常出现在上涨行情中。在股价的震荡整理中，其上涨的高点基本保持在同一水平线上，回落的低点则不断被抬升。如果将这些高点和低点分别用直线相连，就构成了一个向上倾斜的三角形，如图5-17所示。

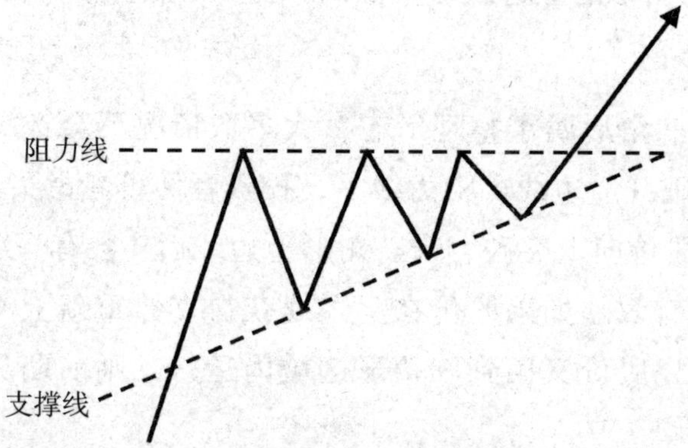

图5-17 上升三角形

1. 成交量分析

在股价反复震荡过程中，每次上涨的高点基本处于同一水平位置，而每次回落的低点却不断上移。随着形态发展，股价波动的幅度越来越小，即高点和低点逐渐靠拢。如果将这些上涨的高点用直线连接起来，就画出了一条水平的阻力线。将这些回落的低点用直线连接，会画出一条向上倾斜的支撑线。这就是上升三角形形态。

在整个上升三角形形成的过程中，成交量是逐步缩减的。通常每一个上升波段的成交量会放大，下跌波段的成交量会出现萎缩。但是在向上突破三角形阻力线的时候，成交量会显著放大。

2. 市场含义

上升三角形显示多空双方在向上倾斜的三角形区域内进行战斗，多方力量在斗争中稍占上风。空方只是在理想的价格水平上才会大量卖出，而平时的出货量较少，这样就在区域上方形成了一条水平的供给线，也就是三角形的上边线。而市场上买盘较为强劲，他们往往不等股价回落到上次低点便迫不及待地买入，因而推动回落的低点不断升高，形成一条向上倾斜的需求线，也就是三角形的下边线。

出现这种走势时，不排除庄家在按照既定的计划在压低股价，逢低吸筹，因此，当三角形的上边线被突破时，股价可能会很快被拉升至高位。

3. 操作要点

第一，上升三角形属于整理形态，大多数情况下会选择向上突破。一旦股价放量突破其上边线（阻力线），投资者便可考虑买入。

第二，有时股价向上突破上升三角形上边线后，会有一次回抽动作，以确认突破是否有效。如果股价在上边线获得支撑重新上涨，投资者可以加仓买入。如果股价又回到三角形区域内运行，则前期买入者应果断止损。

第三，原来的阻力位被突破后，往往会变成支撑位。参照上升三角形买入股票的投资者，最好将止损位设在三角形的上边线上。

第四，个别情况下，上升三角形也会向下突破。如果股价跌到三角形下边线（支撑线）以下且跌幅达 3% 以上，那么投资者应暂时离场回避，待走势回头后再介入。

4. 走势解析

第一，在股价向上突破阻力线时，必须伴有成交量的放量配合。如果没有大成交量的配合，那么有可能是一次假突破，投资者应暂缓介入。

第二，上升三角形形态常被庄家用来故意打压股价，目的是在震荡走势中更多地吸收浮筹。

第三，上升三角形被放量突破后的理论最小涨幅为三角形高点与低点之间的最大垂直距离，但实际涨幅往往不限于此。

第四，一般而言，上升三角形在其横向宽度的 1/2 ～ 3/4 之间的某个位置就会选择突破方向。如果迟迟未完成突破，则在突破方向上的变数相应增加。即使之后选择了向上突破，上涨空间也会十分有限。

第五，当在高价位区域出现上升三角形，但股价却迟迟不能突破上边线，走势极有可能演变成双重顶或三重顶等顶部形态，投资者要警惕风险。

下面来看一下精诚铜业的案例，如图 5-18 所示。

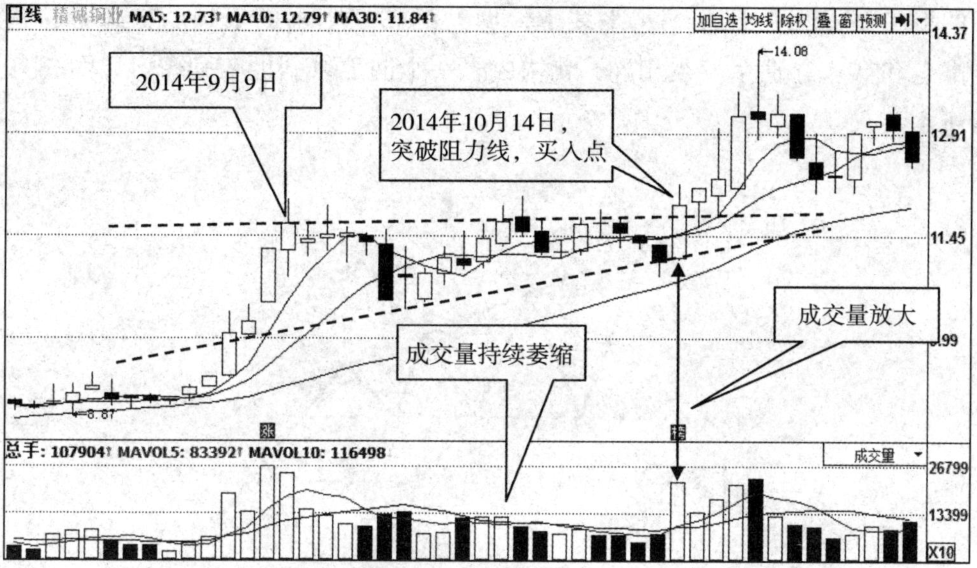

图 5-18　精诚铜业（002171）的日 K 线图

2014 年 9—10 月，精诚铜业的日 K 线图上出现了上升三角形形态。

2014 年 9 月初，处于上涨途中的精诚铜业进入横盘整理行情。在此阶段，股价上涨到某一位置附近时，便会遇到强大的阻力，因而上方形成了一条水平的阻力线。股价回落形成的低点，却呈现逐渐升高的趋势，将它们连起来，近似一条向上的斜线。从形态上看，股价具有形成上升三角形的潜质。从成交量走势来看，在股价盘整期间，成交量持续萎缩，这说明股价正在选择突破的方向，投资者宜密切关注股价的动向。

10 月 14 日，该股开盘后不久就被放量拉升。当股价突破三角形上边线时，投资者应该果断买入。次日，该股在前一日大阳线基础上跳空高开，盘中虽偶有回调，但很快重归上涨通道，此时投资者可以加仓买入。

二、下降三角形整理形态

下降三角形通常出现在下跌行情中。在股价的震荡整理中，其下跌的低点基本保持在同一水平线上，回升的高点则不断下降。如果将这些高点和低点分别用直线相连，就构成了一个向下倾斜的三角形，如图5-19所示。

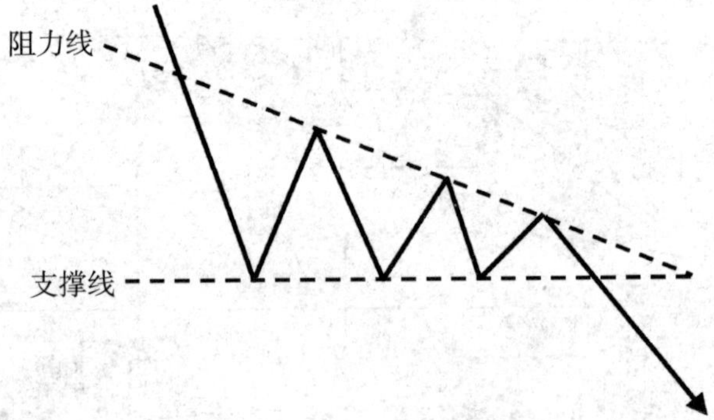

图5-19　下降三角形

1. 成交量分析

在股价反复震荡过程中，每次下跌的低点基本处于同一水平位置，每次回升的高点却不断下移。随着形态发展，股价波动的幅度越来越小，即高点和低点逐渐靠拢。如果将这些下跌的低点用直线连接起来，就画出了一条水平的支撑线。将这些回升的高点用直线连接，会画出一条向下倾斜的阻力线。这就是下降三角形形态。

在下降三角形形成的过程中，成交量一直十分低迷。通常从支撑线反弹时，成交量不会明显放大。从阻力线位置下落时，成交量比弹升时要大。这种量价背离现象，往往是跌势未尽的表现。此外，当股价向下突破时，也不需要有大成交量的配合。

2. 市场含义

下降三角形显示多空双方在向下倾斜的三角形区域内进行战斗，然而空方力量却略占优势。空方不断地加强抛售压力，使得股价还没有回升到上次高点便再次回落，形成一条向下倾斜的供给线，也就是三角形的上边线。多方不断坚守某一价格防线，使得股价每次回落到这一价位时便能获得支撑反弹，因而形成了一条水平的需求线，也就是三角形的下边线。

出现这种走势时，不排除是庄家在按照既定的计划托盘出货，直到将仓位清空为止。当三角形的下边线被突破时，可能迎来一波大跌行情。

3. 操作要点

第一，下降三角形属于整理形态，大多数情况下会选择向下突破。一旦股价跌破其下边线（支撑线），投资者应果断卖出。

第二，有时股价向下突破下降三角形下边线后，会有一次回抽动作，以确认突破是否有效。如果股价在下边线遇到阻力重新下跌，仍持股的投资者应果断平仓。如果股价又回到三角形区域内运行，投资者应保持观望。

第三，个别情况下，下降三角形也会向上突破。如果股价放量突破了三角形上边线（阻力线）且涨幅达 3% 以上，那么投资者可以适量买入。

4. 走势解析

第一，与向上突破不同，在股价向下突破支撑线时，不必有较大的成交量相配合。

第二，下降三角形形态常被庄家布置为诱骗投资者接盘的陷阱，以达到出货目的。

第三，下降三角形被跌破后的理论最小跌幅，为三角形高点与低点之间的最大垂直距离，但实际跌幅往往不限于此。

第四，下降三角形的突破位置通常会靠后一些，大约在其横向宽度的 3/4 位置处。

第五，当在低价位区域出现下降三角形，但股价却迟迟不能突破下边线，走势极有可能演变成双重底或三重底等底部形态，投资者可加以关注。

下面来看一下万科 A 的案例，如图 5-20 所示。

2013 年 7—9 月，万科 A 的日 K 线图上出现了下降三角形形态。在这段时间内，处于下跌途中的万科 A 进入了震荡下跌行情。在反复震荡的过程中，股价几乎在同一趋势线上获得支撑，而反弹形成的高点却越来越低，说明多方已经有些力不从心了。

9 月 25 日，万科 A 的股价跌破了下降三角形的下边线（支撑线），同时成交量有所放大，这预示着股价将走向下跌，投资者应及时卖出股票。

其后，万科 A 的股价虽出现了两次反弹，但每次反弹的高点在触及三角形下边线后迅速下跌，这两次反弹的高点就是投资者最后的出货机会。

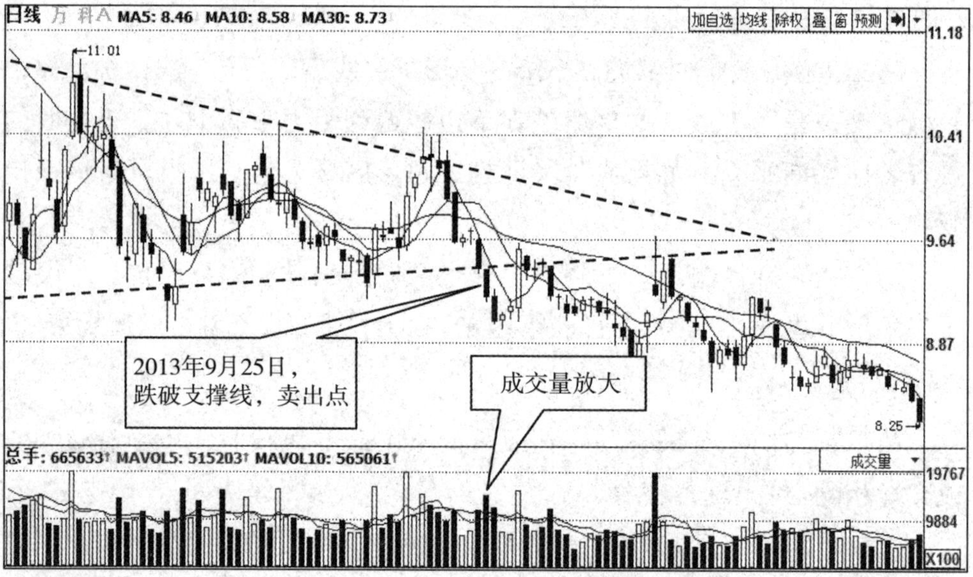

图 5-20　万科 A（000002）的日 K 线图

三、上升楔形整理形态

上升楔形虽然名为“上升”，但大多出现在下跌行情中，且通常是下跌中继信号。形态表现为：股价在下跌途中获得支撑出现阶段性回调，将反弹的高点和回落的低点分别用直线相连，就形成了一个向上倾斜且逐渐收敛的楔子形态，如图 5-21 所示。

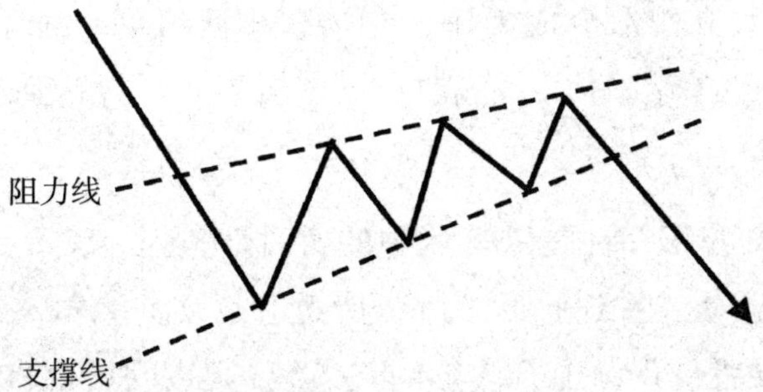

图 5-21　上升楔形

1. 成交量分析

上升楔形一般出现在一段下跌行情的中途，表现为股价经过一段时间的下跌之后，出现了技术性反弹，股价从低点回升。当升至某一高点时，股价又掉头回落，但没有回落到上次回调的低点便又再次回升，在回升时创出了新高，形成了一浪高过一浪之势。这些高点和低点逐渐靠拢，将它们分别用直线相连，就在上方的阻力线和下方的支撑线之间形成了一个向上倾斜且呈收敛状的价格区域。

在形成上升楔形的过程中，成交量通常是逐渐减少的，且越接近上升楔形的最高点，成交量越是萎缩。这种量缩价涨的背离现象，说明上涨趋势不会持续太长久。当股价从最高点回落时，成交量会逐步放大，使股价顺利突破上升楔形的下边线。

2. 市场含义

当股价经过一段时间的下跌后，部分投资者开始短线买入，股价出现回升。支撑线和阻力线都向上倾斜，表面看起来是多头趋势，其实不然，只是因为上方卖压不大，所以较小的买盘便会撬动市场。

逐渐缩窄的波幅和逐渐减少的成交量，都说明投资者对上涨缺乏必要的信心。当市场购买力减弱时，股价便会应势下跌。因此，可以认为这种形态只是下跌途中的一种技术性反弹，并没有强力的多头想要抬升股价。

有时候，上升楔形会成为庄家制造诱多陷阱的一种手段。庄家会利用这一形态故意拉高股价，诱骗散户投资者买入，以达到出货的目的。

3. 操作要点

第一，上升楔形往往是跌势途中的暂时性整理，表示行情尚未见底，后期将做反向运动。看到此形态后，持币者不宜贸然介入。

第二，如果股价跌破上升楔形的下边线，则表明股价将重启下跌行情，投资者应该果断卖出。

第三，上升楔形完成向下突破后，可能会出现一次向上回抽。如果股价在楔形的下边线遇阻回落，则证明突破有效，投资者应果断平仓。

第四，有时上升楔形也会出现向上突破，如果股价突破了该形态的上边线，且没有回落迹象，则表明跌势确立，投资者可以考虑买入。

4. 走势解析

第一，上升楔形的阻力线和支撑线必须都向上倾斜，且呈现明显的收敛状。更重要的是形态不能过于宽松，否则形态会令人怀疑。

第二，上升楔形在大多数情况下会选择向下突破，但这并不是说上升楔形出现后就不会向上突破。通常向下突破和向上突破之间的比例在7:3左右。

第三，上升楔形形成过程中，成交量一般会呈持续萎缩状态，呈现量价背离现象。如果股价上升过程中成交量持续放大，则行情发生反转的可能性较大。

第四，形成上升楔形的时间较长，一般至少需要15个交易日，有时甚至会持续数月。持续时间越长，未来的下跌力度越大。

第五，上升楔形有时要到形态的末端（两条线的交汇处）才会完成突破，这种突破更为可信，且之后常会出现大跌现象。

第六，有时候，在上涨行情中也会出现上升楔形，对其操作时，仍应以突破上边线或下边线为买入或卖出的时机。

下面看一下沪电股份的案例，如图5-22所示。

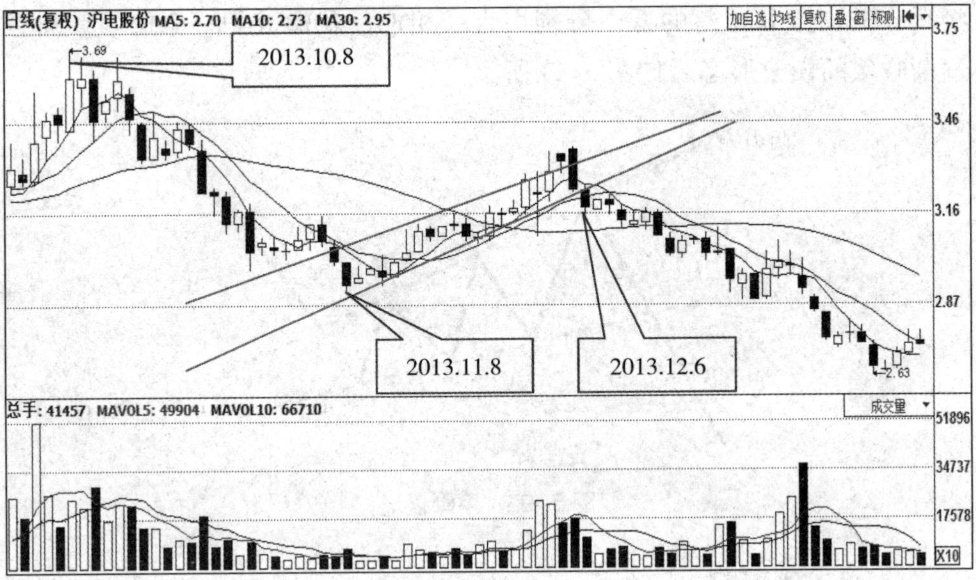

图5-22 沪电股份（002463）日K线走势图

2013年11—12月，沪电股份的日K线图上出现了上升楔形形态。

2013年10月8日，沪电股份开启一波下跌行情。11月8日，该股收出一根带长下影线的中阴线，然后股价进入了整理行情。在波动中，该股反弹的高点和回落的低点都有逐渐上升的趋势，且高点的连线和低点连线呈收敛状，从而形成了一个上升楔形形态。

这一上升楔形的上边线比下边线更趋水平，且形态形成过程中成交量一直维持在较低水平。

2013年12月初，该股股价连续向上拉升，成交量随之放大，给人一种即将大涨的感觉。但当股价向上触及上升楔形的上轨后，立即反转向下，并于12月6日跌破上升楔形的下轨。这说明之前的上攻纯属主力的诱多行为，此时投资者宜卖出手中的股票。

四、下降楔形整理形态

下降楔形虽然名为“下降”，但大多出现在上涨行情中，且通常是上涨中继信号。形态表现为：股价在上涨途中遇到阻力出现阶段性回调，将反弹的高点和回落的低点分别用直线相连，就形成了一个向下倾斜且逐渐收敛的楔子形态，如图 5-23 所示。

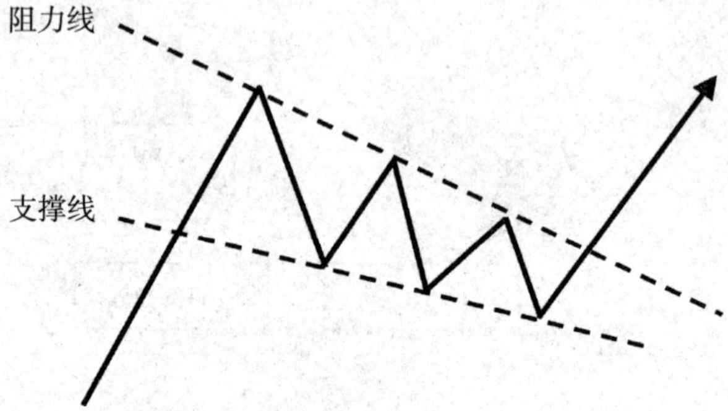

图 5-23　下降楔形

1. 成交量分析

下降楔形和上升楔形恰恰相反，一般出现在一段上涨行情的中途，表现为股价经过一段时间的上涨之后出现了技术性回调，股价从高点回落。当跌到某一低点时，股价又掉头回升，但没有回升到上次高点便又再次回落，在回落时创出了新低，形成了一浪低于一浪的走势。这些高点和低点逐渐靠拢，将它们分别用直线相连，就在上方的阻力线和下方的支撑线之间形成了一个向下倾斜且呈收敛状的价格区域。

在形成下降楔形的过程中，成交量一般是逐渐减少的，且越接近下降楔形的最低点，成交量越小，从而形成了量缩价跌的匹配现象。当股价从最低点回升时，成交量会明显放大。在向上突破时，必须有大成交量的配合。

2. 市场含义

下降楔形的市场含义与上升楔形正好相反。当股价经过一段时间的上涨以后，前期获利盘开始卖出，股价开始震荡下跌。支撑线和阻力线都往下倾斜，似乎说明市场承接力不强，但是回落的波幅也在逐渐缩窄。加上成交量也在减少，充分说明上方的卖压正在减弱。因此，可以认为这种形态只是上涨行情中的获利回吐，并没有强力的空头想要打压股价。经过整理之后，股价往往很快会出现回升走势，并且有可能放量突破阻力线。

有时候，下降楔形会成为庄家制造诱空陷阱的一种手段。庄家会利用这一形态清洗掉市场中的浮筹，将大部分股票集中在自己手中，从而为大幅拉升股价夯实基础。

3. 操作要点

第一，下降楔形往往是升势途中的暂时整理，表示行情尚未见顶，后期将作反向运动。因此，看到此形态后，持股者最好暂缓卖出。

第二，如果股价放量突破下降楔形的上边线，则表明股价将重启上涨行情，投资者可以果断买入。

第三，下降楔形完成向上突破后，可能会出现一次向下回抽。如果股价在楔形的上边线获得支撑，则证明突破有效，投资者可以加仓买入。

第四，参照下降楔形买入股票的投资者，应该将止损位设在该形态的上边线。一旦股价跌破这一位置，重新回到形态内，投资者应果断止损。

第五，有时下降楔形也会出现向下突破。如果股价下穿该形态的下边线，且没有回升迹象，则表明跌势确立，投资者应果断卖出。

4. 走势解析

第一，下降楔形的阻力线和支撑线必须都向下倾斜，且呈现明显的收敛状。更重要的是，形态不能过于宽松，否则形态令人怀疑。

第二，下降楔形最终选择向上突破，是比较经典的整理图形。但这并不是说下降楔形出现后必然会向上突破，通常向上突破和向下突破之间的比例在7:3左右。

第三，下降楔形在形成过程中，成交量一般会呈持续萎缩状态。但是在突破上涨时，应该有成交量的放量配合，否则会影响到看涨信号的可靠性。

第四，下降楔形的形成时间较上升楔形稍短一些，但是至少也需要

10 个交易日才能完成。

第五，下降楔形若在横向距离（从楔形开始形成到两条直线交汇处）的 2/3 向上突破，则形态的可靠性会更高。

第六，有时在下跌行情中也会出现下降楔形，对其操作时仍应以突破上边线或下边线为买入或卖出的时机。

下面来看一下天齐锂业的案例，如图 5-24 所示。

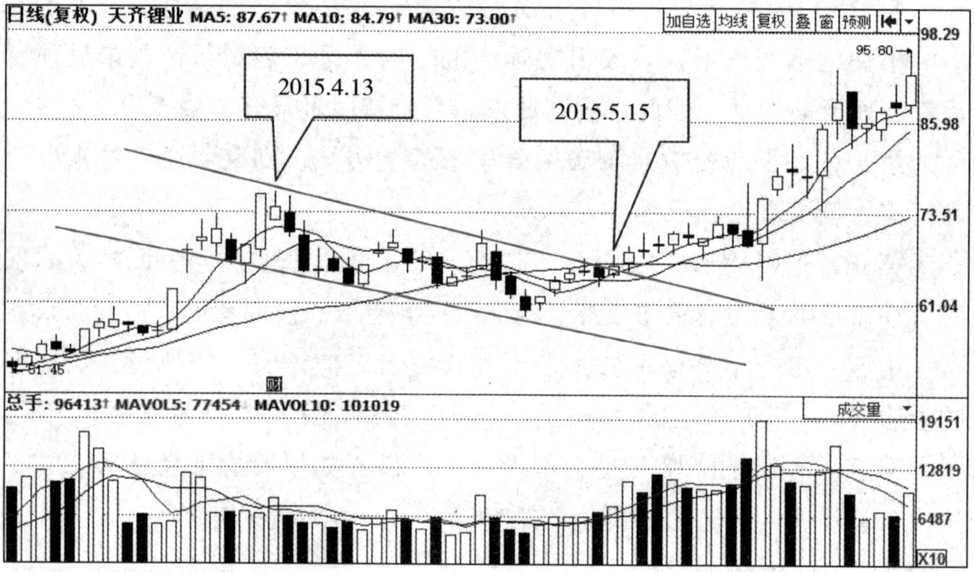

图 5–24　天齐锂业（002466）日 K 线走势图

2015 年 4—5 月，天齐锂业的日 K 线图上出现了下降楔形形态。

4 月 13 日，处于上涨行情中的天齐锂业在前一交易日涨停的基础上高开高走，但盘中遭到空头的打压，在 K 线图上留下了一根带长上影线的小阳线，这说明多方力量存在不足。

此后，该股股价进入了整理走势。在波动中，该股反弹的高点和回落的低点都有逐渐下降的趋势，且高点的连线和低点的连线呈收敛状，从而形成了一个下降楔形形态。

下降楔形的下边线比上边线更趋于水平，且在形态形成的过程中成交量逐渐萎缩，因而可以认为下方存在较强的支撑力，股价很可能在调整结束后重回上升轨道。这时，持股的投资者不宜将股票卖出，持币的投资者应该对其保持关注。

5 月 15 日，股价放量突破下降楔形的上边线，买点出现，投资者应该把握机会积极买入。之后该股出现了短期的横向移动，没有出现回抽现象。经过短暂整固后，该股重新进入了上升通道。

五、矩形整理形态

矩形整理，又称箱型整理，该形态既可以出现在上涨行情中，也可以出现在下跌行情中。形态表现为：股价呈现横向的上下波动，如果将其上涨的高点和回落的低点分别用直线连接起来，可以得到两条水平直线，如图 5-25 所示。

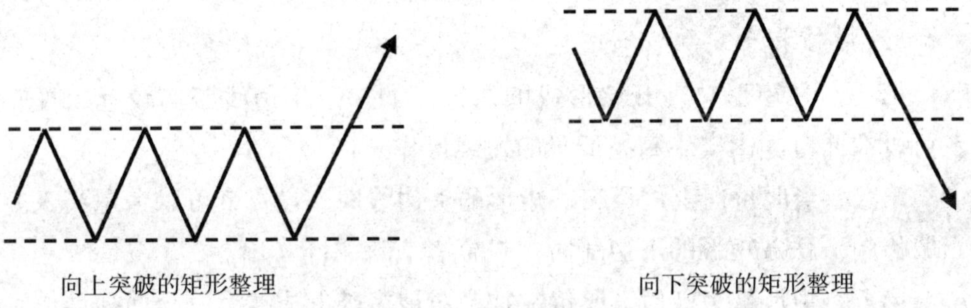

图 5-25　矩形整理

1. 成交量分析

矩形整理表现为股价在一定的价位区间横向移动。当股价上涨到某一高点时遇到阻力回落，下跌到某一低点时获得支撑回升，然后每次回升到前一个高点附近都会受阻回落，每次回落到前一个低点附近时又会止跌反弹。将每次回升的高点用直线相连，就得到了一条水平的阻力线。将每次回落的低点用直线相连，就得到了一条水平的支撑线。两条线共同组成了一个横向发展的整理通道。

矩形整理的成交量并没有标准的形态，有时会持续萎缩，有时则会呈现不规则的起伏。通常情况下，成交量会在股价上涨时有所放大，在股价下跌时会有所缩减。在矩形整理末期，成交量的放大或萎缩会对突破的方向有暗示作用。

2. 市场含义

矩形是一种冲突均衡整理形态，显示多空双方虽然互不相让，你争我夺，由于双方实力相当，所以基本在这一范围内达到了均衡状态。看多的一方会在股价回落到某个低点时买入，因而在下方形成了一条水平的需求线，也就是矩形的下边线。看空的一方会在股价上升到某个高点时卖出，因而在上方形成了一条水平的供给线，也就是矩形的上边线。

有时候，庄家也会通过矩形整理走势有意控制股价的波动幅度，目的是为了让自己更加顺利地完成吸筹或出货任务。

3. 操作要点

第一，在矩形整理开始形成的初期，如果上下边线距离较远，投资者可以在此范围内实施高抛低吸的短线操作。

第二，当股价向上放量突破矩形的上边线时，投资者可以考虑买入。当股价向下跌破矩形的下边线时，投资者应该果断卖出。

第三，矩形被突破后，股价常常会对被突破的边线有一个回抽动作，如果股价没有回到矩形区域内，则说明突破有效，这又为投资者提供了一次买入或卖出的机会。但是这次机会在有些矩形整理形态中可能不会出现。

第四，参考矩形整理形态买入股票的投资者，一般应将矩形的上边线设为自己的止损位。但如果矩形波幅较小的话，则将下边线设为止损位效果会更好一些。

4. 走势解析

第一，绝大多数情况下，矩形会出现在上涨或下跌途中，表现为一种趋势中继形态，股价经过整理后，通常仍然会按照原来的趋势运行。但是矩形整理出现后，投资者仍需要根据股价的历史走势和其他技术指标，判断其是否有演变成反转形态的可能。

第二，矩形整理常常是在庄家强行洗盘下形成的，上边的阻力线是庄家预定的洗盘位置，下方的支撑线是护盘底线。因此，该形态出现在上涨途中的概率较高，也是最具有价值的。

第三，股价向上突破时，通常需要大成交量的配合，向下突破时则不需要。

第四，股价形成有效突破的标准是，股价突破边界线后的涨幅或跌幅不小于 3%，或者股价连续 3 天没有重新回到矩形区域之内。

第五，当矩形整理形态出现在深跌之后的低价位区域，或是大涨之后的高价位区域，通常表现为反转形态。

第六，矩形形成的过程中，成交量一直持续在较高的水平，则有可能是庄家在托盘出货，即使之后向上突破也可能是一个诱多陷阱，投资者对此要多加提防。

第七，矩形整理完成突破之后，理论上的最小涨幅或跌幅为矩形的高度，但实际幅度可能是这一最小幅度的数倍。

第八，矩形整理上下边线之间的距离越远，整个形态持续的时间越长，那么股价在有效突破后，上涨或下跌的空间也越大。

卜面来看一下云天化的案例，如图 5-26 所示。

2014 年 12 月至 2015 年 3 月，云天化的日 K 线图上出现了矩形整理形态。

2015 年 1 月 7 日，云天化收出一根带上影线的阳线，这天的最高价也成为短期内的一个高点。之后该股开始回落，并在前期的密集成交区域受到支撑反弹，从而形成一个低点。然后，股价便一直在高点和低点之间的水平通道中运行，形成矩形整理走势。

2015 年 3 月 9 日，该股出现放量突破矩形的上边线。此时，投资者可以买入股票，持股待涨。3 月 16 日，该股回抽到矩形的上边线附近获得支撑，再次上涨，此时投资者可以加仓买入。

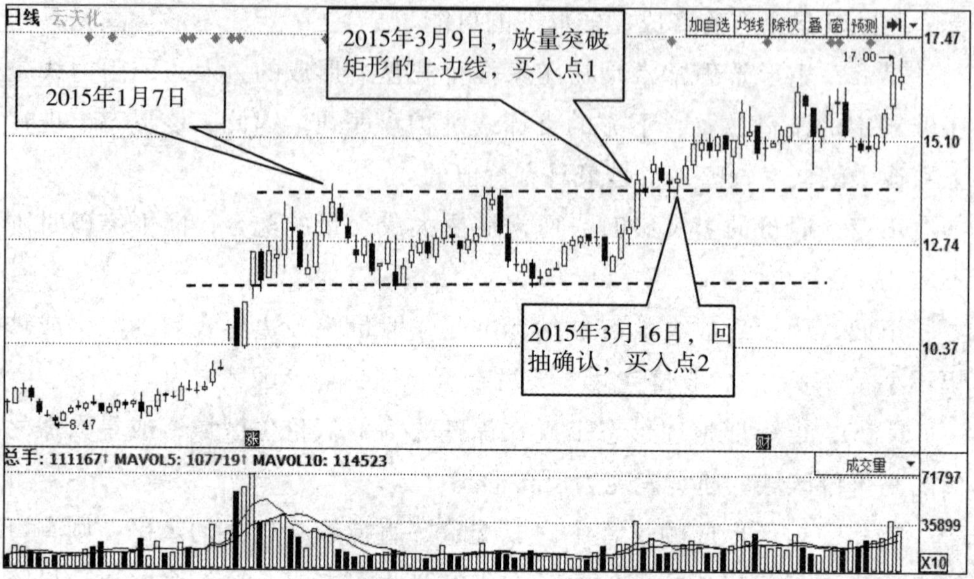

图 5-26 云天化（600096）的日 K 线图

第六章

股价趋势与成交量分析

分析成交量，必然要对股价所处的趋势进行判断。股价所处的趋势及位置不同，成交量表现出的放量、缩量等形态的交易含义也不尽相同。

第一节 底部区域成交量研判

股价进入底部区域后，主力往往会利用各种虚假动作掩饰自己吸筹的行动。不过，投资者利用成交量的变化，还是可以寻找到一些主力运作的蛛丝马迹的。

一、底部温和放量止跌

股价经过一波深幅下跌后，空方力量就会逐步释放出来。卖盘逐渐减少，导致下跌势头也慢慢减弱，市场上交投较为清淡，成交量也萎缩到了一定程度。这时，部分投资者开始看好后市，入场接盘。

随着买盘的增多，成交量开始温和放大，股价也扭转了下跌趋势，开始底部整理或是从底部回升，这又吸引了更多的投资者抄底买入。随着做多力量的增加，股价的上涨势头也越来越明显。这种量价现象就是低位温和放量止跌，表明股价将迎来一段上涨行情，如图 6-1 所示。

1. 成交量分析

当股价到达低位，成交量萎缩到一定程度时，这时上方的卖压已经不大。场外资金看到做空力量被严重削弱之后，开始入场抄底。成交量的量柱顶端连线呈现平滑上升趋势，线路没有剧烈的拐点。随着越来越多的买盘出现，股价的下跌趋势逐渐减弱，开始横盘整理或是逐步上升，呈现一种温和放量止跌的走势。这种走势中，股价和成交量都维持在一个温和变化的水平，几乎没有什么“过激”的突变。

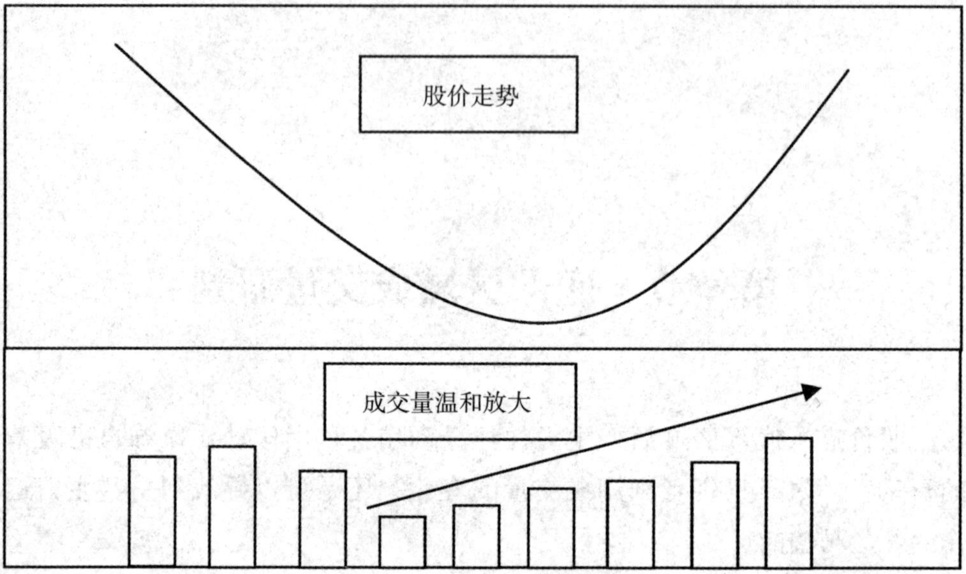

图 6-1　底部温和放量止跌

2. 市场含义

股价经过一段时间的下跌之后，在低价位区域出现这种温和放量止跌的走势，说明做空力量即将枯竭，股价将摆脱下跌趋势。这时股价很可能在短期横盘整理后反弹，也有可能马上就进入反弹行情。这种反弹行情绝大多数会演变成反转行情，即出现一波较大幅度的上涨走势。如果止跌后经过一段时间的横盘，则未来上涨的空间和力度将更大。但是并不是所有的反弹都会变为反转，如果整体市场依然处于熊市，或是遇到突破性利空，则很容易使上涨行情中途夭折，股价在短期反弹后，又会回归下跌行情。

低位温和放量止跌很有可能是中长线庄家的试盘建仓行为，庄家通过这种手段来测试拉升阻力的大小。如果上方抛压较大，庄家一般会在小幅反弹后再压低股价继续吸筹，以提高自己的控盘能力。如果上方抛压不大，则可能就此展开一波大幅拉升攻势。因此，投资者可以通过低位温和放量止跌走势来锁定有希望的黑马股。

3. 操作要点

第一，当股价经过长期下跌后，在低价位区间出现缩量现象，且成交量已经萎缩到了一定程度，这时候投资者就要密切关注该股的动态，持股者不宜再割肉卖出。

第二，成交量出现温和放量现象，随之股价企稳反弹，则投资者可以适量买入。通常可以将买入点放在股价有效突破 5 日均线时。

第三，在出现低位温和放量止跌的同时，如果还有其他明确的买入信号（如底部十字线等）出现，那么投资者可以按照该信号的指示放心买入。

第四，投资者在参考该走势买入股票之后，要密切关注大盘和个股的动态。如果大盘依然没有走出弱势，或是突然有利空消息发布（如突发性加息），那么投资者最好及时获利回吐，以保证自己的收益不受到更大的损失。

4. 走势解析

第一，在温和放量现象出现之前，股价必须经历了一波较长的下跌行情，且成交量已经萎缩到了一定程度，这说明做空力量已经得到了充分释放。

第二，股价前期的下跌时间越长，跌幅越大，则行情反转的概率越大，股价未来上涨的力度也会越大。

第三，在温和放量的过程中，股价的下跌势头必须越来越弱，直至处于横盘整理状态，有时甚至出现止跌回升现象。

第四，在止跌回升过程中，5 日均线起到了重要的支撑作用。股价大多数情况下会处于 5 日均线的上方，即使偶尔跌破 5 日均线，也会在两三天内便被拉回到该线之上。

第五，温和放量一般不会持续太长时间，因为持续吸筹必然会推动股价的上涨，这时往往会引发市场的关注，吸引众多的跟风盘。

第六，低位温和放量止跌是庄家建仓吸筹时最常用的一种操作手法。

在庄家大幅拉升前，股价可能多次出现温和放量。

下面来看一下长城汽车的案例，如图 6-2 所示。

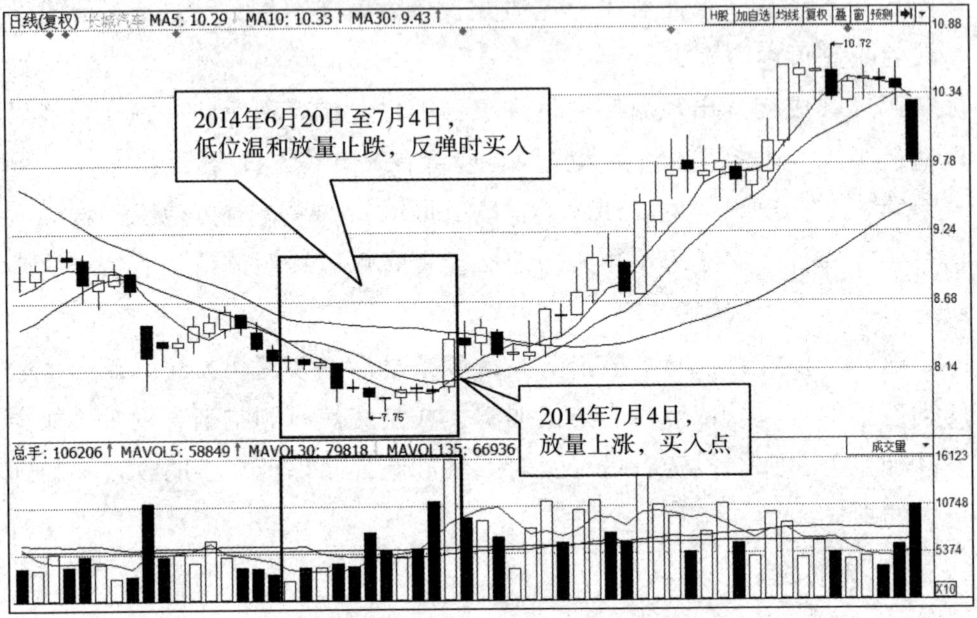

图 6–2　长城汽车（601633）K 线图中的底部温和放量止跌

2014 年 6 月 20 日至 7 月 4 日，长城汽车在下跌一段时间后逐渐止住了跌势，开始向上回升。在这一过程中，成交量一直不断增加，呈现出温和放大的态势。这说明市场正由弱转强，股价将出现反弹甚至反转行情。激进的投资者可以在反弹过程中适量买入，稳健的投资者可以再观察几日。

2014 年 7 月 4 日，该股经过短期的回调整理后重新放量上涨，此时投资者可以果断买进，持股待涨。

二、底部不规则放量

股价经过一段时间的下跌之后，在底部或阶段性底部区域运行时，往往会出现间歇性放量和缩量现象，即成交量时大时小，呈现不规则放量状态。股价则处于不上不下的境地，跌不动也涨不上来。这种走势大多数出现在下跌行情的底部，有时也会出现在上涨行情回调阶段，通常是庄家在通过震荡走势吸货，未来可能产生一波上涨行情，如图 6-3 所示。

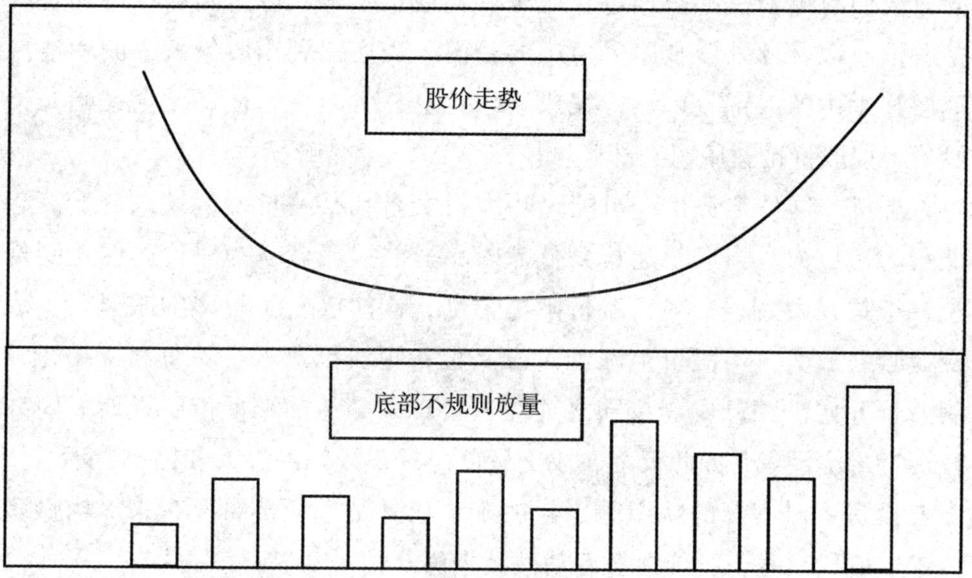

图 6-3 底部不规则放量

1. 成交量分析

底部不规则放量一般出现在一轮下跌行情的末尾，或是一波牛市中回调行情的末尾。股价经过一段时间的下跌之后，会进入横向震荡整理行情。这时多空双方对后市的看法产生严重分歧，于是有时候成交量可能会突然放大，市场交投氛围也异常活跃。还有的时候，多空双方大多处于观望状态，市场交易异常冷清，成交量也会出现萎缩现象。这种成交量的放大和缩小没有任何规律可循，因而称为“不规则放量”。

在成交量放大和缩小的同时，股价也会呈现剧烈的上下波动。这种波动的幅度一般都比较宽，大多数会达到 15% 以上。通常情况下，当股价运行到阶段高点或高点附近时，往往是成交量最大的时候。

2. 市场含义

出现底部不规则放量的现象，通常有两种原因，一种是庄家建仓行为所致，另一种是短线投资者的介入所致。

当股价经过一段时间的下跌之后，庄家会入场建仓。这时候成交量的放大便有可能是庄家通过对敲来影响股价走势，以达到测试持仓者的持股信心以及场外资金跟风情况的目的。当庄家利用股价大幅波动清洗掉散户手中的大部分筹码，完成锁仓控盘任务之后，往往就会大幅拉抬股价，使股价迅速脱离底部区域。

当然，这种走势也有可能是短线投资者在某一价格区域内的卖高买低行为造成的。当股价运行到低点时，短线投资者认为股价已经达到低位，于是开始短线介入，股价随之上涨，同时吸引了更多的跟风盘，成交量随之放大。当股价上涨到阶段高位，短线投资者纷纷获利了结，随后股价开始下跌，成交量随之萎缩。当再次到达前期低位附近时，短线投资者再次买入，如此反复，成交量便出现不规则的放大和缩小。不过，随着投资者对底部的认识越来越明确，场外资金便会纷至沓来。当做多力量形成气候时，股价便会启动一波上涨行情。

3. 操作要点

第一，在底部出现不规则放量现象的同时，如果股价的波幅较大，那么投资者可以观察并界定好股价波动的低点和高点，并进行高抛低吸的短线操作。当然，对于经验并不丰富的新股民来说，这种操作有一定的难度。投资者如果没有十足的把握，最好保持观望姿态。

第二，当底部出现不规则放量现象时，如果股价能够放量上涨，并且在上涨的过程中卖压并不是很大，那么当股价再次从低点开始放量上涨时，投资者可以适量买入。

第三，当股价在底部横盘整理时出现了不规则放量现象，投资者须密切关注股价的后市变化。一旦股价向上放量突破了横盘整理平台，就应果断买入。

第四，如果在底部出现不规则放量之后，股价的中长期均线（30 日线、60 日线、120 日线）开始由水平转为向上移动，那么投资者可以考虑买入。

4. 走势解析

第一，在成交量出现地量后，如果又出现了不规则的放量现象，同时股价出现上蹿下跳的大幅波动，那么股价触底的可能性较大。

第二，在不规则放量的同时，均量线有时呈现多头排列，有时却呈现空头排列，经常会出现金叉或死叉现象，这些都说明股价正处于震荡整理过程中。

第三，在不规则放量的同时，股价上下波动，移动平均线经常会缠绕在一起呈水平移动，这时均线的交叉和排列情况并不能作为买卖股票的参考。

第四，出现底部不规则放量的现象，只是表示股价后期出现反弹或者反转行情的概率较高，并非预示着股价一定会上涨。

下面来看一下国中水务的案例，如图 6-4 所示。

图 6-4　国中水务（600187）K 线图中的底部不规则放量

2014年6—8月，国中水务的股价经过一段时间的下跌后出现了底部不规则放量现象。该股在这一时段的成交量时大时小，股价也随之产生上下波动。

2014年7月底，该股股价上冲到底部波动的高点附近开始横向移动，表示股价有向上突破的可能，投资者应密切关注走势的发展。8月6日，该股放量突破前期的横盘整理平台，此时投资者可以果断买入。后来，股价没有再度回落到原来的价格区域内，证明了突破的有效性，投资者可以放心持股。

三、底部缩量倒锤头线

倒锤头线，看起来就是将锤头线给倒了过来，它通常出现在一段跌势的末尾，其实体很小，下影线很短或根本不存在，而上影线却很长，一般要求上影线长度至少是实体的两倍。倒锤头线的实体颜色也不尽相同，可以是阳线，也可以是阴线。它通常表现为底部反转信号，但是需要第二天的市场行情来进一步证明，如图6-5所示。

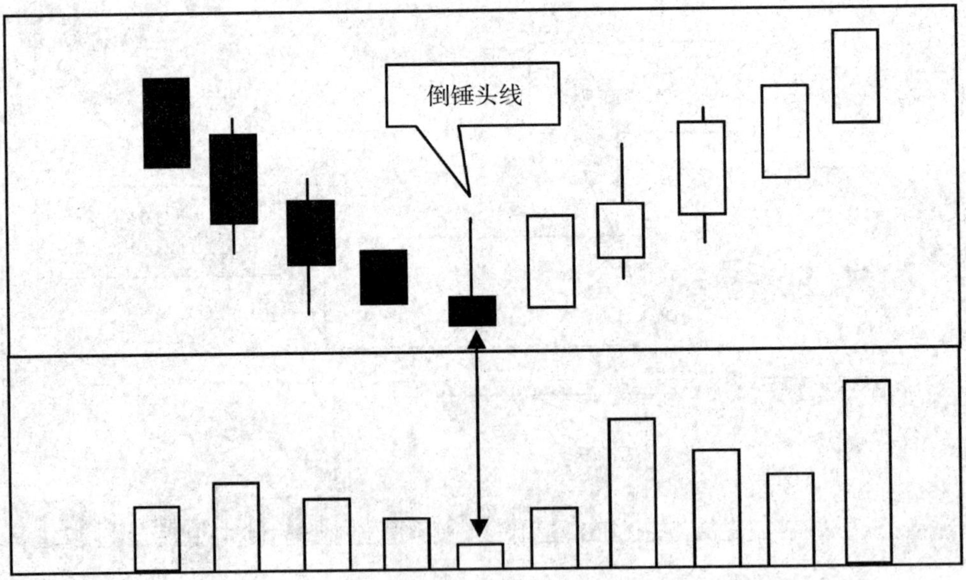

图6–5　底部缩量倒锤头线

1. 成交量分析

倒锤头线一般出现在下跌趋势中，在当日开盘后，多方开始进入市场抬升股价。但空方力量依旧很强，他们努力打压股价，所以股价呈现先升后降走势，最终形成一根具有长上影线的倒锤头线。倒锤头线的实体很短，且位于整个价格区间的下端。其下影线非常短或根本不存在，而上影线却很长，通常至少是实体长度的两倍。在倒锤头线出现时，成交量通常维持在较低的水平。如果出现大成交量，则看涨信号应遭受质疑。

2. 市场含义

当股价已经有了一个较大的跌势之后，市场上交投并不活跃。某一天开盘后，多方力量开始进场接盘，股价随之上涨。但是多方无力将上涨势头维持下去，依然占据市场主导地位的空方最后将价格打压至开盘价附近。

倒锤头线是个与众不同的信号，它的长上影线具有一定看跌性质。不过，在股价大幅下跌之后，它的看跌意义已经不再明显，更多地表现出空方力量被大量消耗，卖盘后继乏力，第二天往往会有更多的资金进场。如果后市出现强劲反弹行情，那么该形态的看涨意义将获得证实。

3. 操作要点

第一，倒锤头线是底部信号，后市看涨。如果出现倒锤头线的次日，股价呈上涨势头，则表明多方已经开始占据主动，投资者可以适量买入。

第二，出现倒锤头线形态后，如果投资者担心风险，则可以观察几日，待到上涨行情确立后再积极买进。

第三，参考倒锤头线形态买入股票的投资者，可以将止损位定在该形态的最低价上。一旦股价跌破该价位，投资者应果断止损。

4. 走势解析

第一，倒锤头线只有在大幅下跌后或严重的超卖情况下才有意义。如果出现在两三天的下跌走势之后，通常不能按照倒锤头线进行操作。

第二，阳线倒锤头线比阴线倒锤头线的看涨信号更强。

第三，倒锤线的上影线越长，实体越短，形态发出的反转信号越可靠。

第四，倒锤头线出现的当天，成交量最好保持缩量态势。如果出现倒锤线的当天成交量很大，则会增加股价下跌的可能性。

第五，由于倒锤线留有较长的上影线，所以需要通过之后的股价走势来对此确认。如股价有效突破其上影线的顶端，则可以确认为信号有效。

下面来看一下凯乐科技的案例，如图 6-6 所示。

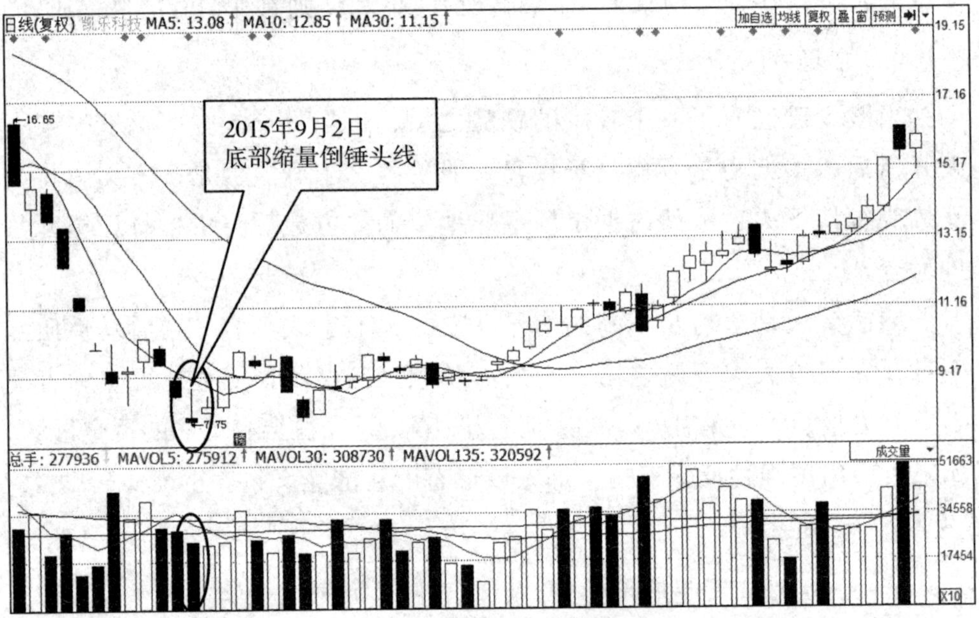

图 6-6　凯乐科技（600260）K 线图中的底部缩量倒锤头线

2015 年 8 月底，凯乐科技的股价下跌到了相对低位。9 月 2 日，该股先升后降，收出一根阴线倒锤头线，当天成交量较小，相对前一日略有萎缩。次日，该股出现了回升。

此后，该股经过一段时间的底部调整后，启动了一波上涨行情。

四、底部缩量大阴线

大阴线又称长阴线，表示股价从开盘到收盘有一个很大的跌幅，通常收盘价与开盘价之间的波动范围在 6% 以上。单日大阴线实体理论上的波动范围可达当日开盘价的20%，即开于涨停位，收于跌停位。由于实体较长，所以大阴线一般只有很短的影线或者没有影线。大阴线通常是看跌信号，但是当它出现在深度下跌之后的低位，且成交量不是很大时，则是空方力量衰竭的信号，如图6-7所示。

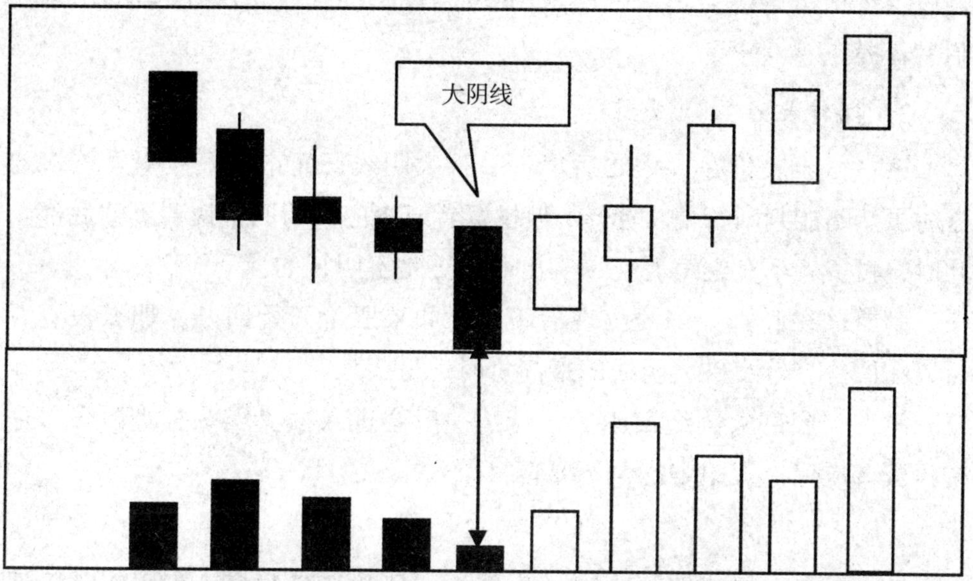

图6–7　底部缩量大阴线

1. 成交量分析

股价经过一段时间的下跌之后，跌势仍然没有改变的迹象，但成交量却已经极度萎缩。在某个交易日，股价开盘后一路走低，最终形成了一根实体很大的大阴线。但是当天的成交量没有明显的放大迹象，仍然保持在一个相对较小的水平。出现这种走势时，投资者就要注意查看股价是否接近或已经到达底部了。

2. 市场含义

当股价经过连续下跌或是已经下跌了较长的时间，到达相对低位，这时出现一根低量大阴线，说明空方仍在打压股价，但更多的投资者则选择了观望。这时，市场上的看跌情绪已经减弱，卖盘力量似乎即将消耗殆尽，股价的下跌势头将减弱，不久就会触底，甚至可能直接进入横盘整理或是上涨行情。

这种走势也可能是庄家在故意打压股价，震慑仍然持仓的散户，以达到在底部吸货的目的，因此，投资者要小心这种诱空陷阱。如果股价之后出现横盘震荡整理，则庄家用“最后的大阴线”进行洗盘的用意便昭然若揭。

3. 操作要点

第一，当股价在大跌之后出现一根大阴线，而市场上卖盘并不多，这时虽然不能判断行情将逆转，但投资者至少应认为股价快要到达底部。此时，投资者不宜继续看空，卖出股票更是不明智的。

第二，在底部大阴线出现后不久，如果股价开始回升，那么投资者可以在股价有效突破大阴线的最高价时适量买入。

第三，底部大阴线出现后，行情一般会进入横盘震荡整理阶段，这时投资者应保持观望姿态，不要盲目介入。

4. 走势解析

第一，低位出现大阴线，并不能说明股价已经见底，但可以认为股价已经接近底部。

第二，当股价经过连续下跌，且跌幅已经较深时，出现大阴线则意味着空方在努力作最后一搏，行情见底的可能性较大。之前的跌幅越大，行情反转的可能性也越大。

第三，在判断大阴线是否是底部大阴线时，应该结合股价历史走势和目前的大盘情况综合分析。

第四，出现底部大阴线时，成交量应该保持较小的水平。如果放出巨量，则会增加股价继续下跌的可能性。

第五，出现底部低量大阴线时，均线一般呈空头发散状态，乖离率已经严重偏离了经验值，大多数表示超买超卖的技术指标均会显示为超卖状态。

下面来看一下新疆天业的案例，如图 6-8 所示。

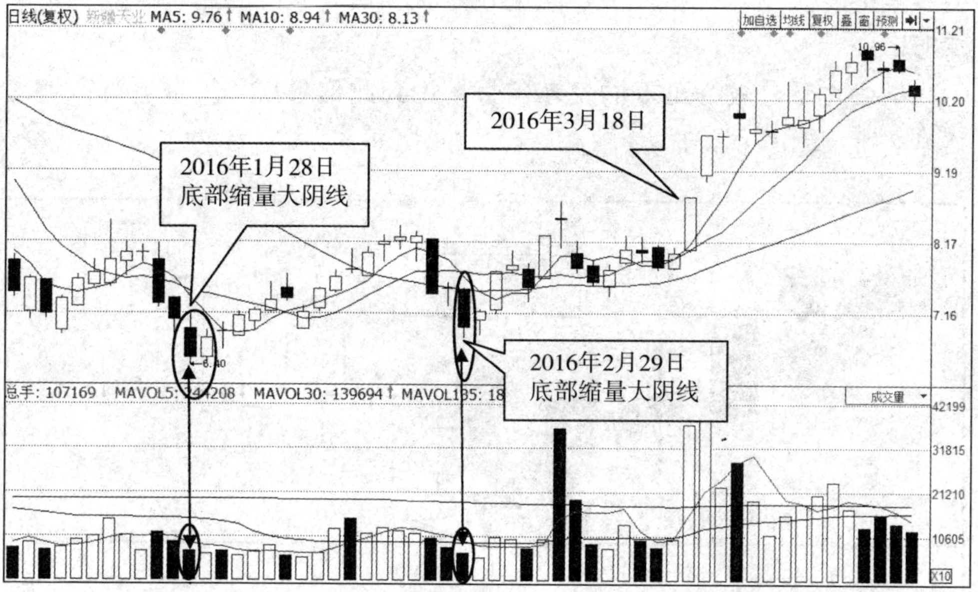

图 6-8　新疆天业（600075）K 线图中的底部缩量大阴线

2016 年 1 月，新疆天业的股价经过一段时间的下跌之后开始震荡反弹。1 月 28 日，该股在连续两个交易日大幅下跌的基础上，又收出一根大阴线，同日成交量相比于前两个交易日出现了明显缩量。这说明做空力量已大大减弱，股价不久可能见底。

经过一小波的反弹行情，该股在 2 月 29 日再次以较小的成交量收出了大阴线，走势离底部更近了一步。此后，该股开始了一段震荡整理走势。

2016 年 3 月 18 日，该股在早盘平开后迅速拉升，并以涨停报收。之后股价开始连续大幅上涨，投资者可在股价向上突破整理平台的 3 月 18 日买入该股。

五、底部出现早晨之星

早晨之星又称晨星、启明星，一般出现在一段下跌行情的底部。该形态是由三根 K 线组成的，首先是一根实体较长的阴线，紧随其后的是一根实体非常小的星线，且其实体与前一天的实体之间形成了一个向下的跳空缺口。最后收出一根实体较长的阳线，它的收盘价位于第一根阴线的中部以上。

早晨之星是较为可靠的反转信号，见到此信号后，投资者可以考虑适量买进，如图 6-9 所示。

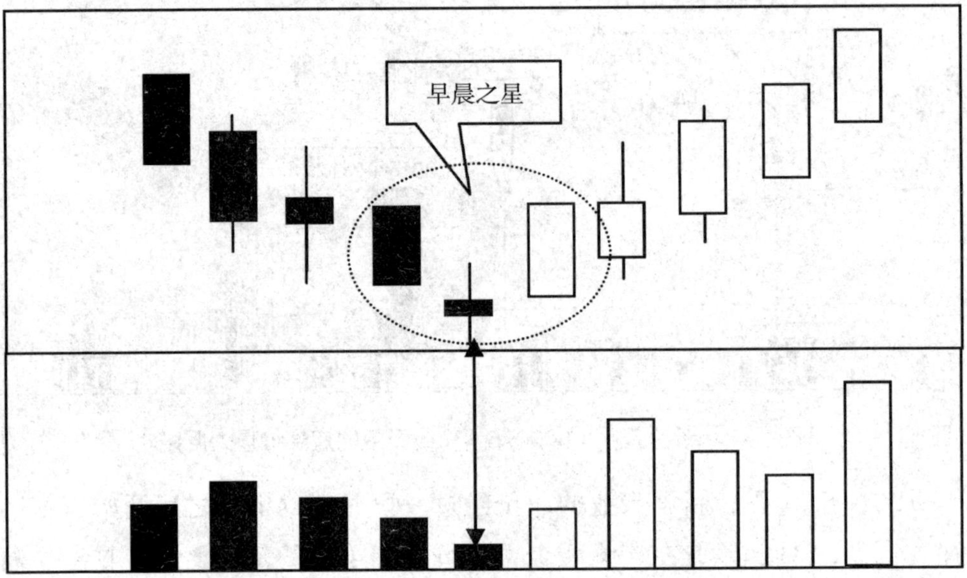

图 6-9　底部早晨之星

1. 成交量分析

股价在下跌趋势中继续下行，第一天收出中阴线或大阴线。第二天收出一根星线，这根星线可以是小阳线、小阴线，也可以是十字线，但要与前面的阴线实体之间有向下的跳空缺口。第三天收出一根中阳线或大阳线，且其实体已经深入到第一天的阴线中部以上甚至将其完全覆盖。

在形成早晨之星形态时，成交量有可能逐渐增大，也有可能逐渐缩减。更多的情况下，成交量会先缩后放，柱线呈现“凹”字形。

2. 市场含义

早晨之星就像黎明前出现的启明星一样，指示投资者市场即将迎来光明，股价不久之后将会上涨。第一根实体较长的阴线出现时，市场正处于下降趋势中，这时空方力量仍然占据主导地位，这种走势引发市场惊慌，造成部分持仓者低位抛售。

第二天，一开始做空力量依然很强，所以造成股价跳空低开。但这时多方已经开始进入市场，所以当天收出一根实体较小的星线，表示市场正处于不确定状态中。如果当天收阳且成交量有放大迹象，则表明多空双方已经完成转换。第三天的阳线实体相对较大，使股价回到了第一天的开盘价附近，说明多方力量已经超越了空方力量，在一定程度上控制了市场。

3. 操作要点

第一，早晨之星诠释了此消彼长、由空向多的行情变化过程，是非常重要的底部信号。看到该形态后，持股者不宜再贸然卖出，持币者可以考虑买入。

第二，投资者买入的时机可以选择在早晨之星第三根阳线形成的当日。如果当日没有买入，可以选择次日建仓。

第三，以早晨之星为参照买入股票的投资者，应该将止损位定在中间星线的最低价上。

4. 走势解析

第一，早晨之星形态出现之前，股价必须经历一轮明显的下跌行情。

第二，第一天的阴线和第三天的阳线实体越长，则市场发生反转的力量就越大。

第三，中间的星线实体越小，与第一根阴线之间的跳空幅度越大，那么反转的可能性就越大。

第四，早晨之星中间的星线可以衍生出纺锤线、锤子线、倒锤子线、十字线、T 字线、倒 T 字线等不同的形态。当中间星线是十字线时，就形成了早晨十字星形态，其见底回升的意义更为明显。

第五，第三天的收盘价相对第一根阴线的位置越高，则后市上涨的可能性越大。

第六，第三天收出阳线时，成交量越大，反转信号的可靠性越高。

第七，如果中间的星线与前后两根K线实体之间均有跳空缺口，则看涨信号的可靠性更高。若中间星线的最高价与前后两根K线的最低价之间都有价格跳空，则构成了底部弃婴形态，它具有更为重要的底部意义。

第八，第一根阴线和最后一根阳线之间夹着的星线数量如果多于一根，就形成了早晨之星的扩展形态。这不仅不会消减其作为底部信号的技术效力，反而更有利于夯实底部。而且中间星线的数量越多，未来反转的力量越强。

下面来看一下亚盛集团的案例，如图6-10所示。

图6-10　亚盛集团（600108）K线图中的底部早晨之星

2014年6月19—23日，亚盛集团的日K线图上出现了早晨之星形态。这个早晨之星出现在一段下跌趋势之后，中间的星线实体很小，与前后K线实体之间均有跳空缺口，因而是较为强烈的看涨信号。

6月23日，该股高开后一路走高，说明早晨之星形态有效，股价将进入上涨行情。看到此情形，投资者可以果断买入，不必等到收盘时再确认。

第二节　上涨初期股价与成交量研判

上涨初期，股价走势与反弹总是很难作出区分。不过，上涨初期的成交量与股价配合形态还是有些显著特征的。投资者若能抓住这些特征，就不难捕捉到启动初期的股票。

一、温和放量连续收阳

股价脱离底部开始上涨时，成交量开始逐步放大，呈现出温和放量的状态。股价也随着成交量的递增稳步上升，往往会连续收出多根阳线。这种走势是一种上涨的态势，说明市场上的做多力量不断增强，形成了共同的市场共识，如图 6-11 所示。

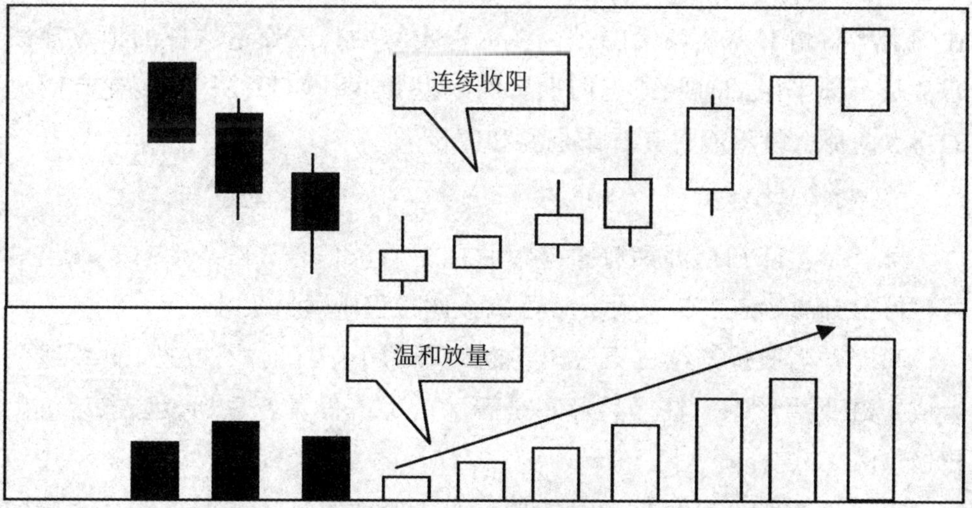

图 6-11　温和放量连续收阳

1. 成交量分析

股价筑底成功之后，会吸引众多投资者的关注，于是买盘力量不断增加，成交量出现逐步递增的温和放量现象。这种放量比较规则，量柱基本是逐渐变长的，没有明显的萎缩或放大迹象。在成交量的影响下，股价缓缓攀升，从而在上涨初期形成量增价涨的走势。

形成这种走势的过程中，成交量和股价的配合一定要理想。在成交量温和放大的同时，股价整体呈现出不断攀升的走势，即在K线图上形成一连串稳步上升的阳线（主要是小阳线和中阳线，其中可以夹杂个别十字线和小阴线）。

2. 市场含义

股价经过一轮下跌行情之后，当股价跌无可跌时，成交量已经萎缩到了一定程度。这时候，处于低位的股价便会吸引场外资金的关注。随着场外资金的不断涌入，成交量呈现温和放大态势，股价在多方力量的推动下逐步上升。

这种上涨初期的温和放量，是股价运行的一种理想的量价关系状态，标志着多方力量已经占据了市场主导地位，后市将可能出现一轮较为可观的上涨行情。需要说明的是，在这种走势中，成交量线柱的顶点连线通常是一根平滑的直线或是向上弯曲的抛物线。如果线柱的变化有明显的拐点，那么就不能将其看作是温和放量。

3. 操作要点

第一，上涨初期温和放量连续收阳是看涨信号，K线形态表现出一种冉冉上升的形态走势，投资者可以在此过程中适量买入。

第二，当股价连续三天收出不断攀升的小阳线时，这三天的K线便组成了红三兵形态。红三兵形态是看涨信号，投资者看到该形态后可以积极追涨买入。

第三，在股价连续收阳时，如果股价有效突破了前期下跌过程中的密集成交区，那么投资者可以放心买入。

第四，如果温和放量连续收阳的走势发生在庄股中，投资者可以在股价向上放量突破 10 日均线时果断买入。10 日均线被突破后，会成为股价的有效支撑线。股价遇阻回落到该线附近时，如果止跌反弹，投资者可以加仓买入。

第五，如果股价没有经过长期筑底，那么当股价有效突破 60 日均线后，可能会有一个向下回抽的动作。如果在回调时没有明显的放量，且股价连续三个交易日都站稳在 60 均线之上，这时仍是一个不错的长线买入机会。

4. 走势解析

第一，出现温和放量连续收阳走势前，走势必须处于下跌或是横盘整理行情中，且之前已经有了较大的跌幅。

第二，如果温和放量连续收阳出现在一段急速下跌行情之后，则不能把它看作是反转信号。因为这种走势后的温和放量上涨通常很难持续，只是下跌途中的一次技术性回调。

第三，出现温和放量之前，成交量必须有一个缩量的过程，且温和放量前的成交量已经萎缩到了一定程度。

第四，在出现温和放量连续收阳之前，股价必须经历一个底部盘整的过程，哪怕这个过程只有短短几个交易日。当然，这一横盘整理走势持续的时间越长，说明底部换手越充分，未来股价的上涨空间也就越大。

第五，出现温和放量连续收阳走势时，投资者可以引入均线或其他技术指标，以便确定最佳的买入时机。

如图 6-12 所示，2011 年 4 月 15—19 日，英特集团的股价从底部开始回升，连续收出三根不断创新高的小阳线，构成了红三兵形态。在股价不断攀升的过程中，成交量逐渐放大，形成温和放量连续收阳的走势。这种走势说明市场上的投资者对股价上涨达成了基本共识，是看涨信号。

还需要说明的是，在温和放量上涨的同时，股价有效摆脱底部的整理平台，这预示着后市将有一波可观的上涨行情，投资者可以放心买入。

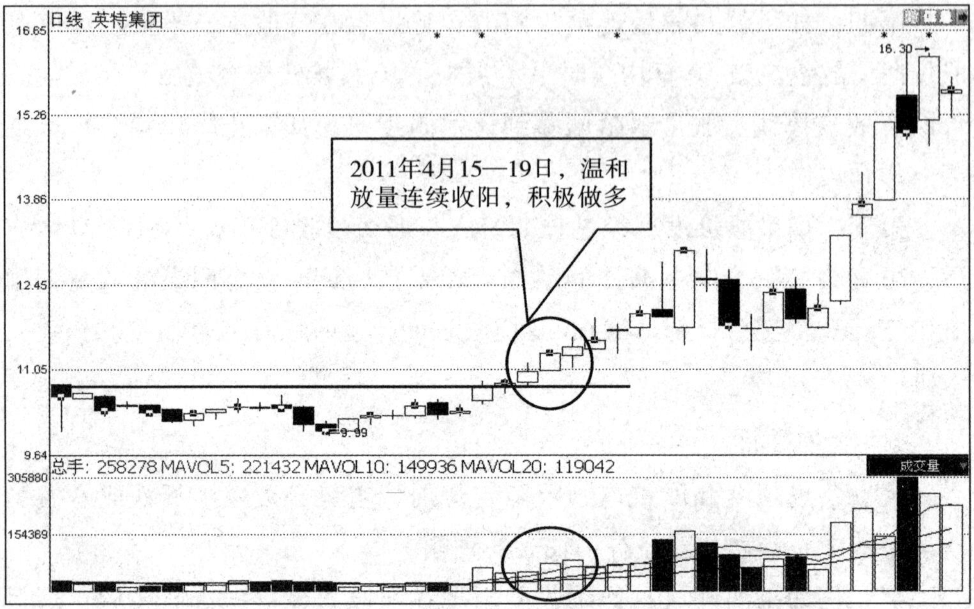

图 6-12 英特集团（000411）K 线图中的温和放量连续收阳

二、低位微量涨停

股价深度下跌之后，在低位出现小幅的上下波动。随着股价的横向发展，底部就会慢慢形成。之后的某个交易日集合竞价时，将该股开盘价推到了涨停价上，最终以涨停价开盘。开盘后，持股者出现惜售心理，持币者高价求股而不得，偶然出现的卖单也会被迅速的挂单给消化掉，因而全天成交量异常稀少，如图 6-13 所示。

1. 成交量分析

低位微量涨停，一般表现为涨停的一字线或是涨停 T 字线。主要是股价经过一波较大幅度的下跌行情之后，进入到底部盘整阶段。在盘整中成交量通常较小，基本没有明显的放量，表示可能有庄家在低位吸筹。

经过一段时间的盘整之后，某一天突然出现了开盘就涨停的现象，全天涨停板都没有被打开，或是刚打开就被再次封上，因此全天的成交量较为稀少，呈现微量。这种走势通常是股价即将大涨的前兆。

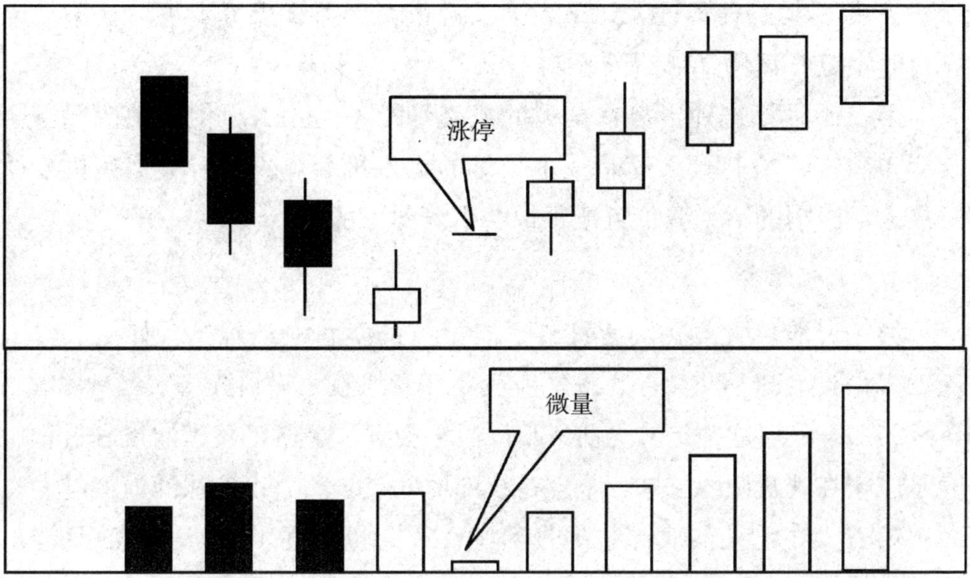

图 6-13 低位微量涨停

2. 市场含义

在股价底部出现开盘后微量涨停走势，主要是庄家高度控盘所致。在此之前，庄家会通过低位震荡整理清洗市面上的浮筹，并逐步完成建仓工作。这时市面上只有极少的股票被部分不愿割肉的散户投资者持有。由于庄家已经将仓位锁得很死，所以只需极少的筹码便可以将股价拉升至涨停。

某一个交易日，庄家会在开盘前的集合竞价时段进行大单的卖出和买入的倒手，使股价在开盘时便被封在涨停板上。出现这种走势后，庄家会连续拉升，使股价迅速脱离底部的密集成交区。后市通常会出现大幅上涨行情，而且极有可能出现连续涨停走势。

3. 操作要点

第一，在低价位区域出现开盘后微量涨停，且成交量一直没有放大迹象时，持股者应该继续持股待涨，持币者可以在涨停价位挂单排队买入。

第二，由于持股者的惜售心理，再加上庄家挂大买单进行保护，所以投资者一般很难买进。如果当天没有成交，那么投资者可以在第二天开盘时锁定开盘价，果断买进。

第三，尽管这种走势在全天的成交量都不是很大，但个别情况下会有卖单将涨停板打开，这是一个很好的买入机会。投资者应把握机会及时买入，否则的话，股价可能很快会再度封上涨停。

4. 走势解析

第一，股价开盘被封上涨停后，上方的卖盘一般很少。如果卖盘不断增多，买盘却不断减少，投资者就要注意风险，谨慎介入。

第二，出现这种走势之前，股价通常会有一个横盘整理的筑底过程，表示庄家在洗盘吸筹。这一整理持续的时间越长，后市上涨的力度越大。

第三，在前期的底部整理过程中，成交量会逐步萎缩，最后可能出现地量特征。

第四，出现低位微量涨停走势前，股价一般已止住了跌势，且有了一定程度的回升。

下面来看一下永泰能源的案例，如图 6-14 所示。

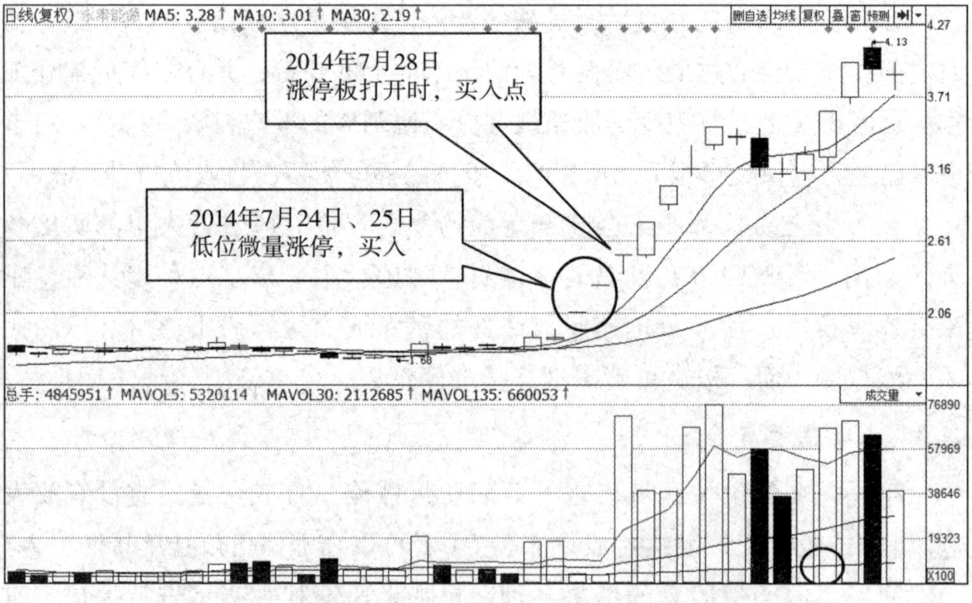

图 6-14　永泰能源（600157）K 线图中的低位微量涨停

2014 年 7 月 24 日、25 日，永泰能源的日 K 线图上出现了低位微量涨停走势。

2014 年 7 月，永泰能源的股价下跌到了历史低位，开始在底部震荡整理。此时成交量已经萎缩到极点，呈现地量走势。由于在低位横盘较久，说明庄家已经吸纳了较多的筹码，锁仓程度较高。由于上方卖压已经不大，稍有成交量股价就会反弹，因而在反弹初期出现了无量上涨走势。

7 月 24 日、25 日，该股都以涨停价开盘，并一直持续到收盘，全天成交量呈现极度萎缩的状态。看到这种情况，持股者应该捂仓不动，持币者应该以涨停价挂买单排队买入。如果这两天投资者都没能买入，那么应在 7 月 28 日（7 月 26 日、27 日周末休市）涨停板被打开时抓住机会买入。此后，该股出现了一波迅猛的上涨行情。

三、低位放量大阳线

大阳线又称长阳线，表示股价从开盘到收盘有一个很大的涨幅，通常收盘价与开盘价之间的波动范围在 6% 以上。单日大阳线实体，理论上的波动范围可以达当日开盘价的 20%，即开于跌停位，收于涨停位。由于实体较长，所以大阳线一般只有很短的影线或者没有影线。

大阳线出现在低价位区域，通常是看涨信号，表示多方力量正在强势介入，如图 6-15 所示。

1. 成交量分析

出现低位放量大阳线之前，股价一般经过了一轮较大幅度的跌势，且下跌的势头已经明显减弱。这时，原来观望的投资者认为股价已经触底，因此纷纷进场买入，股价开始上涨。

股价的回升吸引了更多的投资者介入，前期套牢盘也开始补仓。在大家的努力下，股价最终被推到某一高价位，甚至封在涨停板上。当天成交量较前一日有明显的放大迹象，有时刚开盘没多久，换手率便超过了前一日的换手率，这种走势是股价加速上涨的先兆。

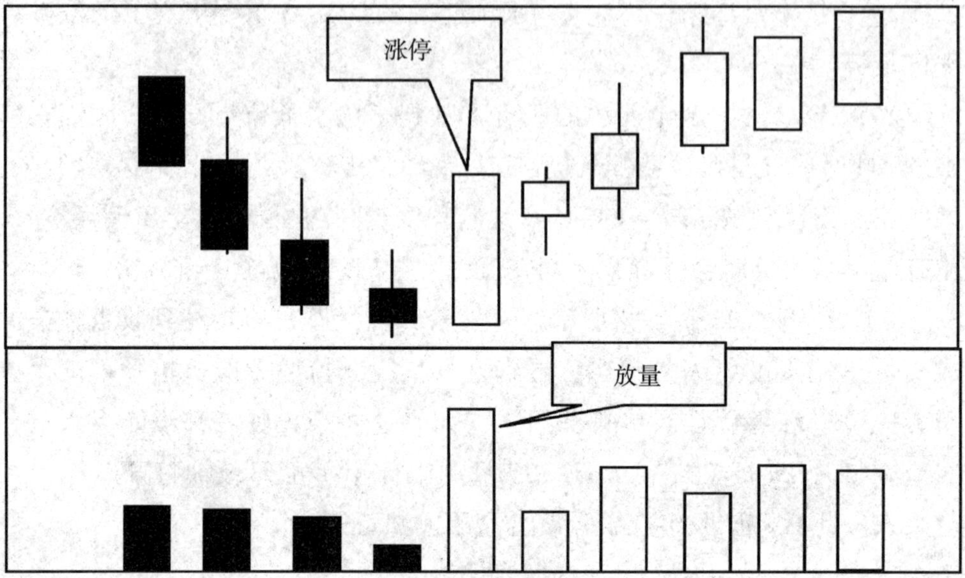

图 6-15　底部放量大阳线

2. 市场含义

当股价经过一段时间的下跌或底部横盘之后，突然收出放量大阳线，表示多方力量已经控制了市场，市场正在由弱转强。当天买方疯狂涌进，不限价买进，市场出现供不应求的状况。出现这种走势，也可能是庄家通过自买自卖的倒手来故意做盘，以使股价迅速脱离下方的密集成交区，避免更多的跟风盘坐轿搭车。如果前期有较长时间的横盘整理走势，则更能说明庄家的拉升意图。

3. 操作要点

第一，在低价区或是股价下跌了一段时间之后出现大阳线，表示多方力量突然爆发，股价有见底回升迹象，这时投资者可以适量买进。

第二，当股价处于低价位区域，如果某个交易日股价在开盘后迅速上涨，中间几乎没有停顿，那么投资者可以在涨幅达到 6% 时果断跟进。当天没来得及买入的投资者，可以在次日追涨买入（如次日股价下跌，则应保持观望）。

第三，如果在形成低位大阳线的同时，股价突破了前期的阻力位，则是明确的买入信号，投资者可以果断买入。

第四，参照大阳线买入股票的投资者，应该把大阳线的最低价设为自己的止损位。一旦股价跌破该价位，投资者就应果断卖出。

4. 走势解析

第一，出现低位大阳线之前，股价在底部经过较长时间的盘整，则大阳线的看涨信号更为可靠。盘整的时间越长，后市上涨的空间可能越大。

第二，大阳线的实体越长，信号强度越高。

第三，收出低位大阳线当天的成交量越大，未来股价上涨的力度越大。

第四，如果大阳线没有上下影线，就形成了光头光脚大阳线。这种形态表现了一个意犹未尽的强势上涨，通常之后会有较大的上涨空间。

第五，低位放量大阳线如果一举击穿多根均线，就形成了一阳破多线的走势，是更为明显的看涨信号。

第六，低位放量大阳线出现后，股价常常会横向整理几日后再度上涨。这是因为大阳线“用力太猛”，力量消耗较大，需要在中途调整加油。

下面来看一下中体产业的案例，如图 6-16 所示。

2016 年 10 月 26 日，中体产业的日 K 线图上出现了低位放量大阳线形态。2016 年 7 月底，中体产业的股价自反弹高点回落。经过两个月的下跌之后，成交量已经明显萎缩，呈现出地量现象。

10 月 26 日，该股低开后迅速走高，成交量也迅速放大，下午时更是封在了涨停板上。看到这种情形，投资者可以在盘中适量买入。当天的成交量是前一日成交量的 5 倍，且股价突破了前期的整理平台，这种放量突破的走势更有效地说明该股将加速上扬。

接着，该股小幅回调整理了两个交易日，之后重新开始上涨。投资者可在股价重新站到大阳线收盘价位置时加仓买入该股。

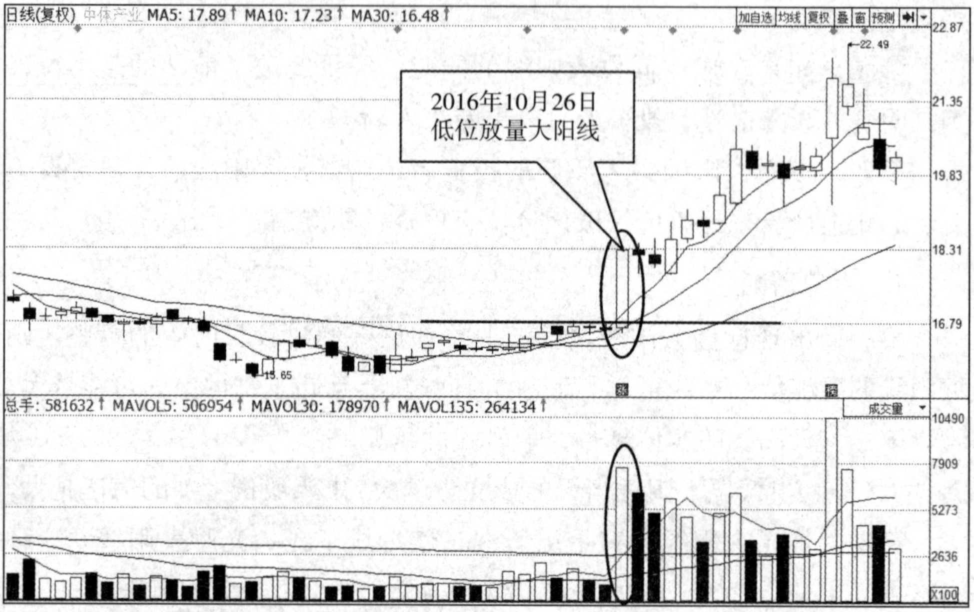

图 6-16　中体产业（600158）K 线图中的低位放量大阳线

第三节　上涨途中股价与成交量研判

通常情况下，经历了初期的温和上涨后，股价很可能进入快速上涨期。不过，有时主力会借助整理走势来隐藏自己的真实意图。

一、放量加速上涨

股价经过一段时间的上涨之后，上涨势头会稍微停顿，这时股价或许会进入横盘整理，或许会震荡上升，但所伴随的成交量并不是很大。某一天或一小段时间里，成交量突然放大，股价随着成交量的激增迅速升高，从而形成了放量加速上涨走势。这种走势是庄家大幅拉升的信号，投资者可以积极做多，如图 6-17 所示。

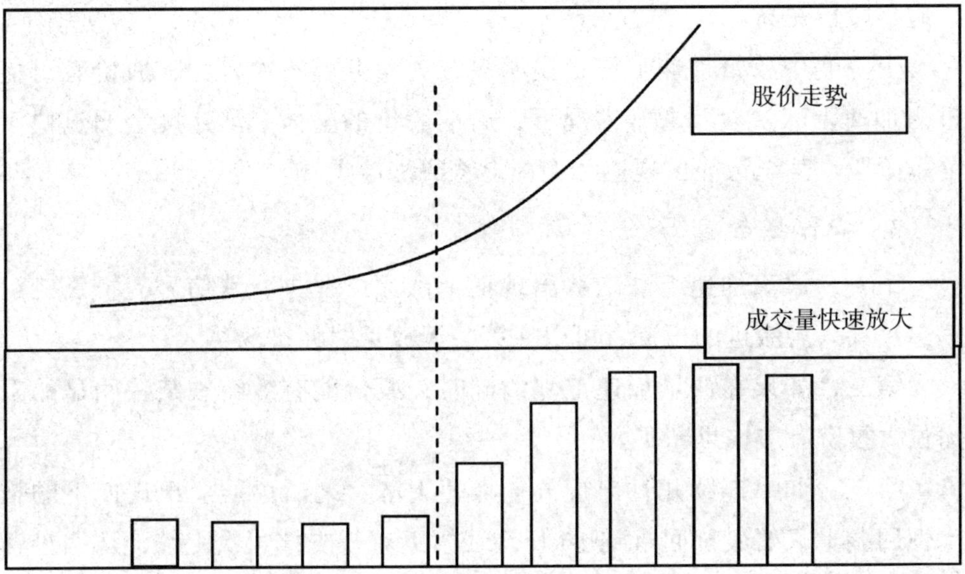

图 6-17 放量加速上涨

1. 成交量分析

股价经过一段时间的上涨之后，前期的投资者均已获利，庄家就会让股价停下上涨的脚步，从而进入盘整走势。持股者看到股价停滞不前，便认为股价已经失去上涨的动力，于是纷纷获利回吐，成交量出现一定程度的萎缩。当庄家将短线投资者震仓出局后，自己也完成了锁仓任务，于是开始放量拉升。这时候成交量会明显放大，股价也会迅速上升，脱离原来的整理平台。

2. 市场含义

股价处于上涨途中时，前期跟风买入的投资者往往都已经获利较多。这时庄家想继续拉升，但又不希望为这些获利盘继续抬轿，就会将股价压缩在某一个价格区域内震仓洗盘，使这些获利盘认为股价已经到顶，从而将股票卖出，自己却在下方捡拾筹码。

当庄家认为自己手中已经聚集了足够多的筹码时，便会通过对敲手法迅速拉升股价。部分场外资金看到股价放量上涨，也开始跟进，双方一起将股价托高。

上涨途中放量加速上涨，说明多方力量开始再次发力，股价有可能进入加速上涨阶段。通常情况下，后期股价的整体上涨速度会明显快于前一阶段，甚至可能出现连续大幅上涨或涨停走势。

3. 操作要点

第一，放量加速上涨走势出现在上涨途中，是看涨信号，投资者可以追涨买入。激进的投资者可以在第一天放量时便进场买入。

第二，如果在放量加速上涨的同时，股价能有效突破某一明显的阻力位，投资者应该果断买入。

第三，如果连续几日出现放量加速上涨，之后可能会出现向下的技术性回调。只要股价回落到10日均线附近获得支撑再次上涨，那么投资者就可以把握机会再次买入。

4. 走势解析

第一，出现放量加速上涨之前，股价必须出现过一段明显的上涨行情，也就是说这种走势必须出现在上涨途中。

第二，在放量加速上涨之前，股价通常会有一个短暂的停顿整理过程。这时成交量必须是萎缩的，且股价不会跌破20日均线。

第三，在放量加速上涨的同时，股价可能会向上突破前期高点构成的阻力位，快速脱离之前的整理平台。

第四，在股价放量加速上涨时，均线通常呈多头排列，5日均线以倾角大于45度的状态向上运行。

下面来看一下武汉控股的案例，如图6-18所示。

2014年9月1—10日，武汉控股的日K线图上出现了放量加速上涨走势。

之前，武汉控股的股价处于缓慢上涨趋势，股价上涨到某一高点就会出现回调，回调到某一低点又会向上突破前一高点，形成缓慢攀升走势。

2014年9月1日，该股成交量突然放大，股价随之上攻。次日，该股股价突破了前期的阻力位。看到这一情形，投资者应该果断买入。其后几个交易日，该股的成交量逐渐放大，股价也迅速攀升。这种量价齐升现象是看涨信号，第一天没有买入的投资者，也可以在这两天择机买入。

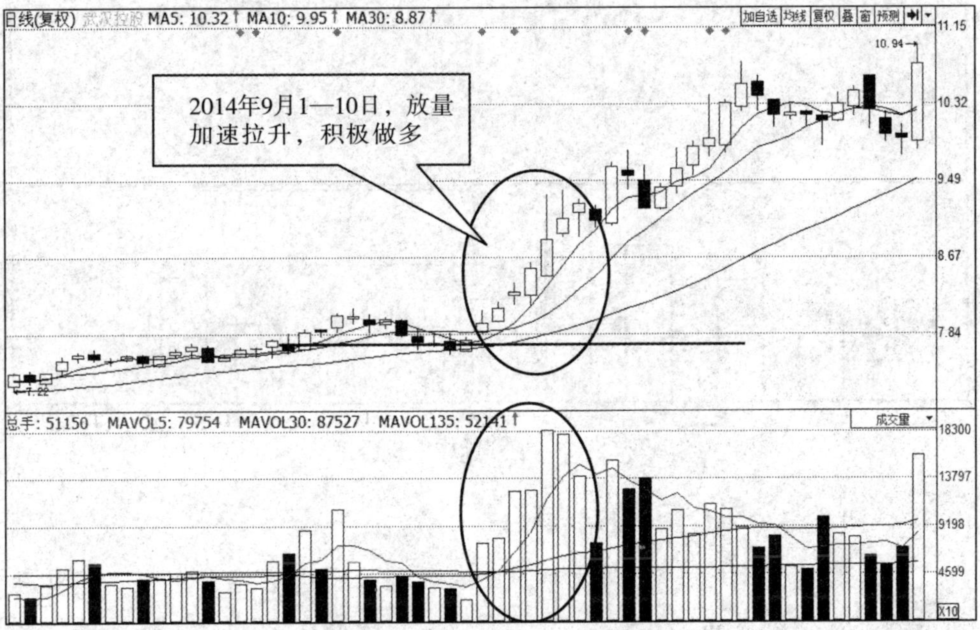

图 6–18　武汉控股（600168）K 线图中的放量加速上涨

二、上涨途中缩量整理

股价上涨了一段时间之后，就会进入一个横盘整理阶段，这时原来较大的成交量也会逐渐缩减。这种缩量整理没有一个固定的时间，可能只有短暂的几个交易日，也可能持续一两个月。

之所以会出现这种走势，大多是由于庄家清洗市面上的浮动筹码，加上前期买入的短线盘获利回吐造成的。缩量整理之后，股价往往会沿着之前的趋势继续上行。因此，上涨途中的缩量整理通常是看涨信号，如图 6-19 所示。

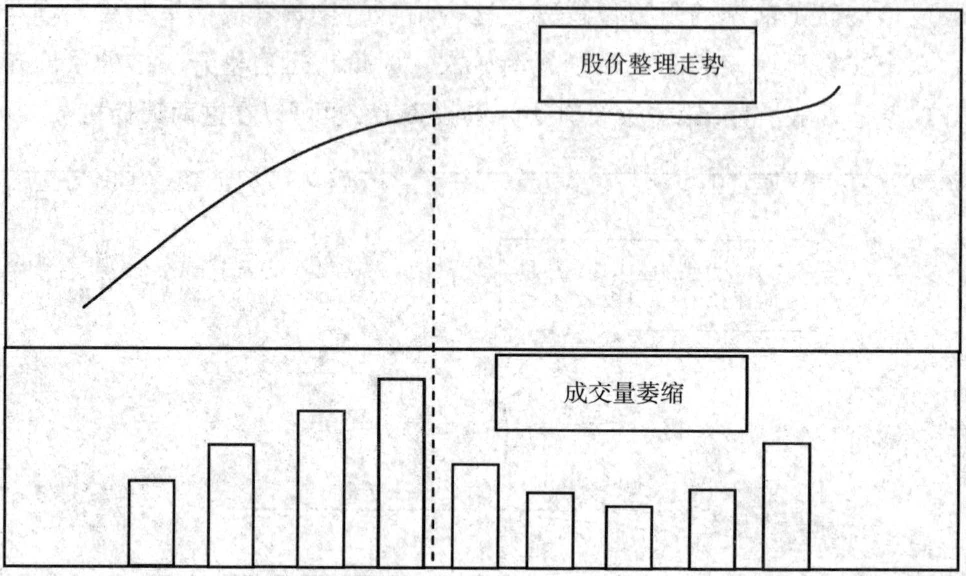

图 6-19　上涨途中缩量整理

1. 成交量分析

随着股价的不断上涨，盘中积累的获利筹码也会越来越多。这些获利盘的存在，会严重影响庄家之后的拉升，因此庄家会刻意让股价在某一价格区间内横向波动，使股价不再继续上涨，同时也通过护盘使股价不至于大幅跌落。

部分短线投资者看到这种滞涨走势，就会卖出股票，庄家和部分看好后市的投资者就会接下这些抛盘。随着卖盘的减少，成交量自然而然地出现了萎缩现象，这样就形成了缩量整理走势。

2. 市场含义

在上涨行情中，随着股价的不断上涨，前期买入的投资者大多都已经获利。当这些获利盘积累到一定程度时，就会影响庄家接下来的拉升。因为在拉升过程中，部分投资者趁势将获利了结，会增加庄家的拉升成本。因此，庄家会在上涨途中通过横盘整理的手段逼出短线获利筹码和原来的套牢盘，以减小未来的拉升阻力。

既然是庄家洗盘导致的缩量横盘整理，那么横盘整理之后，应该会出现一波继续上涨的行情。但这并不标志着股价经过横盘整理后马上就会出现上涨，有时候，庄家可能在缩量整理之后先将股价向下打压到某一低位，然后再向上大幅拉升。这样的操盘手法能将更多的散户投资者震仓出局，庄家则将筹码轻松收到了自己的口袋里。

3. 操作要点

第一，股价还没有上涨到高位时出现横盘整理走势，与此同时成交量不断萎缩，则极有可能是庄家在震仓洗盘。此时持股的投资者应该按股不动，持币的投资者应以观望为宜。

第二，如果股价经过缩量横盘整理之后向上放量突破，一旦股价成功突破横盘整理平台的最高点，那么投资者就可以放心地进场买入。

第三，缩量整理走势应该是庄家洗盘导致的。如果不是，投资者在参与时就要多一个心眼，以防股价向下破位后连续下跌。

第四，有时缩量整理结束后，股价会向下突破。这时成交量不是很大，且在下跌过程中呈现萎缩态势。这可能是庄家在深度震仓，投资者应密切关注后市动向。一旦股价突然放量大幅拉升，投资者就应该果断跟进。

4. 走势解析

第一，在横盘整理的过程中，成交量必须是逐步缩减的。如果成交量呈现放大趋势，甚至连续放出巨量，则可能是庄家正在出货，后市下跌的可能性较大。

第二，股价出现缩量上涨前，必须处于上涨行情中，哪怕这一上涨走势刚刚开始不长时间。

第三，缩量整理走势离底部越近，其作为看涨信号的可靠性越高。

第四，缩量整理的时间有长有短。这一整理过程持续的时间越长，说明庄家的洗盘越彻底，后市出现大幅上涨行情的概率越大。

第五，在缩量整理过程中，周期较短的均线如5日、10日、20日均线，可能会纠缠在一起水平移动，但绝对不能呈现明显的空头排列现象。

第六，在缩量整理过程中，股价一般会在 30 日均线附近获得支撑。即使偶尔跌落到该线以下，也会马上回归。

第七，如果股价在缩量整理之后突然向下破位，那么成交量一定不能显著放大，否则会加大未来下跌的可能性。

第八，当股价向上放量突破由缩量整理平台的高点形成的阻力位时，才能算是有效突破。如果成交量没有明显放大迹象，则突破的有效性还需要接受检验。

下面来看一下安通控股的案例，如图 6-20 所示。

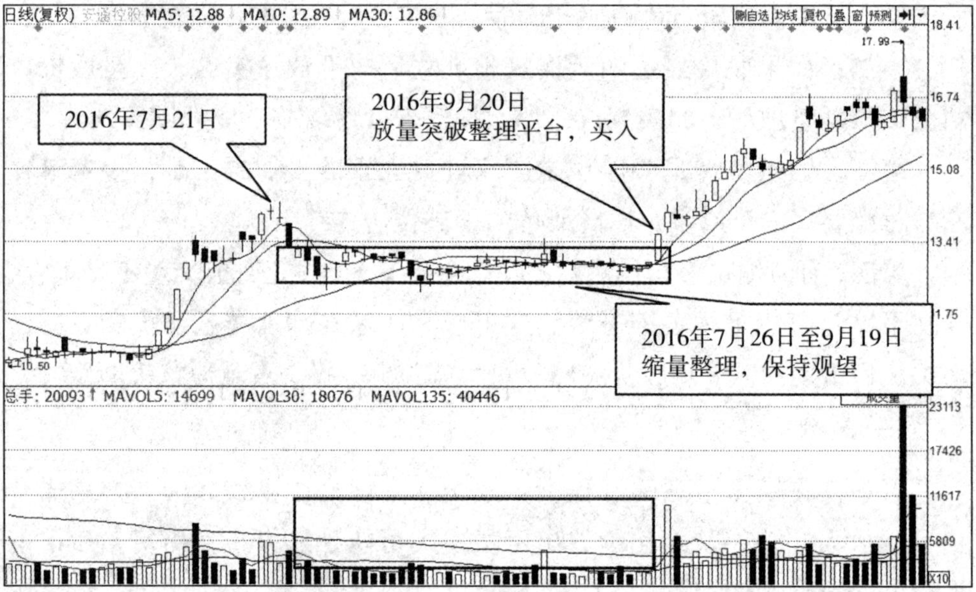

图 6-20　安通控股（600179）K 线图中的上涨途中缩量整理

2016 年 7 月 26 日至 9 月 19 日，安通控股的日 K 线图上出现了缩量整理走势。

2016 年 7 月初，安通控股的股价自底部快速上攻，成交量也呈现逐渐放大的态势。7 月 21 日，该股收出一根十字线，然后进入了横盘整理阶段。在整理过程中，股价连续收出小阴、小阳和十字线，成交量也相应出现了逐渐萎缩态势。这极有可能是庄家在震仓洗盘，所以持股者最好不要贸然卖出股票。

9月20日，该股跳空高开，成交量显著放大，股价成功突破了前期整理平台的最高价，这时投资者可以果断买入。当天，该股收出一个涨停大阳线，拉开了大幅上涨的序幕。

三、缩量小阴线后放量上涨

在股价上涨的途中，投资者经常可以看到在一根阳线之后出现若干根（一般是1～3根）小阴线，同时成交量较前几天有明显的缩量。出现缩量小阴线后，成交量再次放大，股价也随之上涨，收出实体较大的阳线。这种走势就是缩量小阴线后放量上涨，说明行情经过微调之后，仍然会按照之前的轨道继续上升，如图6-21所示。

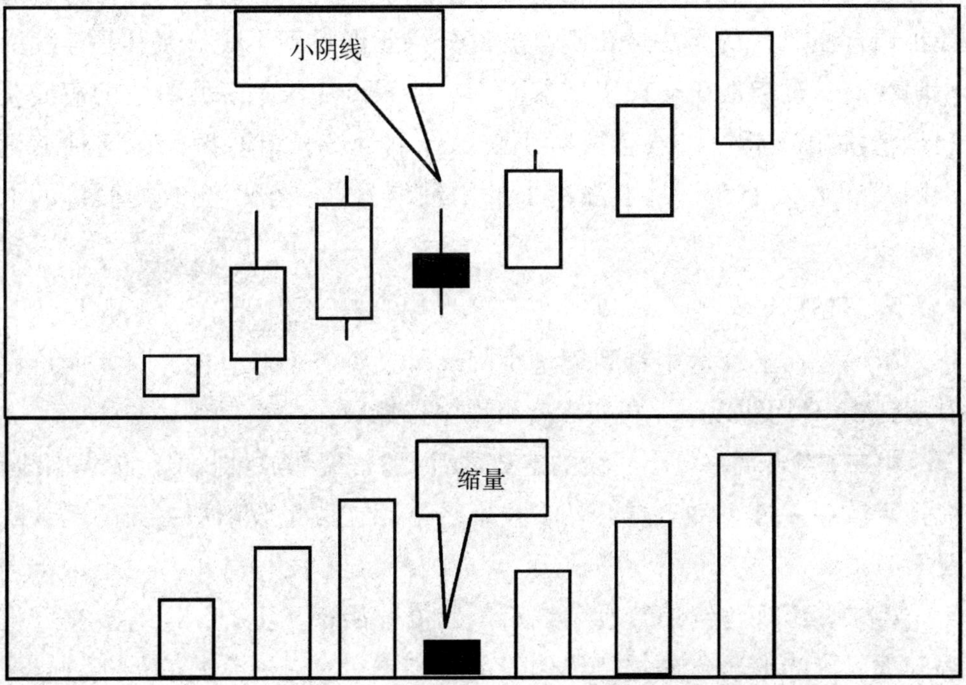

图6-21 缩量小阴线后放量上涨

1. 成交量分析

股价经过连续上涨后，必然会出现停顿或回调，以使得未来的上涨趋势更加稳固。因此，在上涨途中经常会看见一些连续上升的阳线之后，紧接着收出若干小阴线（也可能是十字星），这些小阴线通常为1～3根，一般不会超过5根。

在股价收出小阴线的同时，成交量较前一段时间会有所缩减。当成交量再次放大时，股价就会随之上涨，通常会收出实体较大的中阳线或大阳线。

2. 市场含义

股价在上升中会依托短期均线的支撑逐步向上攀升。当股价上涨到一定高度后，获利盘的数量也明显增多。庄家为了日后拉升方便，会选择小幅打压股价的手法进行洗盘。部分持股者看到阴线，尤其是连续的小阴线后，认为股价会向下回落而卖出股票。庄家把一些看空的短线获利盘清洗出去后，仍然会按照原来的计划继续拉升。因此，这种缩量小阴线后放量上涨，是上涨途中的中继信号，一般不会改变股价的上升趋势。

3. 操作要点

第一，在上涨途中看到缩量小阴线，投资者不必恐慌，只要股价没有落到30日均线以下，投资者就可以坚持持股。

第二，当出现缩量小阴线的走势之后，股价突然放量收出一根大阳线，就预示着新一波上涨行情开始。投资者可以在放量收阳那一天的尾盘阶段大胆买入。

第三，出现连续缩量小阴线后，股价开始逐步上升，同时成交量也温和放大。当股价突破这些小阴线的最高点时，是一个较好的买入点，投资者应把握时机积极买入。

4. 走势解析

第一，出现缩量小阴线前，股价应该处于明显的上涨行情中，且之前的上涨幅度并不是很大。

第二，股价在下探时，一般不能突破 30 日均线的支撑，否则后市可能引发一波下跌行情。

第三，如果最后一根阳线将前面的一根甚至是三根阴线实体全部覆盖掉，那么看涨信号的可靠性更高。

第四，如若是收出连续的小阴线，则在形成第一根阴线时，成交量可以略微放大，但之后的成交量必须保持缩量状态。

第五，从形成第一根缩量小阴线为起点的 5 个交易日内，股价必须有明确的止跌信号，否则这一连串小阴线就可能是下跌行情的开始。

第六，在缩量收阴的前一天和后一天，K 线图上出现的都是实体较大的阳线。如果中间的小阴线数量为一根，则有可能形成多方炮形态。如果中间的小阴线数量为三根，则可能形成上升三法形态，这两种 K 线组合都是看涨信号。

下面来看一下天房发展的案例，如图 6-22 所示。

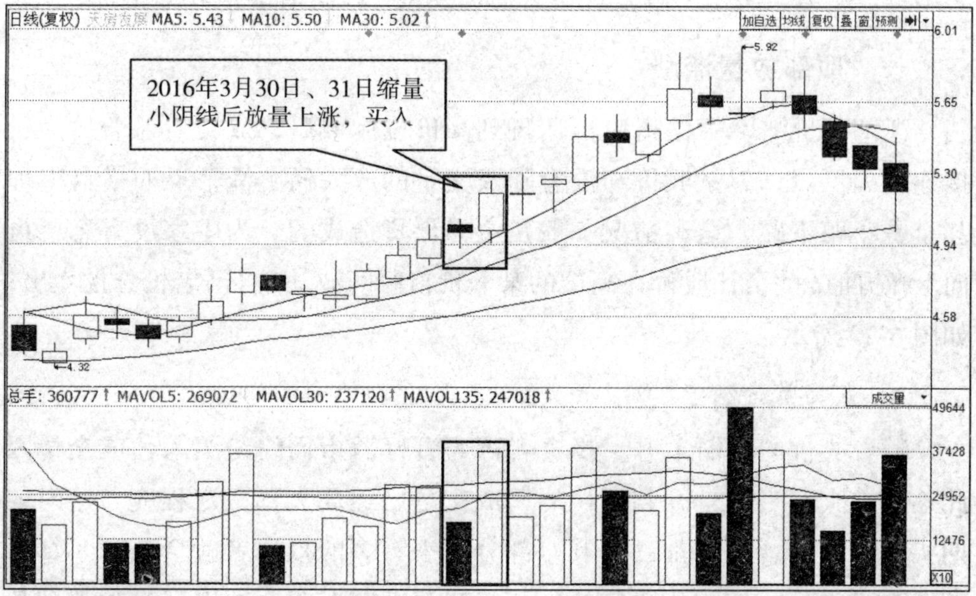

图 6-22　天房发展（600322）K 线图中的缩量小阴线后放量上涨

2016年2月1日和9日，天房发展的日K线图上出现了缩量小阴线后放量上涨走势。

从走势图上可以看到，天房发展经过几天的连续上涨之后，在3月30日出现回调，当天收出小阴线，且成交量较前一日有所萎缩。这一小阴线是部分短线投资者获利回吐造成的。

3月31日，该股低开高走，收出大阳线，成交量相对3月30日明显放大，表示多方已经开始聚集力量再次上攻。看到这种情形，投资者可以在当天或次日适量买入。

第四节　顶部区域与成交量研判

顶部区域多系主力出货的区域，因而当股价上涨至高位时，投资者必须警惕主力出逃。一旦发现主力出逃迹象，投资者应该立即出货。

一、顶部放量滞涨

顶部放量滞涨，是指股价运行到高价位区域后，成交量显著放大，接连放出巨量，但是股价却没有随成交量的放大而上涨，反而横盘整理甚至是小幅下跌，这种情况一般是主力出货造成的。当庄家没有意愿再向上拉升时，就会让股价在高位的某一价格区间波动，自己借机分批卖出，如图6-23所示。

1. 成交量分析

随着股价的不断上升，投资者因为看好后市而纷纷买入，成交量因此逐步放大。当股价升到高位后，成交量已经放大到一定程度。这时前期买入的投资者大多都已获利，部分本来看多的投资者就会获利了结。随着卖盘力量的增加，股价的上涨趋势逐渐减弱，开始出现横盘整理甚至小幅下跌，这就形成了顶部放量滞涨走势。在这种走势中，成交量会不规则地放出巨量。

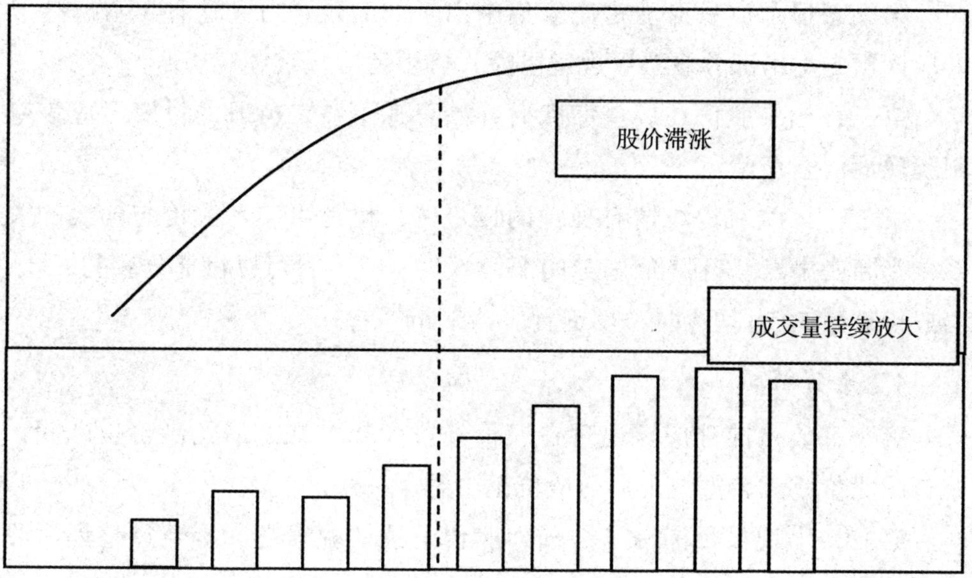

图 6-23 顶部放量滞涨

2. 市场含义

无论股价被炒高到什么程度，股票只要没有卖出，盈利就只是账面数字，将股票抛出后才会变成真正的利润。对于庄家而言，这一点尤为重要。在高位区域出现放量滞涨，说明股价的上涨动力正在逐步衰退。此时成交量的放大是庄家控盘出货导致的，并不是多方主导的买入行为造成的。

当庄家将股价推到一定高位后，便会制造机会出货。庄家通常会在股价最后的上涨过程中分批出货。在股价到达顶部后，由于庄家手中仍有很多股票，所以肯定会将股价控制在一定的范围内，不会让股价轻易落下来。否则，散户看到股价下跌，就不会积极入场接盘。这种伴有大成交量的高位整理，会让散户认为股价仍有可能继续上涨，因而冲动买入，庄家则趁机完成最后的出货任务。当在高位出现成交量放大而股价滞涨的走势时，是一个危险的信号。

3. 操作要点

第一，顶部放量滞涨是庄家集中出货的表现，看到这种走势，持股者应该预先卖出部分股票以规避风险，持币者应该继续观望。

第二，如果股价在放量滞涨后开始急速下跌，持股的投资者应该毫不犹豫地清空仓位。

第三，一些对均线情有独钟的投资者，也可以参考股价与均线的关系来判断卖出点。当股价跌破10日均线时，投资者可以将部分获利回吐。当股价跌破30日均线时，投资者应该果断平仓。

4. 走势解析

第一，放量滞涨应该出现在股价经过大幅上涨之后的高价位区间，这时的股价应该较这波走势前股价至少翻了一番。

第二，出现放量滞涨走势前，股价上涨的幅度越大，经过整理后股价下跌的空间也就越大。

第三，顶部放量滞涨时，成交量应该呈现不规则放量，且不时放出巨量。如果成交量呈温和放大态势，则会降低见顶信号的可信度。

第四，在放量滞涨走势中，累计成交量越大，说明庄家出货越彻底，见顶回落信号的可靠性就越高。

第五，出现放量滞涨走势时，如果股价显示为在高位震荡，那么股价会围绕10日均线上下波动，在30日均线附近有一定的支撑。

第六，出现顶部放量滞涨后，股价往往会缩量下跌，这时成交量缩减得越快，说明下方的承接盘减少，后市将可能出现连续的下跌行情。

下面来看一下精艺股份的案例，如图6-24所示。

2016年4月15日至5月6日，精艺股份的日K线图上出现了顶部放量滞涨走势。

之前精艺股份的股价已经经历了较长时间的上涨。2016年4月15日，该股放量收出一根大阳线，之后股价进入了横盘整理走势。在横盘过程中，成交量没有出现明显的萎缩，而是维持一个较高的水平。这种放量滞涨的走势，说明庄家正在集中出货，投资者应该在此阶段择高卖出以规避风险。

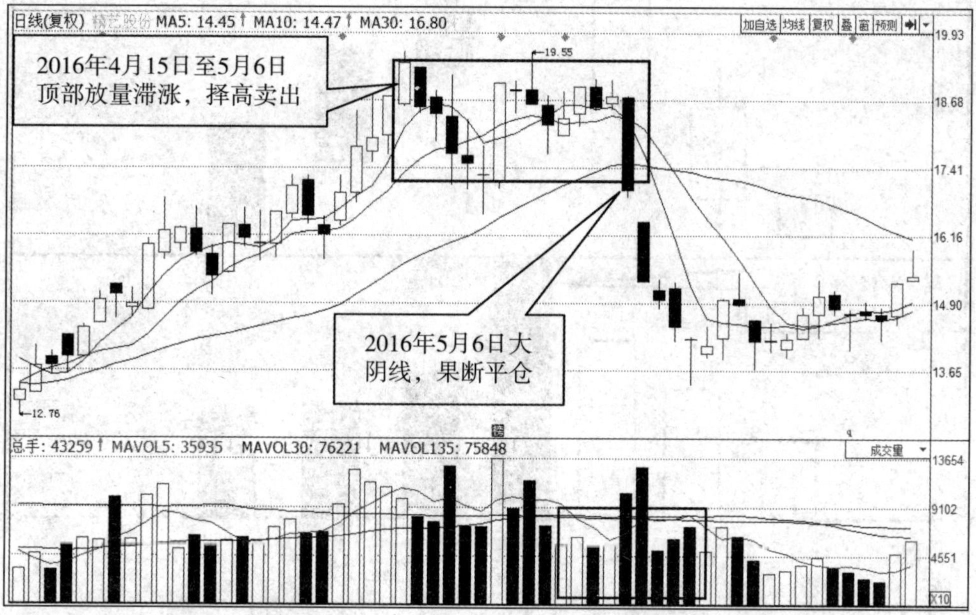

图 6-24　精艺股份（002295）K 线图中的顶部放量滞涨

5 月 6 日，该股开盘后一路下跌，中间几乎没有什么停顿，当天收出一根大阴线。看到这种情形，仍持有股票的投资者应该在盘中果断平仓。

二、顶部放量流星线

流星线与倒锤头线形态相同，只是所处的位置不同。它一般出现在一段上涨行情的末尾，实体很小，下影线很短或根本不存在，上影线很长，一般要求上影线长度至少是实体的两倍。流星线可以是阳线，也可以是阴线，但无论实体是什么颜色，只要出现在高价位区域，就表示股价即将或已经到达顶部，如图 6-25 所示。

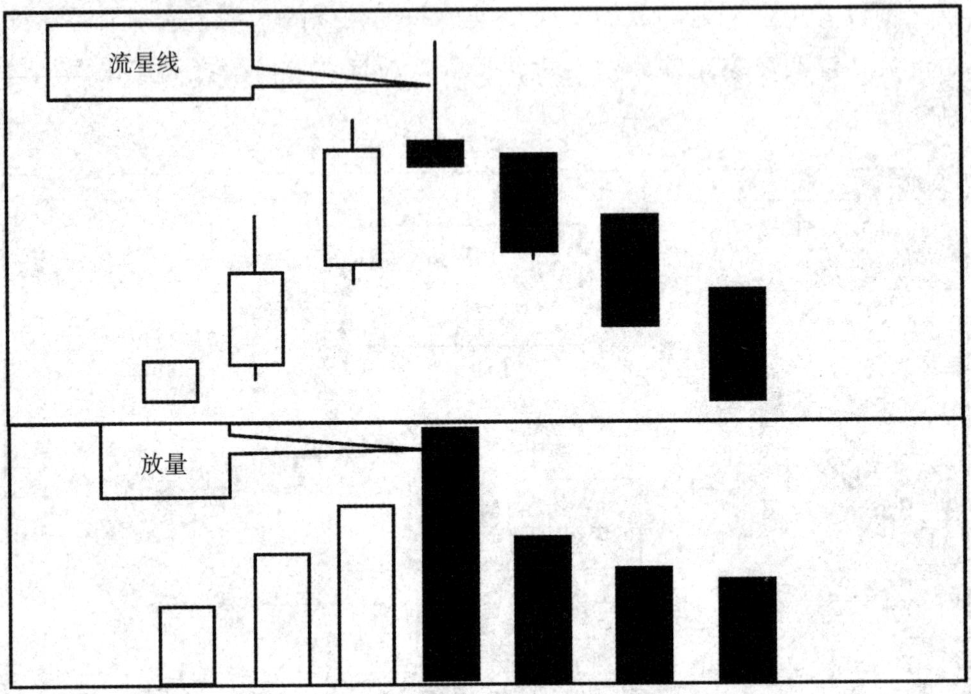

图 6-25　顶部放量流星线

1. 成交量分析

流星线出现之前，股价正处于上涨行情中。当某个交易日股价上涨到一定高度时，股价开始时仍然向上，但是不久便在上方遇到阻力转而下跌，最终在收盘时将股价打压到开盘价附近，形成一根流星线。

流星线的实体很短，且位于整个价格区间的下端。其下影线非常短或根本不存在，而上影线却很长，通常至少是实体长度的两倍。出现流星线时，通常会保持一个较大的成交量。

2. 市场含义

当一个强势上涨趋势发生之后，市场上看涨情绪较重，因此开盘后股价一路上涨，此时多方仍然占据优势。但是上涨一会儿之后，前期买入的投资者认为股价已经到了自己的理想价位，于是纷纷开始抛售，并在收盘时使股价回落到开盘价附近位置，最终形成一根有长上影线的小实体K线。这表明上方卖压沉重，空方力量已经不再处于明显劣势。如果第二天股价呈现下跌势头，则证明空方开始在市场上占据主动，后市下跌的可能性将大大增加。

3. 操作要点

第一，流星线是顶部信号，后市看跌。出现流星线的次日，如果股价呈下跌势头，则表明空方已经占据主动，投资者应实施减仓操作。

第二，在流星线出现后的几个交易日内，如果股价出现了连续下跌走势，投资者应该果断卖出，出局观望。

第三，出现流星线，如果股价在几天后又重新走高并突破流星线的上影线顶端，说明多方重新聚集了力量，这时投资者可以根据实际情况采取观望或做多策略。

4. 走势解析

第一，流星线只有在大幅上涨之后或是严重超买的情况下才有意义。如果出现在两三天的上涨走势之后，通常不能按照流星线进行操作。

第二，阴线流星线比阳线流星线的看跌信号更强。

第三，流星线的上影线越长，实体越短，形态发出的反转信号越可靠。

第四，如果流星线与前一日相比有跳空现象，则反转意义更明显。

第五，收出流星线的同时，如果成交量出现天量，则后市下跌的可能性更大。

下面来看一下华峰超纤的案例，如图6-26所示。

2015年10月12日和11月20日，华峰超纤的日K线图上两度出现顶部放量流星线形态。

华峰超纤从2015年9月初开始反弹，不久就进入横盘整理阶段。10月12日，该股在上涨至高点位置时，出现了放量流星线形态，这说明股价很可能会结束上涨。其后，该股进行了一段时间的回调整理。

2015年11月初，该股重新启动上涨行情。11月20日，该股在上涨至高点位置时，再度出现了放量流星线形态，这说明股价很可能会结束上涨。其后，该股又进行了一段时间的回调整理。

12 月 24 日，该股低开低走，并收于各条均线之下。这说明该股走势已经转为弱势，手中持有该股的投资者应在当日卖出该股。

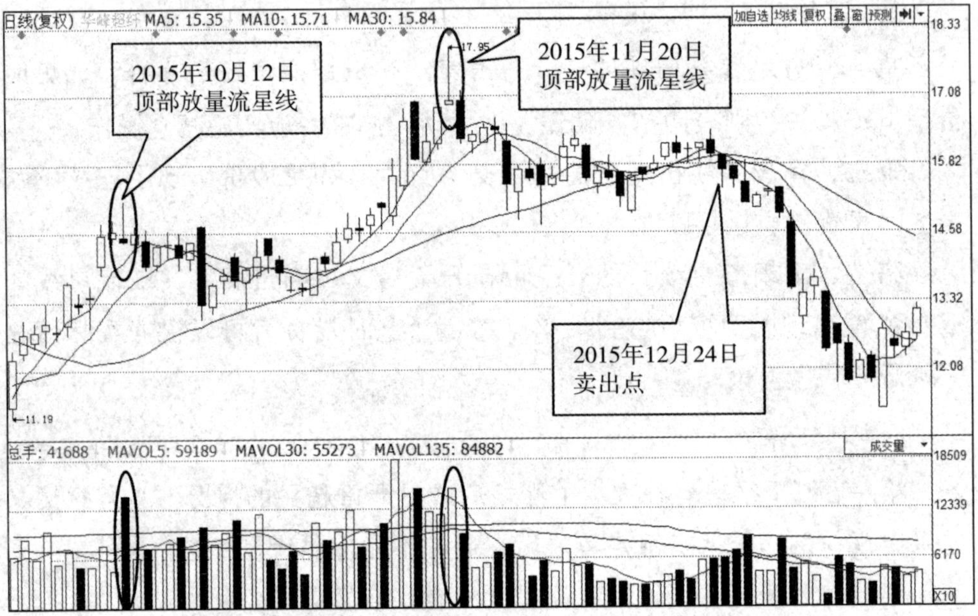

图 6-26 华峰超纤（300180）K 线图中的顶部放量流星线

三、顶部巨量大阴线

当股价上涨到高价位区域后，突然在某一天成交量放出巨量，而股价却没有上涨，反而出现了大幅下跌，最终收出一根实体很长的大阴线。这根大阴线叫做顶部巨量大阴线，是股市中最具震撼力的下跌形态，表示空方发挥了最大能量，并始终占据优势。这种走势出现在大幅上涨之后的顶部区域，是非常危险的信号，投资者应以做空为主，如图 6-27 所示。

1. 成交量分析

股价经过一段时间的上涨之后，已经处于高价位区间，这时股价的上涨势头可能减弱，甚至出现高位整理局面。然后在某一交易日，股价开盘后一路走低，最终形成了一根实体很大的大阴线。当天的成交量一直保持在一个较高的水平，呈现巨量现象。这种巨量大阴线在高位出现，表示空方力量已经完全取得了市场主导权，可能引发一波较大的下跌行情。如果第二天股价继续走低，就证明了这个信号的可靠性。

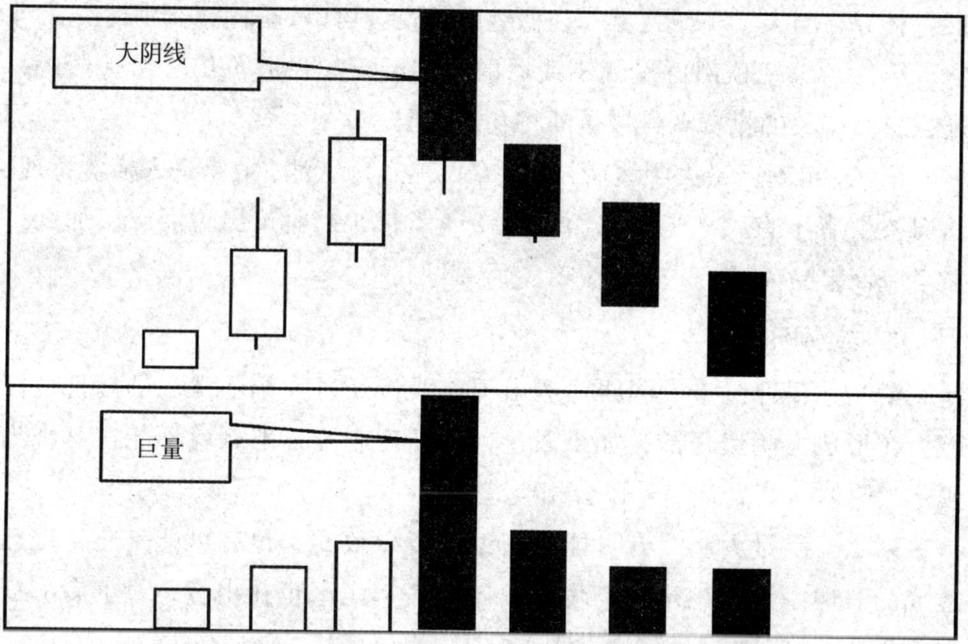

图 6-27　顶部巨量大阴线

2. 市场含义

巨量大阴线表示空方力量已经压倒了多方力量，占据了强势地位，在盘中一直打压股价。虽然多方也在不断接盘，想要将股价支撑住，但是在空方不计成本的卖盘压力下，股价一路下跌，最终收在最低点位置附近。

这种走势出现在高位时，其震慑作用不可小觑。这么大的成交量绝对不仅仅是短线资金所为，肯定有庄家参与其中，抛售出货。既然是庄家出货，那么整体市场必然显示为空头氛围，股票的供应远远超过了市场的需求，于是就出现了大幅降价抛售的局面。随着卖盘的增多，股价也被打压到了更低的位置。

顶部巨量大阴线出现后，市场上的人气一时难以恢复，后市下跌的概率较大，投资者要注意防范风险。

3. 操作要点

第一，在高价位区域出现巨量大阴线，投资者一定要提高警惕。持股者最好在当天实施减持操作，稳健的投资者可以选择清仓出局。

第二，出现顶部巨量大阴线后的第二天，如果股价依然保持弱势，那么仍然持股的投资者应该果断将仓位清空。

第三，出现巨量大阴线后，股价有可能震荡上涨，或是进入横盘整理。这时投资者不宜贸然追涨，而应保持谨慎。如果股价出现滞涨，那么持股者应该果断离场。

4. 走势解析

第一，顶部巨量大阴线一般出现在股价经过大幅上涨后的高价位区域。在形成大阴线之前，如果股价上涨幅度有限，那么就不能将其视为顶部大阴线，其看跌信号也会相应减弱。

第二，巨量大阴线有可能是庄家出货导致的，也有可能是庄家洗盘造成的。但是当其出现在高位时，通常表示庄家正在出货，投资者应以看空为主。

第三，出现顶部大阴线时，一般会放出巨量。这一成交量越大，后市下跌的可能性越大。

第四，在判断大阴线是否是顶部大阴线时，应该结合股价的历史走势和目前的大盘情况综合分析。

第五，大阴线的实体越长，收盘价的位置越低，则看跌信号的可靠性越高。如果大阴线吞没了之前好几天的涨幅，那么后市将可能出现一波大跌行情。

下面来看一下海伦哲的案例，如图 6-28 所示。

2015 年 5 月 22 日，海伦哲的日 K 线图上出现了顶部巨量大阴线走势。

2015 年上半年，海哲伦的股价随着大盘的暴涨而连续快速上攻，并在5月中旬连续拉出涨停板，由此可见该股走势之强。

5月22日，该股以涨停价高开后一路走低，最终收出一根跌幅近4%的大阴线。看到这种情形，持股者应该在盘中果断实施减仓或平仓操作。

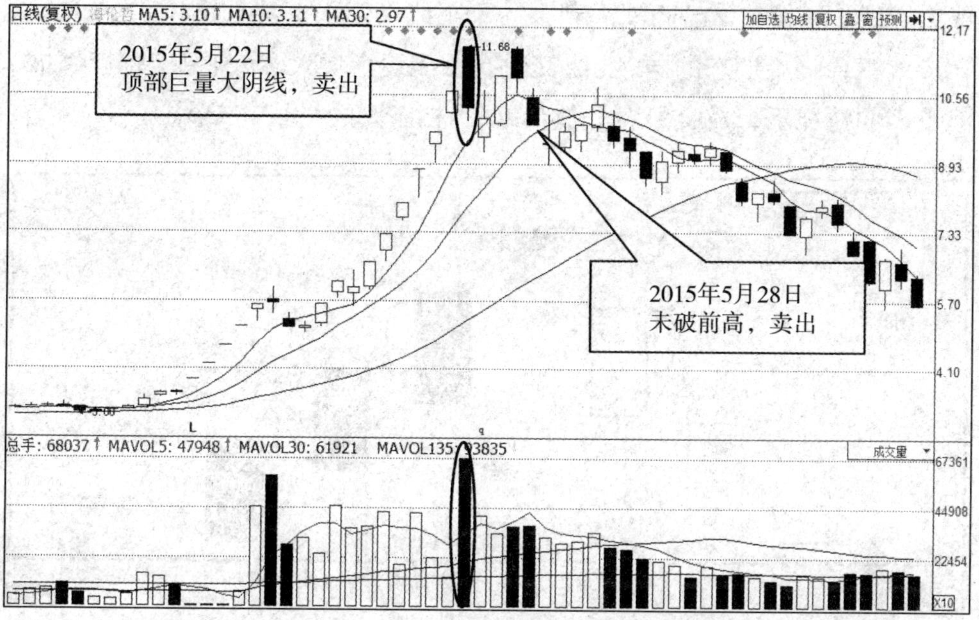

图6-28　海伦哲（300201）K线图中的顶部巨量大阴线

5月28日，该股前一交易日冲高回落，并再度低开低走，这说明该股上涨行情可能已经结束，投资者最好执行清仓操作。

四、顶部出现黄昏之星

黄昏之星又称暮星，一般出现在一段上涨行情的顶部。该形态是由三根K线组成的，首先是一根实体较大的阳线，紧随其后的是一根实体非常小的星线，且其实体与前一天的实体之间形成了一个向上的跳空缺口。最后收出一根实体较大的阴线，收盘价位于第一根阳线的中部以下。黄昏之星是较为可靠的反转信号，见到此信号后，投资者应该考虑卖出股票，如图6-29所示。

1. 成交量分析

股价在上涨趋势中继续上行，第一天收出中阳线或大阳线，第二天则收出一根星线。这根星线可以是小阳线或小阴线，也可以是十字线，但要与前面的阳线实体之间有向上的跳空缺口。第三天收出一根中阴线或大阴线，且其实体已经深入到第一天阴线中部以下甚至将其完全覆盖。在形成黄昏之星形态的同时，成交量有可能逐渐增大，也有可能逐渐缩减。但更多的情况下，成交量会先放后缩，柱线呈现“凸”字形。

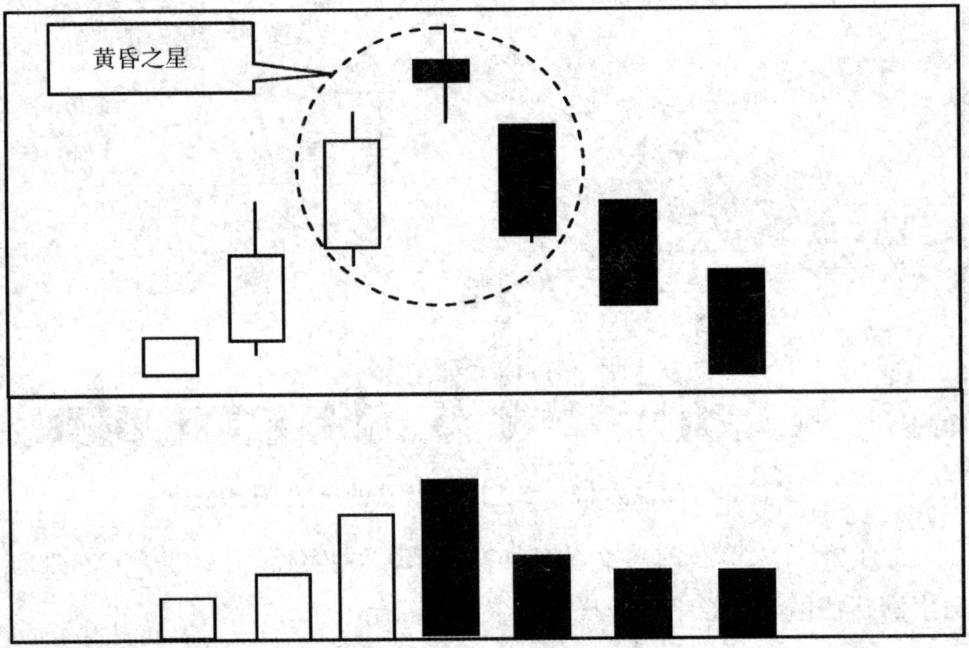

图 6-29 顶部黄昏之星

2. 市场含义

黄昏之星一般出现在夜幕降临之时，暗示市场将迎来黯淡的下跌行情。第一根实体较大的阳线出现时，市场正处于上升趋势中，这时多方力量仍然占据主导地位，这种走势会吸引场外资金继续入场。

第二天，一开始做多力量依然很强，所以造成股价跳空高开，但这时前期获利盘转而做空，所以当天收出一根实体较小的星线，表示市场正处于不确定状态中。如果当天收阴且成交量呈现天量，则表明多空双方已完成转换。

第三天的阴线实体相对较大，使股价回到了第一天的开盘价附近。这说明空方力量已经超越了多方力量，取得了市场的主导权。

3. 操作要点

第一，黄昏之星诠释了此消彼长、由多转空的行情变化过程，是非常重要的顶部信号。看到该形态后，持币者不宜再继续买入，持股者则应考虑卖出。

第二，收出大阳线后，如果股价跳空高开，收出小星线（尤其要注意上吊线、流星线、十字线等K线），就预示着行情将可能反转，投资者要保持警觉，密切关注后市动向。一旦股价有下跌迹象，投资者应及时减仓或平仓。

第三，投资者可以将卖出时机选择在黄昏之星第三根阴线形成的当日。如果当日没有卖出，可以选择次日离场。

4. 走势解析

第一，黄昏之星形态出现之前，股价必须经历一波明显的上涨行情。

第二，第一天的阳线和第三天的阴线实体越长，则市场发生反转的力量越大。

第三，中间的星线实体越小，与第一根阴线之间的跳空幅度越大，那么反转的可能性就越大。

第四，黄昏之星中间的星线可以衍生出纺锤线、流星线、上吊线、十字线、T字线、倒T字线等不同的形态。当中间星线是十字线时，就形成了黄昏十字星形态，其触顶回落的意义更为明显。

第五，第三天的收盘价相对于第一根阳线的位置越低，则后市下跌的可能性越大。

第六，第二天收出星线时，成交量越大，反转信号的可靠性越高。

第七，如果中间的星线与前后两根 K 线实体之间均有跳空缺口，则看跌信号更可靠。若中间星线的最低价与前后两根 K 线的最高价之间都有价格跳空，则构成了顶部弃婴形态，该形态具有更为重要的顶部意义。

下面来看一下聚飞光电的案例，如图 6-30 所示。

2015 年 4 月 10—14 日，聚飞光电的日 K 线图上出现了黄昏之星形态。

2015 年 4 月初，聚飞光电的股价正处于上涨行情中。4 月 10 日，该股放量收出一根光头大阳线，说明多方占据绝对优势地位。

4 月 13 日（11 日、12 日休市），该股收出一根上影线很长且近似于十字线的小阳线。当天的成交量虽然较前一日有所萎缩，但依然保持着较高的水平。这说明多空双方你争我夺，处于胶着状态，也暗示双方的力量对比有可能出现变化。

4 月 14 日，该股平开后一路走低。看到这种情形，投资者应该预感到将可能出现黄昏之星形态，因此可以在当天尾盘时果断卖出。当天，该股收出一根大阴线，黄昏之星形态正式完成。如果持股者在 14 日这一天没有来得及卖出，那么可以选择在第二天开盘时卖出。

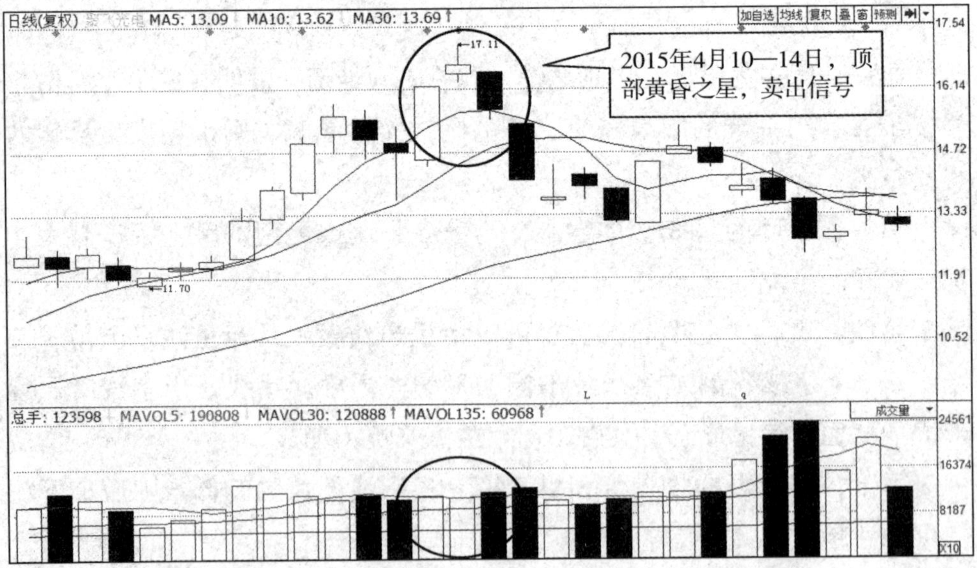

图 6-30　聚飞光电（300303）K 线图中的顶部黄昏之星

第七章

成交量异动捕捉强势股、涨停板

本章旨在通过对强势股、涨停板启动前成交量异动形态的介绍，帮助投资者在实战中更加准确地捕捉到股价即将启动的信号。

第一节 成交量猎杀强势股四大绝招

有些强势股在启动前，会在成交量走势图上留下某些痕迹。投资者若能准确识别这些信息，抓住强势股将不再是一件难事。

一、连环山丘猎杀强势股

股价自底部启动之后呈波浪式前进，量价同增同减，成交量形成一个接一个的山丘，说明股价上涨动力十足，如图 7-1 所示。

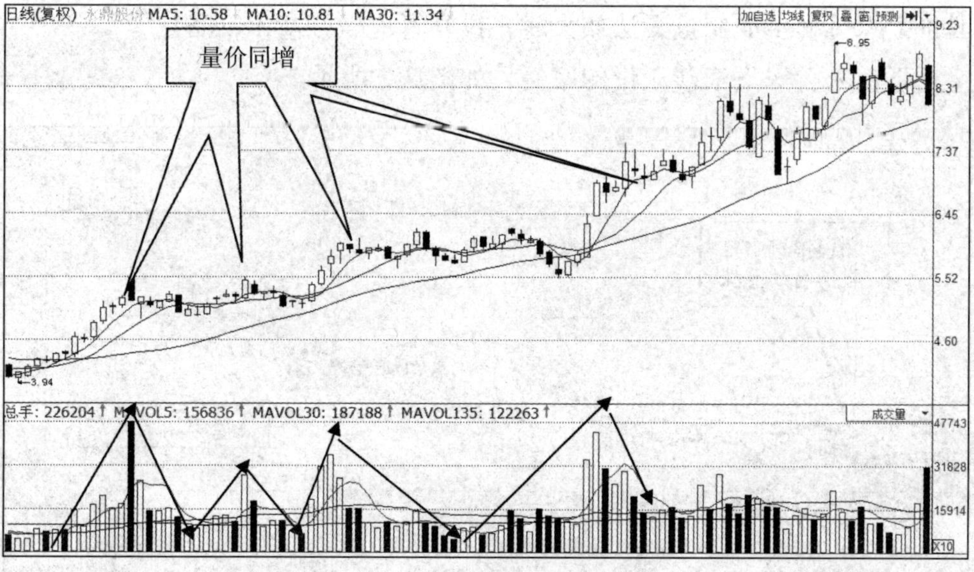

图 7-1 连环山丘猎杀强势股

1．强势股启动前特征

第一，股价自底部启动波浪式上涨行情，且股价与成交量之间存在着同增同减的关系。

第二，成交量柱形成了一个接一个的小山丘，这说明量价关系配合合理。

第三，股价上涨后半段，如果成交量能够明显放大，那么股价上涨的空间将会更大。

2．强势股启动时特征

第一，股价在某一日出现上涨行情时，成交量同步放大，这说明该股将启动上涨行情。

第二，股价出现波浪式上涨时，如果回调的低点一个比一个高，那么就说明股价重心上移，未来涨势可期。

3．猎杀强势股要点

股价由波浪式缩量下跌转为波浪式放量上涨时，就是一个好买点。股价上涨过程中成交量无法放大时，投资者应做好卖出准备。

下面来看一下浪莎股份的案例，如图 7-2 所示。

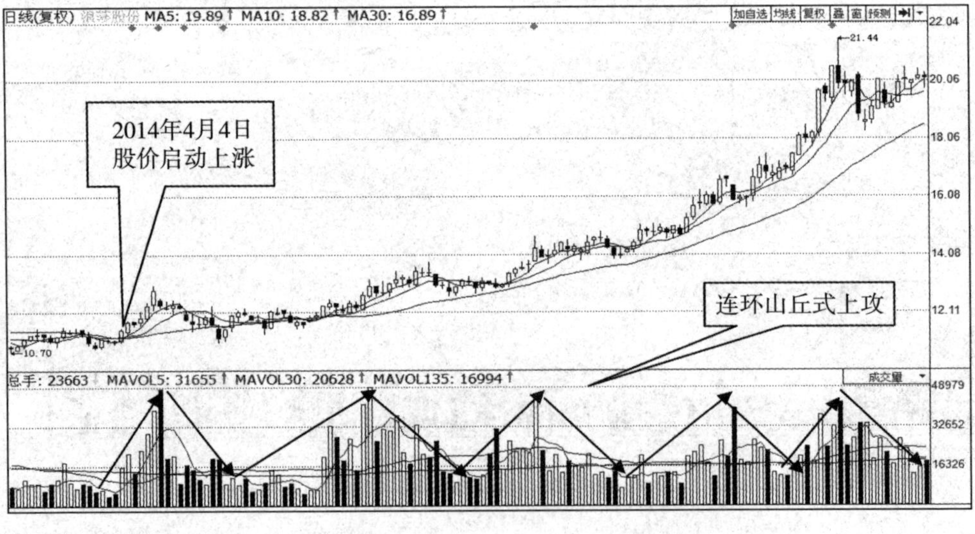

图 7-2　浪莎股份（600137）日 K 线走势图

浪莎股份的股价经过一轮整理之后，逐渐走出底部形态。2014 年 4 月 4 日，浪莎股份的股价放量突破了 5 日均线和 10 日均线，预示股价将启动上涨行情。

在随后的上涨过程中，浪莎股份的成交量与股价同步增减：当股价上涨时，成交量放大；股价下跌时，成交量萎缩。股价上涨一段时间后，成交量形成了一个接一个的山丘，这说明该股有启动大幅上涨的可能。

在股价震荡上攻过程中，始终保持量增价涨、量缩价跌的态势。投资者可一直持有该股，直至出现明显的滞涨信号或筑顶信号。

二、量价双包猎杀短线强势股

量价双包，是指股价与成交量双双走出包容线。即股价某日的 K 线完全包容了前一交易日的股价 K 线，成交量的柱状线也同时包容了前一交易日的柱状线，如图 7-3 所示。

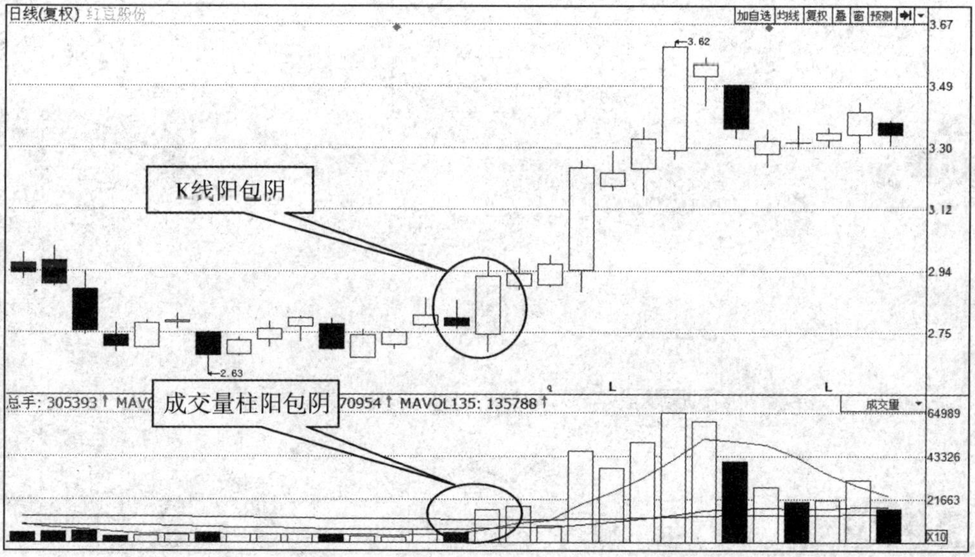

图 7–3　价量双包猎杀短线强势股

1．强势股启动前的特征

第一，股价经过一波下跌或盘整之后，出现明显反弹迹象。

第二，大盘走势出现企稳或上涨态势。

2. 强势股启动时的特征

第一，本技巧所指的价量双包，是指后一根阳线完全包住了前一根阴线的情形。其他情况的双包形态，不在我们讨论的范围之内。

第二，当股价下跌一段时间后到达阶段性底部，股价不再继续下跌，此时如果能够出现“价量双包”形态，则是强烈的上涨启动信号。

3. 猎杀强势股要点

第一，当股价出现“价量双包”形态后，股价继续上涨，且不再回调到阳线的内部，则可认定形态成立，投资者可在此时买入该股。

第二，投资者按照价量双包形态买入该股后，可以将止损位设置在阳线的开盘价位置。一旦股价跌破这一位置，投资者需要卖出止损。

下面来看一下宁波韵升的案例，如图 7-4 所示。

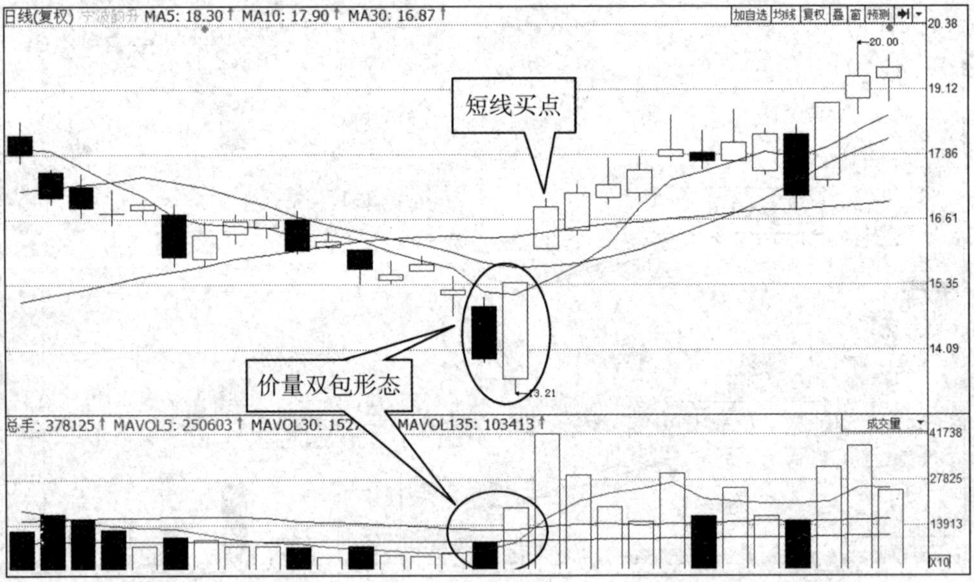

图 7–4 宁波韵升（600366）日 K 线走势图

宁波韵升的股价从 2011 年 7 月 14 日展开了一波调整走势。8 月 8 日、9 日两个交易日，该股走出价量双包形态，并且阳线实体和成交量均大大超过了阴线，这预示该股可能要发动一波上涨行情，投资者需密切观察该股之后的走势。

8 月 10 日，宁波韵升的股价跳空高开后进一步上涨，盘中甚至攀升至涨停板位置。当天成交量相比前一交易日进一步放大，且当天 K 线突破了多条均线的压制，这说明该股启动上涨的可能性非常大，投资者宜于当日买入股票。

三、量价开弓猎杀强势股

股价与成交量自某一点位缓步下跌，到达底部区域后，经过一段时间的盘整逐步走高，形成弓形，该形态意味着股价即将启动，如图 7-5 所示。

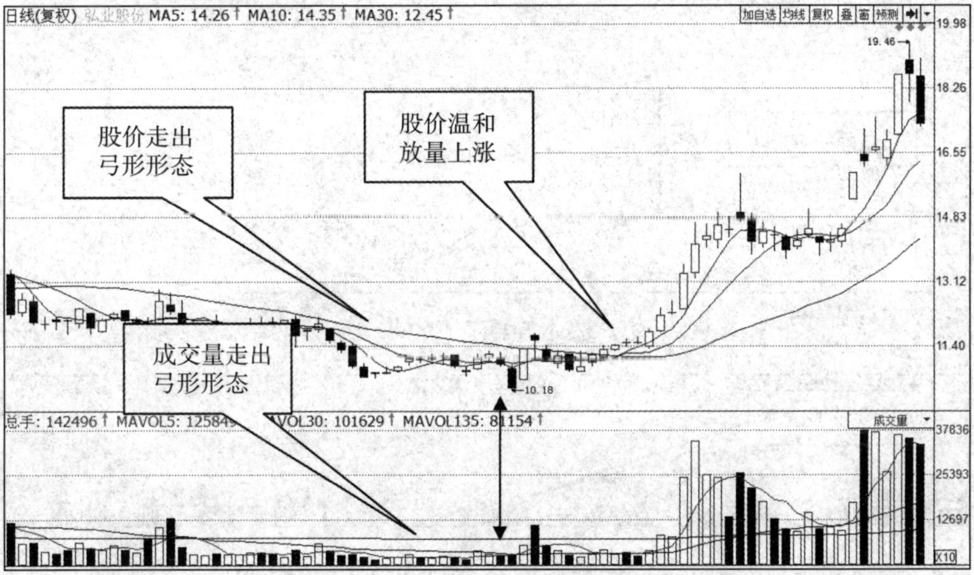

图 7-5　量价开弓猎杀强势股

1. 强势股启动前的特征

第一，股价经过一段上涨或横盘之后，出现缓步下跌走势，并在某一低点处出现反转向上的情况，且上涨依旧很缓慢。

第二，成交量与股价走势同步，先是逐步萎缩，后来逐渐攀升，这说明多空力量对比已经悄然发生了逆转。

2. 强势股启动时的特征

第一，股价在某一日被突然拉升，且极易出现涨停板。

第二，成交量突然剧烈放大，开盘涨停个股除外。

第三，股价启动时往往会借助某些利好消息，或者大盘行情向好。

3. 猎杀强势股要点

股价由缓步缩量下跌转为缓步放量上涨时，就是一个好买点。股价上涨突破弓形左侧下跌开始区域时，也是一个好买点。

下面来看一下大龙地产的案例，如图 7-6 所示。

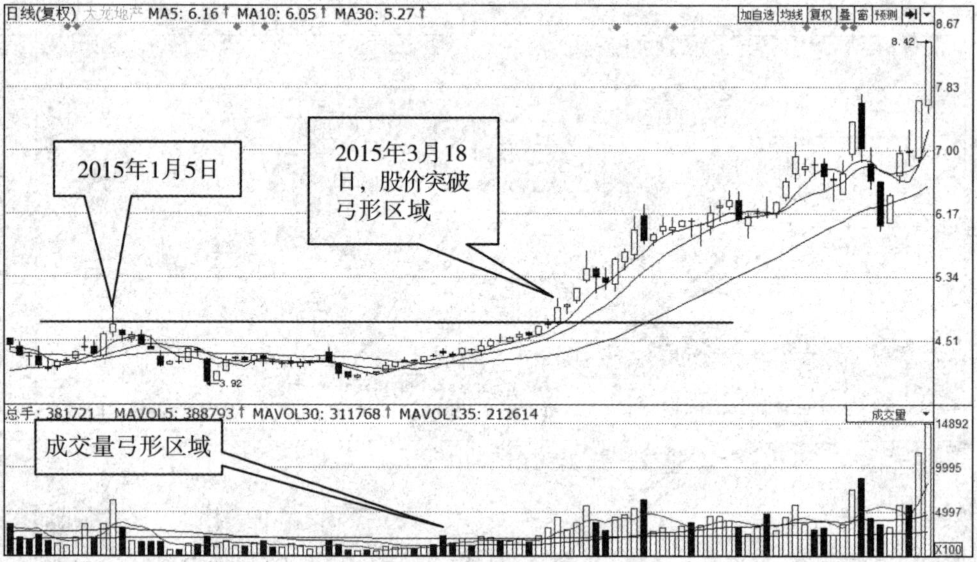

图 7-6 大龙地产（600159）日 K 线走势图

大龙地产的股价从 2015 年 1 月初开始出现了一波下跌，随后展开筑底走势。在底部盘整过程中，成交量萎缩至较低的水平，并呈弓形形态。

2015 年 3 月初，大龙地产的股价开始反弹，成交量也同步出现了放大态势。3 月 18 日，股价突破了下跌起始线位置，成交量也同步创下了新高，这时量价开弓形态正式形成，预示股价随后将展开一波规模较大的上涨行情。

四、日出红海猎杀强势股

股价在底部盘整期间，成交量柱多为红色，说明资金流入明显。当股价脱离底部区域时，往往会有一波规模较大的上涨行情，如图 7-7 所示。

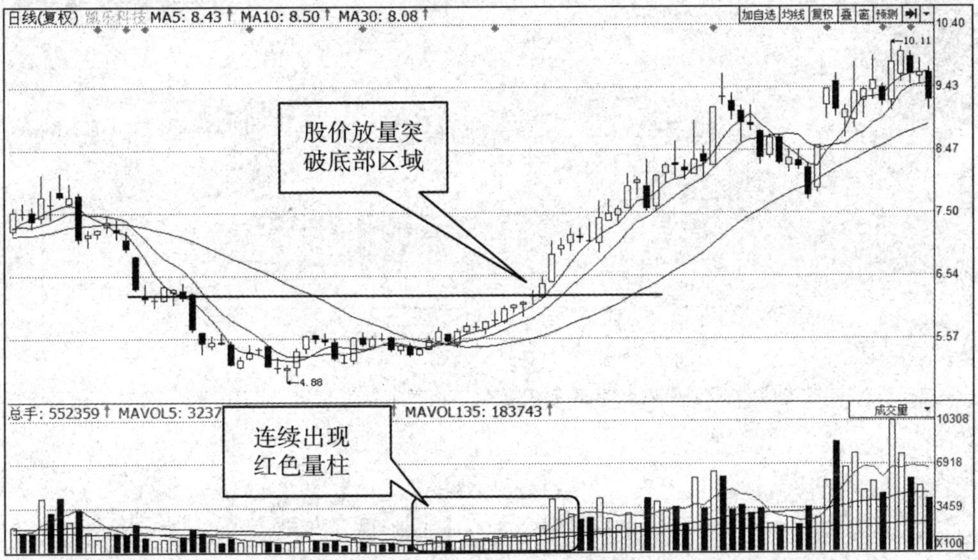

图 7-7　日出红海猎杀强势股

1. 强势股启动前的特征

第一，股价经过一波下跌或盘整之后，出现明显的筑底迹象，并走出典型的底部形态。

第二，成交量柱状线大多呈红色。

2. 强势股启动时的特征

第一，某一日股价放量突破底部区域。

第二，股价突破底部区域时，各条均线呈多头发散排列。

第三，成交量已经持续放大数日，且大多呈红色，这说明有资金持续流入。

3. 猎杀强势股要点

股价放量突破底部区域，且成交量柱状线多呈红色时，是一个较好的买点。

下面来看一下光电股份的案例，如图 7-8 所示。

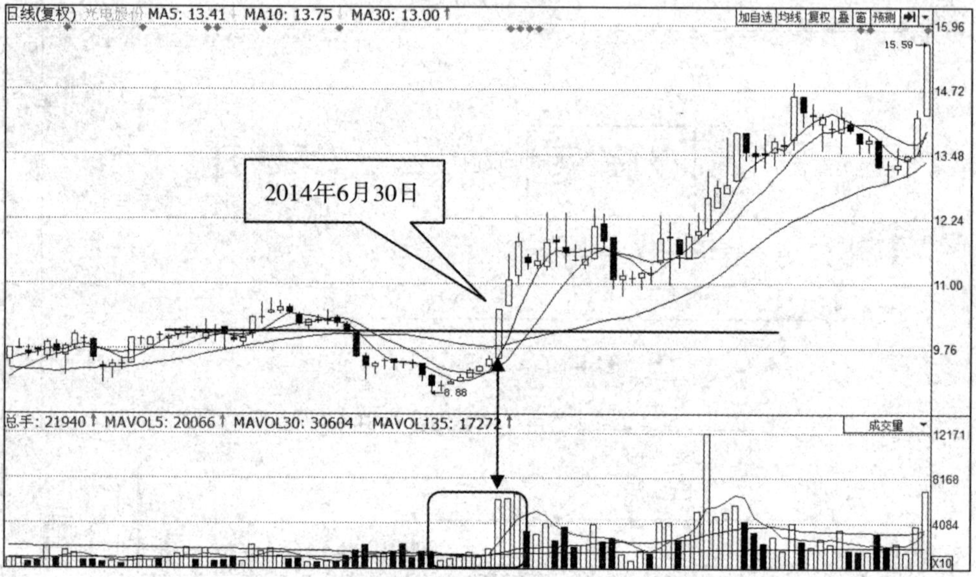

图 7-8 光电股份（600184）日 K 线走势图

2014 年 6 月期间，光电股份的日 K 线图上出现了日出红海形态，预示股价将大幅上涨。

光电股份的股价从 2014 年 6 月初开始了一波下跌，随后展开筑底走势。股价在底部盘整过程中，成交量萎缩至较低的水平。

2014 年 6 月底，光电股份的股价开始反弹，成交量也同步出现了放大态势。6 月 30 日，股价突破了下跌起始线位置，成交量也同步创下了新高。这时光电股份的成交量柱形图已经连续数日出现红柱，这说明有资金持续流入该股，该股未来涨势可期。

第二节　成交量异动狙击涨停板

涨停板永远属于有准备的人。本节介绍的几种成交量异动形态，将会大大提升投资者捕获涨停板的概率。当然，在股市中，任何事情都是一个概率问题，并不是成交量出现本节所介绍的几种形态，就一定会出现涨停板，只是出现涨停板的概率相对较大。

一、先抑后扬放量擒涨停

当一只股票被拉高，经过长时间整理后，成交量突然缩小，股价也走低。接着成交量突然放大，股价被大幅拉升，往往意味着股价将会出现一波上涨行情，如图 7-9 所示。

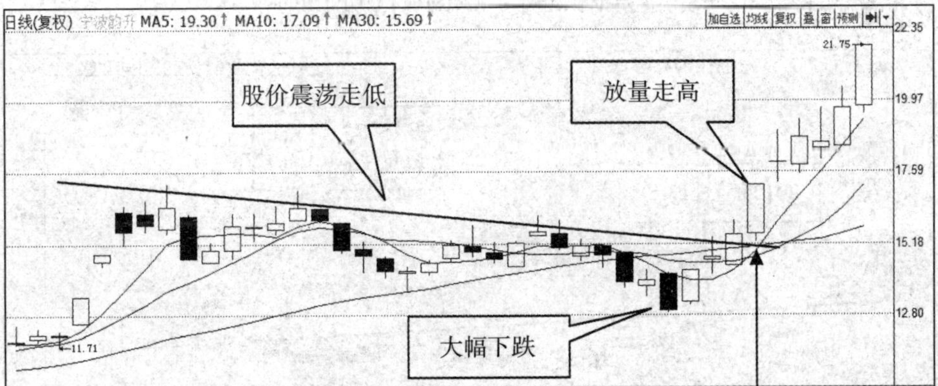

图 7–9　先抑后扬擒涨停

1. 涨停股启动前的特征

第一，股价经过一段时间的上涨，出现回调整理迹象，且股价与成交量同步走低。

第二，临近调整末期，主力突然大幅打压股价，给人一种即将进入下跌通道的感觉。

2. 涨停股启动时的特征

第一，股价经过一段时间的下跌之后突然被拉升，成交量急剧放大，形成价涨量增的态势。

第二，当股价上涨到平台一线时，往往会被大幅拉升，这时涨停板就会出现在这类股票的上涨过程中。

3. 狙击涨停板要点

第一，投资者可沿着股价回调整理的高点绘制一条阻力线。

第二，股价放量突破回调整理阻力线时，是一个较好的介入点。

下面来看一下中文传媒的案例，如图 7-10 所示。

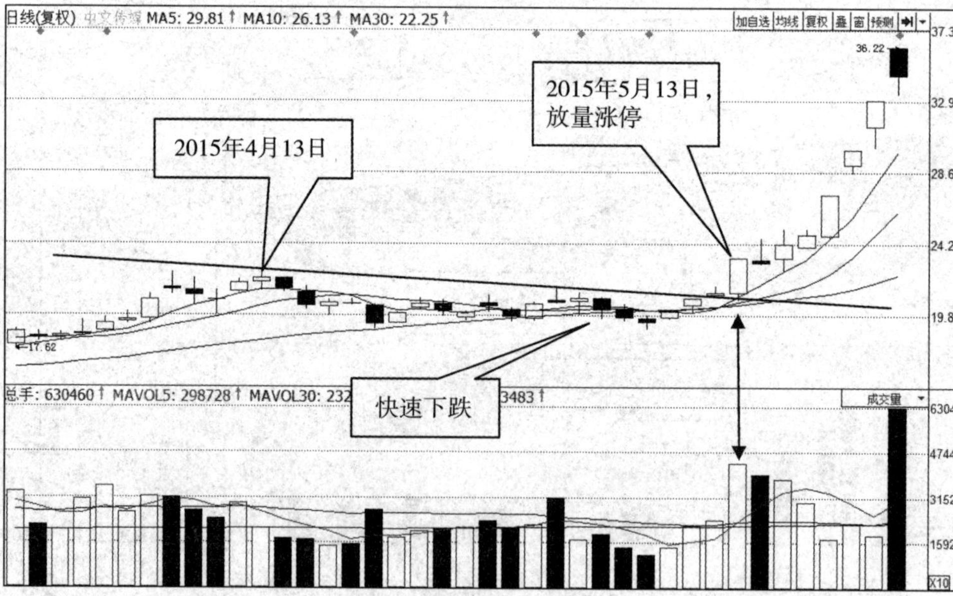

图 7-10 中文传媒（600373）日 K 线走势图

中文传媒的股价从 2015 年 4 月中旬开始展开了一段平台形整理走势。

5 月 5 日，股价在平台形末端出现了一段跨市下跌走势，股价迅速跌破了整理平台，成交量开始不断缩小。

5 月 7 日，股价创下一个阶段低点后开始回升，成交量也开始扩大。在股价回升到平台形边缘位置时，股价上涨速度开始加快。

5 月 13 日，股价向上突破了前期平台的阻力线，并以涨停报收，预示股价还将进一步上涨。

二、密集成交区支撑再起飞

当股价突破密集成交区后出现回调，股价回调至密集成交区附近时，就会遇支撑强力反弹，此后股价将发动一波快速上涨走势，如图 7-11 所示。

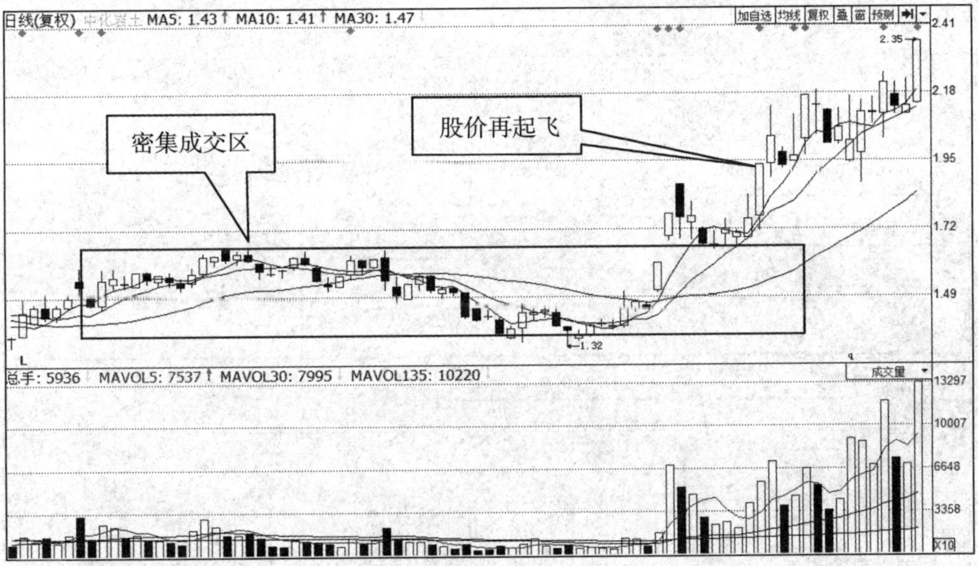

图 7–11　密集成交区支撑再起飞

1. 涨停股启动前的特征

第一，股价经过一轮上涨后，已经成功突破密集成交区。

第二，大盘处于上涨或盘整行情中。

2. 涨停股启动时的特征

第一，股价自高处回落至密集成交区，成交量应该呈萎缩状态，表明庄家并没有出货。

第二，股价回落至密集成交区时，会形成一定的底部形态，表明股价将再度上涨。

第三，股价从高处下跌到密集成交区附近时，一根探底的、带长下影线的 K 线也是不可或缺的，这是判断底部支撑的关键。

3. 狙击涨停板要点

股价遇密集成交区支撑再度上涨时，就是买入该股的最佳时机。

股价出现放量下跌走势时，投资者要第一时间卖出该股。

下面来看一下捷顺科技的案例，如图 7-12 所示。

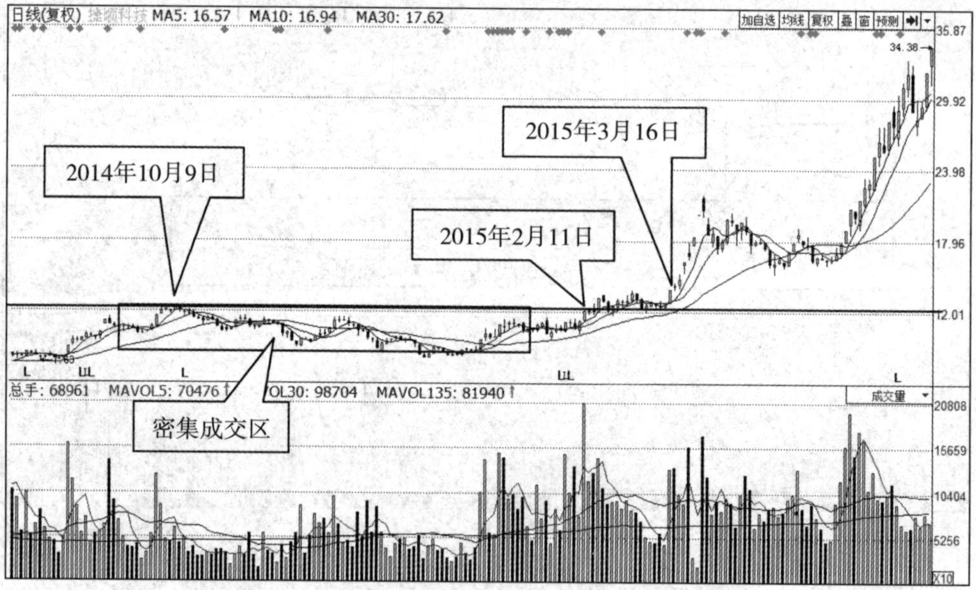

图 7-12 捷顺科技（002609）日 K 线走势图

捷顺科技的股价在 2014 年 10 月初至 2015 年 2 月初期间形成了一个密集成交区，股价突破这一成交区后，说明股价走势趋强。

2015 年 2 月 11 日，捷顺科技的股价突破密集成交区后开始了一段调整走势，股价逐步下跌。当股价下跌到前期密集成交区附近时，由于受到密集成交区的支撑，在 K 线图上留下了多根小阴线和小阳线。这说明这一密集成交区域对股价具有较强的支撑作用。

此后，该股经过了几个交易日的整理，在 3 月 16 日重新开始放量上攻，并以涨停价报收。这预示该股以后将会展开又一波较大的拉升。

三、股价跳出黄金坑

黄金坑也是典型的上涨信号。当股价放量走出黄金坑时，若均线同步呈多头排列，则股价上涨的概率非常大，如图 7-13 所示。

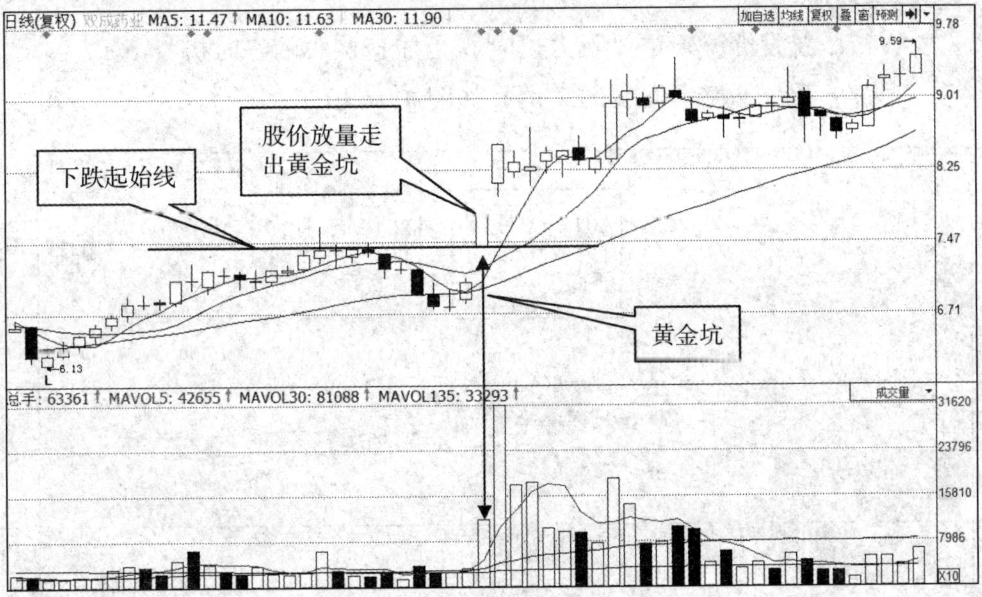

图 7-13　股价跳出黄金坑

1．涨停股启动前的特征

第一，股价启动前，大盘处于下跌或横盘环境中。

第二，股价启动时，大盘处于横盘或反转向上环境中。

2. 涨停股启动时的特征

第一，某一日股价启动下跌走势，且经过连续数日杀跌之后出现筑底迹象。

第二，接着股价开始缓慢上涨，成交量同步放大。

第三，股价来到下跌起始线位置时，出现放量突破走势，这说明股价走势趋强。

第四，股价走出黄金坑区域时，均线出现多头发散排列。

3. 狙击涨停板要点

第一，当股价突破黄金坑下跌起始线，并位于各条均线之上时，就是该股的买点。

第二，当股价突破重要阻力位时，是加仓该股的好时机。

下面来看一下海泰发展的案例，如图 7-14 所示。

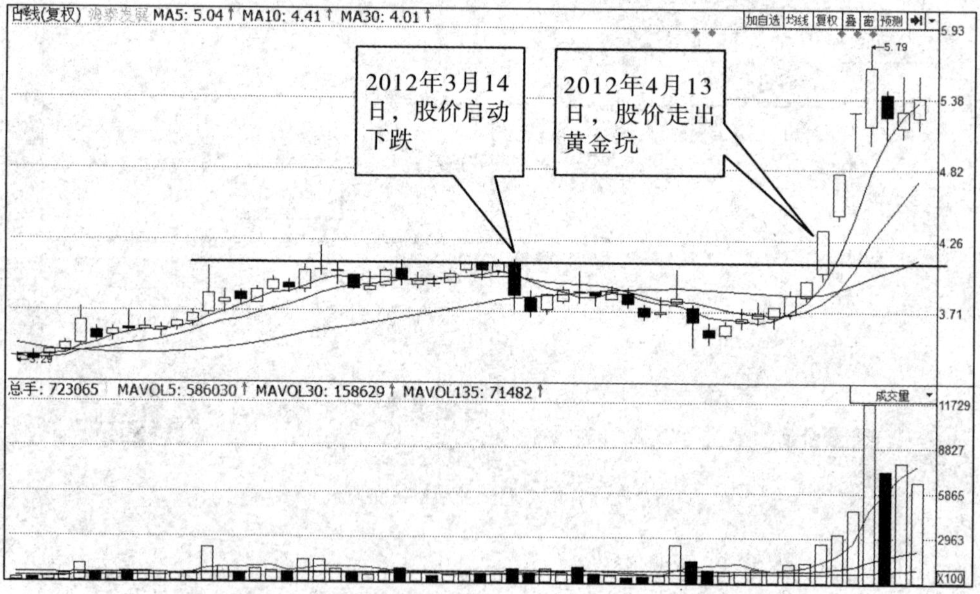

图 7-14 海泰发展（600082）日 K 线走势图

海泰发展的股价在 2012 年 3 月底至 4 月初期间走出了黄金坑形态，说明该股未来走势趋强。

3 月 14 日，海泰发展的股价经过一段时间的盘整之后出现了下跌走势。股价经过若干交易日的下跌之后，反转向上。

4 月 13 日，该股股价以涨停的方式突破了下跌起始线位置，这标志着黄金坑形态最终形成，投资者可于当日买入该股。

观察该股成交量可知，股价下跌过程中成交量出现了萎缩态势。股价持续上攻时，成交量出现了持续放大态势，这说明有资金持续流入该股。观察该股均线走势可知，当股价发动上攻时，各条均线呈多头发散排列，这也意味着股价将出现上涨行情。

四、过顶擒龙

当一只股票涨停时，恰好突破了前期高点阻力位，则股价未来上涨的可能性非常大，投资者可以积极追涨，如图 7-15 所示。

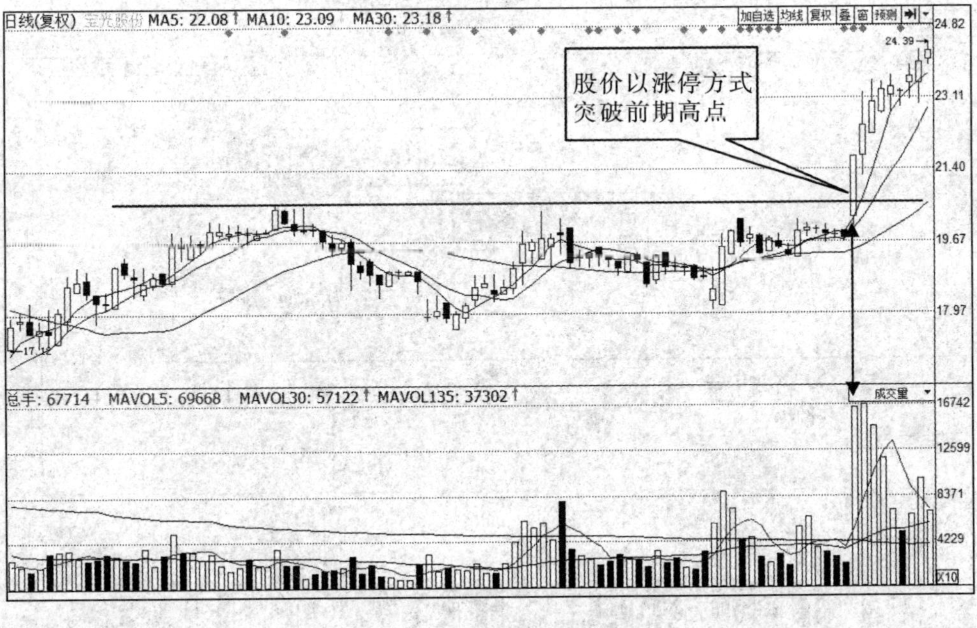

图 7–15 过顶擒龙

1. 涨停股启动前的特征

第一，股价出现缓慢上涨行情，说明股价长期趋势向好。

第二，大盘处于上涨或盘整行情中。

2. 涨停股启动时的特征

第一，股价上涨到前期高点附近时，突然以涨停方式突破这一阻力位。

第二，股价以涨停方式突破阻力位时，成交量比前几个交易日放大了数倍。

第三，当股价涨停时，各条均线呈多头发散排列。

3. 狙击涨停板要点

第一，股价放量涨停，且突破前期高点时，就是该股的第一个买点。

第二，股价涨停后，股价出现回调遇前期高点再度上涨时，是该股的第二个买点。

第三，股价放量跌破10日均线时，是该股的卖点。

下面来看一下杰赛科技的案例，如图7-16所示。

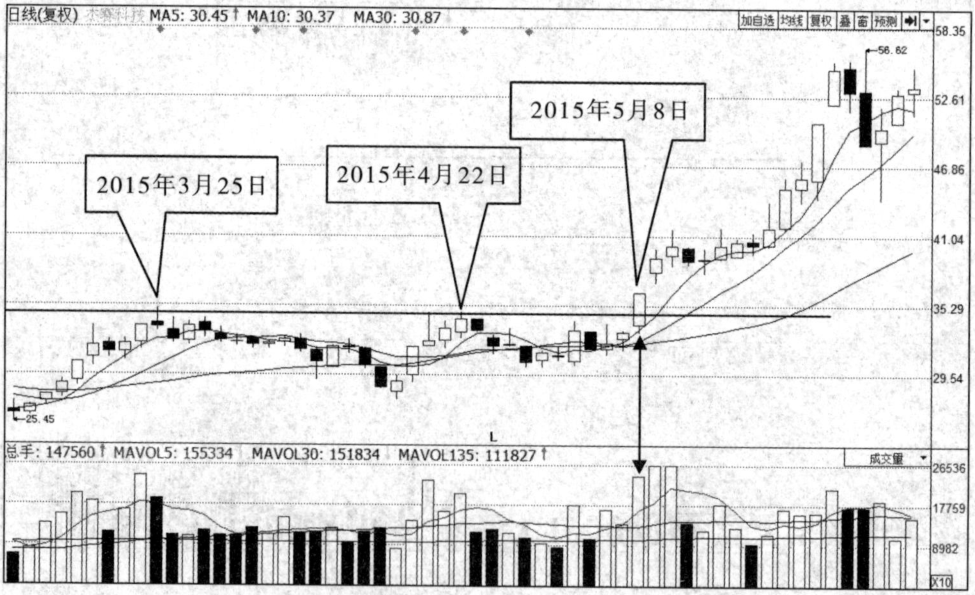

图7-16 杰赛科技（002544）日K线走势图

杰赛科技的股价从2015年3月中旬开始了一轮缓慢的上升走势。3月25日，股价创下阶段高点后开始下跌，同时成交量出现萎缩。

此后该股经过小幅下跌后，重新开始上涨。到了4月22日，股价再次触及前期高点后下跌，由此可见，前期高点对股价上涨构成了一定的压力。

杰赛科技的股价经过小幅盘整之后，于5月初重拾升势。5月8日，股价携量突破前期高点，且当日该股以涨停报收。之后，该股股价一路上行。

投资者看到杰赛科技股价携量突破前期高点后，应果断买入该股，这样可以获取后期股价上涨带来的收益。

投资理财类书目

书名	作者	定价
宝塔线指标入门与实战精解	刘振清	35.00
筹码分布技术入门与实战精解	刘振清	35.00
现货石油交易实战宝典	张耿豪　饶　斌	38.00
股市晴雨表	汪雪鹏	36.00
农产品期货	付上金	58.00
教你炒股票：缠论与K线分析技术	培　峰	48.00
短线炒股全攻略	付　刚	49.00
磁区理论点评升级版	江南小隐	38.00
三步掌握波段买卖	曹明成　谭　文	38.00
黑马捕捉术	曹明成　谭　文	36.00
阴阳K线的奥秘	曹明成　谭　文	38.00
相对波浪理论	唐桂华	42.00
波段操盘秘法	何瑞东	38.00
布林线指标入门与实战精解	刘振清	35.00
MACD指标入门与实战精解	刘振清	35.00
KDJ指标入门与实战精解	刘振清	35.00
一本书读懂互联网投资理财	蔡余杰	38.00
玩转技术指标：九种技术指标精讲	金　铁	45.00
新手炒股快速入门与技巧	刘振清	38.00
银行理财产品全攻略	薄志红	35.00
决战牛熊：股市获利之道	曹明成　谭　文	35.00
短线出击：股市快速获利战术	麻道明	49.00
聚沙成塔：T+0交易绝杀技	江南小隐	35.00
短线实战操盘技巧	伟　晴	42.00
一买就涨：买在底部的101个起涨信号	付　刚	38.00
一卖就赚：卖在顶部的123个卖出信号	刘　平	38.00
短线追涨与低吸技术	金　铁	38.00
实战交易密码之走向盈利	陈志文	45.00
吃定庄家	曹明成　谭　文	39.80
量价关系精要	徐子城	28.00
股票画线技术入门与实战	刘振清	38.00
股价结构：趋势与轨道	华　强	35.00
K线操盘学	麻道明	58.00
如何做股票交易	杰西·利弗莫尔	20.00

续表

从零开始炒股票	徐子城	35.00
江恩理论入门、精通与实战	景生辉	28.00
缠中说禅：教你炒股票	王培峰	48.00
如何看懂技术指标	麻道明	38.00
个股期权投资指南	付上金	32.00
索罗斯 32 个投机信条	孙恩棣	28.00
巴菲特 76 条投资准则	孙恩棣	28.00
波浪时空体系	王军凯	32.00
超级牛股操盘术	李　闻	48.00
发现身边的成长股	王春玮	35.00
股价结构：压力与支撑	华　强	35.00
趋势定位	付上金	35.00
量价精研	邢孝寒	32.80
K 线阳线战法	麻道明	39.00
K 线阴线战法	麻道明	39.00
零起点期货投资一本通	黄　金	28.00
零起点基金投资一本通	黄　金	29.80
零起点股票投资一本通	黄　金	35.00
股市交易特技	时空老人	38.00
夜话交易谋略	股峰求道	32.00
如何看懂分时图	江南小隐	28.00
易经演股法之个股攻略	第六感觉	35.00
艾略特波浪理论入门、精通与实战	景生辉	28.00
趋势与拐点交易法	戈　岩	35.00
家庭投资理财规划一本通	雷　冰	35.00
股票易占交易系统	劳剑勇	35.00
实战擒庄	张　文	35.00
筹码实战分析	刘晓杰	28.00
趋势技术分析	邱立波	36.00
专业操盘原理	景生辉	38.00
背离技术分析	江南小隐	29.80
小女人理财锦囊	游凌燕	28.00
理财产品全攻略	罗显良	38.00
股票投资资金管理与止损止盈技巧	雷　冰	32.00
谁是股市赢家	梦　兮	25.00
春林涨停战法	张春林	29.80

续表

龙头股实战技巧	张　文　赵振国	35.00
均线技术分析	邱立波	38.00
易经演股法	第六感觉	35.00
现货黄金投资技巧	邢孝寒	28.00
系统化交易——A 交易系统久赢真经	黄　根	39.00
缠论解析：缠中说禅技术理论图解	江南小隐	23.00
实战交易密码	陈志文	35.00
股票投资的 24 个关键财务指标	雷　冰	35.00
K 线技术分析	邱立波	38.00
破译 K 线图中的密码	江南小隐	38.00
你最想要的投资学	张潇云　徐　刚	25.00
四维操盘：基于价量时空分析的实战操盘技术	邢孝寒	29.80
波段操作实战精解	雷　冰	35.00
精准判断买卖点：炒股就这一招	曹千阳	38.00
崩溃点战术：基于市场心理分析的交易技术	铸剑先生	39.80
新手炒股也赚钱：量价实战技法	帝都操盘手	29.80
K 线综合实战分析	雷　冰	48.00
赢在股市 24 堂课	索氏门人	28.00
磁区理论：识别最佳买卖时机和位置的分析技术	江南小隐	38.00
告别亏损：从持续亏损到稳健盈利的修炼法则	冼　剑	38.00
分时图必杀技	曹明成、谭文	38.00
龙头股必杀技	曹明成、谭文	38.00
短线炒股必杀技	曹明成、谭文	38.00
新股民炒股全攻略	黄金	58.00
孝寒点位交易法	邢孝寒	38.00
成交量分析入门与实战精解	刘振清	35.00
分时图分析入门与实战精解	刘振清	35.00
均线指标入门与实战精解	刘振清	35.00